Kristin Reinke, Luc Ostiguy
Le français québécois d'aujourd'hui

Romanistische Arbeitshefte

―

Herausgegeben von
Volker Noll und Georgia Veldre-Gerner

Band 62

Kristin Reinke, Luc Ostiguy

Le français québécois d'aujourd'hui

DE GRUYTER

ISBN 978-3-11-034929-0
e-ISBN (PDF) 978-3-11-034930-6
e-ISBN (EPUB) 978-3-11-039440-5
ISSN 0344-676X

Library of Congress Cataloging-in-Publication Data
A CIP catalog record for this book has been applied for at the Library of Congress.

Bibliografische Information der Deutschen Nationalbibliothek
Die Deutsche Nationalbibliothek verzeichnet diese Publikation in der Deutschen Nationalbibliografie; detaillierte bibliografische Daten sind im Internet über http://dnb.dnb.de abrufbar.

© 2016 Walter de Gruyter GmbH, Berlin/Boston
Druck und Bindung: CPI books GmbH, Leck
♾ Gedruckt auf säurefreiem Papier
Printed in Germany

www.degruyter.com

À Louise et Pierre-Paul Cormier, à l'origine de cette rencontre entre l'Allemagne et le Québec qui a abouti à ce livre.

Remerciements

Ce manuel, destiné aux lecteurs peu familiers du français parlé au Québec, ne serait pas tout à fait ce qu'il est sans les remarques pertinentes de ceux qui ont accepté de le lire avant sa publication. Nous tenons ainsi à remercier Suzie Beaulieu (Québec), Caroline Émond (Québec), Johannes Klare (Berlin), Katharina Wieland (Berlin) et Katrin Zuschlag (Germersheim). Nous sommes redevables également à Isabelle Laurin (Québec) ainsi qu'à Jörn Schüler-Wenigmann et son Übersetzernetzwerk (Mannheim) pour la qualité de leurs révisions linguistiques. Ce sera un peu grâce à eux si le texte devait présenter quelque qualité sur ce plan. Bien entendu, nous demeurons les seuls responsables de toute erreur qui a pu être laissée dans le texte. Enfin, nous remercions les éditeurs Georgia Veldre-Gerner et Volker Noll ainsi que les responsables de la maison d'édition, à savoir Ulrike Krauß, Christine Henschel et Angelika Hermann, pour leur grande collaboration. Il nous fait plaisir d'utiliser leur tribune pour faire connaître le français québécois au lecteur allemand et européen en général.

Table des matières

0	Introduction —— 1	
0.1	Le français québécois aujourd'hui : ses objectifs —— 3	
0.2	Le français québécois aujourd'hui : ses lecteurs visés —— 4	
0.3	Le français québécois aujourd'hui : ses contenus notionnels —— 4	
0.4	Abréviations et définitions utiles —— 6	
0.5	Symboles phonétiques utilisés dans le manuel —— 7	
0.6	Conventions typographiques —— 10	

1	Le Québec contemporain et son histoire sociopolitique —— 11
1.1	La situation géographique et démolinguistique —— 11
1.2	Évènements sociaux et politiques importants depuis la Nouvelle-France jusqu'à aujourd'hui —— 16
1.2.1	La découverte et la Nouvelle-France (1534-1760) —— 17
1.2.2	La naissance d'une colonie britannique —— 19
1.2.3	L'Acte de Québec —— 21
1.2.4	L'Acte d'Union —— 22
1.2.5	La création de la Confédération et l'industrialisation —— 23
1.2.6	L'émancipation du Québec : la Révolution tranquille —— 24
1.2.7	Le Québec contemporain —— 25
1.3	Questions —— 27

2	Le français québécois tel qu'il se parle aujourd'hui —— 28
2.1	Variation et variété linguistique —— 29
2.1.1	Variétés situationnelles (ou diaphasiques) —— 30
2.1.2	Variétés sociales (ou diastratiques) —— 32
2.1.3	Variétés géographiques (ou diatopiques) —— 33
2.2	Variété soutenue du français québécois —— 35
2.2.1	Québécismes lexicaux du français québécois soutenu (FQs) —— 35
2.2.1.1	Québécismes du FQs sans équivalent lexical en FR —— 36
2.2.1.2	Québécismes du FQs avec équivalent lexical en FR —— 38
2.2.1.3	Québécismes de fréquence —— 40
2.2.2	Variantes phonétiques du français québécois soutenu —— 41
2.3	Variété familière du français québécois —— 43
2.3.1	Québécismes lexicaux du FQf —— 44
2.3.1.1	Québécismes de création et de sens du FQf —— 44
2.3.1.1.1	Mots ou locutions —— 44
2.3.1.1.2	Blasphèmes —— 47
2.3.1.1.3	Connecteurs —— 48
2.3.1.1.4	Mots du discours —— 49

2.3.1.2	Québécismes lexicaux d'emprunt du FQf —— 51
2.3.2	Variantes phonétiques du FQf —— 53
2.3.2.1	Conservatismes de prononciation —— 54
2.3.2.2	Créations phonétiques —— 55
2.3.3	Variantes morphologiques du FQf —— 61
2.3.3.1	Pronoms sujets —— 61
2.3.3.2	Redoublement du sujet —— 63
2.3.3.3	Pronoms compléments —— 64
2.3.3.4	Liaisons inattendues —— 65
2.3.3.5	Structure de l'interrogation totale —— 66
2.3.3.6	Ordre des pronoms compléments —— 66
2.3.3.7	Les régionalismes —— 67
2.3.4	Le FQf, une variété linguistique variable —— 69
2.3.5	Le joual —— 70
2.3.6	La place du FQf dans l'espace public —— 71
2.4	Questions sur le texte —— 73
3	**La formation du français québécois —— 75**
3.1	La période de la Nouvelle-France (1608-1759) : les débuts du français québécois —— 76
3.1.1	Des variétés de français en Nouvelle-France —— 76
3.1.2	Homogénéisation rapide du français en Nouvelle-France —— 78
3.1.3	Les caractéristiques linguistiques générales du français laurentien —— 79
3.1.4	La prononciation du français laurentien —— 80
3.2	Les conséquences linguistiques de la Conquête (1763) —— 83
3.3	Les réactions visant à corriger l'écart entre le FQ et le FF (1841-1960) —— 87
3.4	Questions sur le texte —— 90
4	**Les attitudes linguistiques des Québécois et la norme —— 91**
4.1	Une typologie de normes —— 92
4.2	Qu'est-ce qu'une attitude sur la langue? —— 93
4.3	Les attitudes des Montréalais à l'égard du français par rapport à l'anglais —— 95
4.3.1	Une étude fondatrice : la technique du locuteur masqué de Wallace Lambert —— 95
4.3.2	La méthode de Lambert *et al.* quelques décennies plus tard —— 98
4.4	Attitudes des Québécois à l'égard des variétés de français —— 100
4.4.1	Les années 1970-1980 : le malaise des Québécois par rapport à leur français —— 100
4.4.2	À partir des années 1980 : valorisation timide du FQ —— 103

4.4.3	La qualité de la langue —— **106**	
4.5	L'insécurité linguistique des Québécois —— **109**	
4.6	La question de la norme linguistique au Québec —— **112**	
4.6.1	Les normes objectives du français parlé au Québec —— **112**	
4.6.1.1	Normes objectives et variation linguistique —— **112**	
4.6.1.2	Normes objectives et description linguistique —— **113**	
4.6.1.3	Normes objectives en fonction de facteurs géographiques, sociaux et situationnels —— **114**	
4.6.1.4	La hiérarchisation des normes objectives —— **115**	
4.6.2	La norme prescriptive au Québec —— **117**	
4.6.2.1	Les composantes de la norme prescriptive —— **117**	
4.6.2.2	La norme linguistique de la Société Radio-Canada (SRC) —— **118**	
4.6.2.3	Un débat sans fin : conception hexagonale contre conception endogène —— **120**	
4.6.2.4	La diminution de l'écart entre FQs et FR —— **124**	
4.6.2.5	Une conception pluricentrique des normes —— **126**	
4.6.2.6	Les recommandations terminologiques de l'OLF —— **127**	
4.6.2.7	La langue du doublage des films étrangers au Québec : un français idéal fabriqué au Québec —— **130**	
4.7	Questions —— **133**	
5	**Aménagement linguistique du statut du français au Québec —— 134**	
5.1	Quelques principes de base de l'aménagement linguistique —— **135**	
5.2	Les précurseurs de l'aménagement linguistique du Québec —— **137**	
5.2.1	Le statut du français au Canada entre 1867 et 1969 —— **138**	
5.2.2	La Commission Laurendeau-Dunton (1963) —— **140**	
5.2.3	Le bilinguisme au Canada et la Loi sur les langues officielles au Canada (1969) —— **142**	
5.3	Les interventions gouvernementales du Québec —— **145**	
5.3.1	La Loi 63, Loi pour promouvoir la langue française (1969) —— **146**	
5.3.2	La Commission Gendron (1968) —— **146**	
5.3.3	La Loi 22, Loi sur la langue officielle (1974) —— **148**	
5.3.4	La Loi 101, Charte de la langue française (1977) —— **150**	
5.4	Modifications à la Loi 101 depuis 1977 —— **153**	
5.4.1	La Loi 101 et les contraintes imposées par la politique —— **154**	
5.4.2	Loi 178 (1988) —— **156**	
5.4.3	Loi 86 (1993) —— **157**	
5.4.4	Loi 104 (2002) —— **158**	
5.4.5	Loi 115 (2010) —— **159**	
5.5	Organismes gouvernementaux québécois observant l'usage du français et sa situation —— **160**	
5.5.1	Office (québécois) de la langue française (OLF devenu OQLF) —— **160**	

5.5.2	Conseil (supérieur) de la langue française (CLF devenu CSLF), Comité du suivi de la situation linguistique —— 162	
5.5.3	Commission de surveillance de l'application de la Charte, Commission de protection de la langue française —— 162	
5.6	Les défis d'aujourd'hui pour le français au Québec —— 163	
5.7	Questions —— 166	

Bibliographie —— 167

Liste des tableaux

Tab. 1 : Prononciations du discours familier encore vivantes en FQf actuel —— 81
Tab. 2 : Prononciations du français populaire vivantes ou ayant existé en FQf —— 81
Tab. 3 : Les attitudes de 117 étudiants montréalais envers l'anglais et le français —— 99
Tab. 4 : Revenu moyen du travail des salariés masculins selon l'origine ethnique, 1961 —— 141

Liste des figures

Fig. 1 : Le Québec au Canada et en Amérique du Nord —— 11
Fig. 2 : Les régions administratives de la province de Québec —— 12

0 Introduction

Les travaux portant sur le français québécois (désormais FQ) réalisés avec une approche scientifique plutôt que corrective datent déjà du début du XXe siècle avec ceux de la *Société du parler français au Canada*. En effet, cette Société a fait paraître, en 1930, le *Glossaire du parler français au Canada*, résultat de vingt-cinq années de recension des expressions, mots et prononciations du français familier parlé au Québec. Cet ouvrage avait comme visée principale d'offrir au lecteur des informations sur la légitimité de beaucoup de prononciations et de mots « canadiens » en regard de leur origine bien française ou de leur néologie. Chaque entrée s'accompagnait de la forme équivalente française et de notes établissant des liens entre la locution et le « vieux français », les parlers provinciaux de France ou l'anglais. Plus tard, en 1957, est paru le *Dictionnaire général de la langue française au Canada*, qui constituait lui aussi, en quelque sorte, selon Poirier (2008), un plaidoyer pour la légitimation d'un ensemble de traits distinctifs du FQ. Par la suite, d'autres dictionnaires sont parus, tels que le *Dictionnaire du français plus à l'usage des francophones d'Amérique*, le *Multidictionnaire de la langue française*, le *Dictionnaire québécois d'aujourd'hui*, le *Dictionnaire québécois-français* et, enfin, le dictionnaire en ligne *USITO* (appelé successivement *Franqus* puis *Dictionnaire de la langue française – Le français vu du Québec*).

À partir du milieu des années 1960, de nombreuses études descriptives portant sur les aspects phonétiques et prosodiques (accentuation, rythme et mélodie) du FQ ont mis à profit les instruments d'analyse de la parole[1]. Les traits typiques de la prononciation du FQ avaient désormais des empreintes acoustiques et des descriptions plus fines. Ces études sur le FQ, lexicales ou phonétiques, se sont inscrites souvent dans une perspective comparative avec le français parlé à Paris ou le français de référence (FR) illustré dans les dictionnaires, les grammaires et les traités de prononciation élaborés en France; elles visaient à révéler les singularités phonétiques ou lexicales du FQ.

À partir du milieu des années 1970, les recherches sur le FQ ont reposé sur un nouveau paradigme : la sociolinguistique. On doit aux travaux du linguiste américain William Labov, notamment ceux qui ont été présentés dans *Sociolinguistics Patterns* (1972), d'avoir donné cette nouvelle direction aux travaux des linguistes québécois. Rapidement, l'objet d'étude est passé des différences entre le FQ et le FR à celles qui se trouvent à l'intérieur même de la communauté québécoise. À cette époque, le français parlé à Montréal est devenu l'objet d'étude principal, entre

---

[1] Avec, entre autres, les travaux de Boudreault (1968), Charbonneau (1971), Gendron (1966), Juneau (1972) et Santerre (1971, 1974, 1976).

autres au moyen d'un large corpus linguistique qui avait été réalisé par les professeurs Henrietta Cedergren et David Sankoff (Corpus Sankoff-Cedergren 1976). Ce corpus comportait des extraits de parole captés en entrevue de 120 Montréalais choisis de manière aléatoire de façon à obtenir un échantillon représentatif de la population selon le groupe social d'appartenance, le groupe d'âge, le sexe et le quartier de résidence. De ce corpus a découlé un grand nombre d'études sur la variation sociophonétique, sur certains aspects de la morphosyntaxe ainsi que sur des marqueurs discursifs. De plus, il a été possible de tenir compte du changement linguistique grâce à deux autres corpus constitués à Montréal qui ont suivi certains individus du premier corpus à travers le temps (*Corpus Montréal 1984*, établi par les professeures Pierrette Thibault et Diane Vincent; *Corpus Montréal 1995*, établi par les professeures Diane Vincent et Marty Laforest). D'autres corpus élaborés dans d'autres villes ou régions du Québec (Hull, Québec, Trois-Rivières, Saguenay-Lac-Saint-Jean, Sherbrooke) ont fourni des données du même genre sur le français parlé au Québec.

C'est également à cette époque que des sociologues et des sociolinguistes se sont préoccupés des attitudes des Montréalais francophones. Leur intérêt a porté sur leurs attitudes, d'abord en regard du statut du français par rapport à celui de l'anglais qui était, depuis la Conquête britannique de 1763, la langue du travail et du commerce (Lambert/Hodgson/Garder/Fillenbaum 1960), ensuite en regard du statut de leur variété de français par rapport à celui des Français qui, depuis le XIXe siècle, a toujours été plus ou moins considéré comme un modèle linguistique sur lequel s'aligner. De telles études ont ensuite été réalisées dans d'autres communautés du Québec[2]. En même temps, les chercheurs ont mené des études visant à connaître les représentations des Québécois à l'endroit de leurs particularités linguistiques elles-mêmes, afin de savoir lesquelles étaient tenues comme socialement correctes ou moins correctes[3].

Dans certains cas, ces recherches sur les représentations et les opinions des Québécois concernant leur variété de français et la place de l'anglais dans leur vie collective ont pu orienter les actions de ceux qui se sont préoccupés de l'aménagement linguistique du français parlé et écrit au Québec. En matière d'aménagement, on ne peut passer sous silence que le Québec s'est doté de législations linguistiques contraignantes visant à faire du français la langue commune de tous les Québécois et la langue de travail, autrement dit, ayant comme objectif d'en accroître le statut social aux yeux de ces derniers. Les efforts en aménagement linguistique ont aussi porté sur la francisation des terminologies, dont les nombreux travaux réalisés dès 1960 par les linguistes de la Société Radio-Canada ou de l'Office

---

[2] Entre autres, Preston (1963), Laberge et Chiasson-Lavoie (1971), D'Anglejan et Tucker (1973), Méar-Crine et Leclerc (1976) et Noël (1980).

[3] Entre autres, Lappin (1982) et Tremblay (1990).

de la langue française et le *Grand dictionnaire terminologique* de l'Office québécois de la langue française sont les porte-étendards.

On peut donc considérer que les Québécois disposent aujourd'hui d'une assez bonne description de leurs usages linguistiques et d'une bonne idée de leur situation linguistique par rapport à celles d'autres francophonies. De plus, ils ont aussi une meilleure connaissance des représentations qu'ils ont entretenues ou entretiennent à l'égard de la langue anglaise et du français parlé en France, de même qu'à l'endroit de leurs particularités linguistiques dont ils sont maintenant capables de dire dans quel type de communication ils les estiment plus ou moins convenables.

0.1 Le français québécois aujourd'hui : ses objectifs

Dans les programmes d'études de linguistique française, la francophonie, la diversité linguistique, l'aménagement linguistique ainsi que les questions qui lient usage linguistique et société ont gagné en importance. Avec la mondialisation des échanges culturels, notamment avec les réseaux sociaux, les gens communiquent de plus en plus et avec tout le monde. Les étrangers francophiles découvrent l'existence de francophones partout dans le monde dont le français diffère de celui auquel ils sont exposés dans les cours de langue; de plus, ils constatent que Paris n'est plus autant qu'avant le seul modèle de français. Nous voulons, avec ce manuel, sensibiliser l'étudiant en linguistique romane et en philologie à la diversité du français, notamment en lui faisant connaître la variété du français nord-américain la plus importante, à savoir le FQ. Ce panorama de la situation linguistique du Québec devrait amener, en même temps, les apprenants du français langue étrangère ou les locuteurs d'autres variétés de français à situer la langue française à l'extérieur de l'Hexagone et à la concevoir comme un objet en partage.

Notre manuel propose une vue générale du français parlé au Québec, langue commune d'environ huit millions de Québécois dont six millions cinq cent mille l'ont comme langue maternelle, dans un cadre qui révèle ses particularités linguistiques (lexicales, phonétiques et morphosyntaxiques) et sa dynamique (socio)linguistique, et qui rend compte des dernières mesures en aménagement linguistique. À ce titre, notre présentation du FQ se démarque d'une ancienne conception qui n'avait comme objet que les différences par rapport au français de France (désormais FF), plus particulièrement parisien. Au contraire, nous présentons le FQ comme étant une variété nationale ayant son propre fonctionnement linguistique, dans lequel le FF n'intervient plus autant que dans le passé. Du reste, lorsque ce dernier est convoqué, notamment pour donner un équivalent aux formes du FQ, ce n'est que pour faciliter la compréhension du lecteur étranger, francophone ou apprenant du français langue seconde ou étrangère, qui, supposons-nous, est plus familier avec la variété française.

Ces objectifs de connaissances s'accompagnent, cependant, d'un objectif plus général touchant les attitudes du lecteur, à savoir celui de l'amener à relativiser la notion de norme linguistique dans la francophonie, à le rendre capable de situer la norme du français partout où il se parle et à identifier les attitudes négatives et les préjugés envers une langue.

0.2 Le français québécois aujourd'hui : ses lecteurs visés

Ce manuel se destine particulièrement au lecteur allemand, mais également européen en général, intéressé par le français et qui connaît mal ou peu celui parlé au Québec. En effet, nous avons pu constater, au cours des années, que les sources d'information sur le sujet disponibles en Allemagne ne livrent pas toujours des illustrations linguistiques fiables, en assez grand nombre et, surtout, récentes. L'étudiant en études francophones ou en romanistique et l'enseignant allemand de français trouveront donc dans ce manuel un portrait d'ensemble du FQ parlé (prononciation, lexique et morphosyntaxe) ainsi que de la situation linguistique québécoise.

Dans ce manuel, nous nous sommes limités aux savoirs que nous jugions les plus pertinents au regard du lecteur visé. Cette limite nous a amenés à garder le silence sur d'autres aspects que la recherche sur le FQ a révélés. Ce manuel est rédigé de façon à exposer simplement et directement les savoirs que nous avons sélectionnés. Pour ce qui est du lecteur averti, il pourra consulter les nombreuses références pour compléter le propos.

Pour aider le lecteur à bien lire le manuel, nous suggérons, à la fin de certains chapitres, des questions de récapitulation et des exercices d'analyse du français parlé au Québec.

0.3 Le français québécois aujourd'hui : ses contenus notionnels

Les contenus exposés dans le manuel font l'objet de 5 chapitres : Chapitre 1 : Le Québec contemporain et son histoire sociopolitique; Chapitre 2 : Le français québécois tel qu'il se parle aujourd'hui; Chapitre 3 : La formation du français québécois; Chapitre 4 : Les attitudes linguistiques des Québécois et la norme; Chapitre 5 : L'aménagement linguistique du Québec.

Le but du Chapitre 1, comme son titre l'indique, est de présenter, depuis le début, l'histoire sociale et politique du Québec, qui a été d'abord *Nouvelle-France* lorsqu'il était colonie française, ensuite *Province of Québec* en 1763 et *Bas-Canada* en 1791, quand il est devenu colonie britannique, et enfin *Province de Québec* dans la Confédération canadienne de 1867.

Le lecteur trouvera dans le Chapitre 2 un exposé des aspects linguistiques les plus saillants du français parlé au Québec, tant phonétiques et morphosyntaxiques que lexicaux, qu'il est susceptible d'entendre dès son arrivée au Québec. Dans le but de lui permettre de bien percevoir leur valeur sociale, nous les avons départagés selon qu'ils sont *surtout* entendus en situations de plus grande formalité (prises de parole officielles, langue d'enseignement, presse parlée) ou *surtout* en situations familières (conversations entre personnes, émissions de variétés à la télévision, cinéma et théâtre québécois, etc.). Pour ce faire, nous avons fait reposer cette distinction (FQ soutenu/FQ familier) sur les marques d'usage qui se trouvent dans les écrits où elles sont évoquées ainsi que sur nos propres observations.

Le FQ s'est formé dans des conditions particulières, qui sont l'objet du Chapitre 3 constitué de trois parties : la période de la Nouvelle-France, au cours de laquelle le français, variable selon l'origine sociale et géographique des colons, deviendra relativement homogène; les conséquences linguistiques de la Conquête, imputables à la distance que devra prendre le Québec par rapport à la France et à la situation de contact avec l'anglais dans un rapport d'asymétrie; les réactions des élites québécoises visant à corriger l'écart entre le français du Québec et celui de France.

L'entreprise visant à réduire l'écart qui s'était creusé entre le français parlé au Québec et celui parlé à Paris engendrera une forme d'insécurité linguistique chez bien des Québécois qui seront convaincus que leur variété de français est illégitime. Ils en seront doublement persuadés avec l'anglais devenu langue du travail et du commerce, et avec le bilinguisme nécessaire. Le Chapitre 4 montre au lecteur le chemin parcouru par les Québécois entre le moment où les premières études ont révélé leurs attitudes négatives à l'égard de leur langue et les premières manifestations de l'acceptation de leurs différences et, surtout, de leur volonté de se donner une norme qui, sans être à contre-courant de celle élaborée en France, tient compte de la situation du Québec.

Une communauté qui cherche à atteindre une autonomie linguistique, quelle qu'en soit la forme, doit se donner des instruments pour le faire. Le Québec devait d'abord affirmer la primauté du français sur l'anglais, ce qu'il a fait au moyen de lois. Il a dû ensuite se donner des organismes de normalisation, qui ont eu comme première tâche de travailler à la qualité du français en bannissant des terminologies et des textes officiels les mots et les structures de l'anglais qui s'étaient invités au cours des deux siècles qui ont suivi la Conquête. Le Chapitre 5 est consacré aux efforts faits par le Québec pour son aménagement linguistique depuis les années 1960 jusqu'à nos jours.

0.4 Abréviations et définitions utiles

Dans l'exposé, nous utilisons plusieurs abréviations qui font référence aux variétés de français évoquées de façon récurrente dans le texte. Nous invitons le lecteur à consulter la liste qui suit pour être bien au fait de ce à quoi ces abréviations réfèrent. Nous présentons aussi de courtes définitions des différents termes employés pour évoquer les variétés de français ; le lecteur pourra ainsi les revoir au besoin tout au long de ses lectures.

Dans ce document, le genre masculin est utilisé comme générique, dans le seul but de ne pas alourdir le texte. Dans les définitions suivantes, le syntagme « usages linguistiques » renvoie à tous éléments linguistiques qui peuvent être entendus ou lus : structures morphosyntaxiques, prononciations, éléments du lexique.

		Définition
FA	Français acadien	Ensemble des usages linguistiques, parlés et écrits, des Acadiens des provinces maritimes (Nouveau-Brunswick, Nouvelle-Écosse, Île-du-Prince-Édouard), de Terre-Neuve et du Québec (Îles-de-la-Madeleine, Côte-Nord, Gaspésie), tant ceux qui caractérisent la variété soutenue que ceux qui appartiennent aux variétés familières régionales.
FB	Français de Belgique	Ensemble des usages linguistiques, parlés et écrits, des Belges francophones, tant ceux qui caractérisent la variété soutenue que ceux qui appartiennent aux variétés familières régionales.
FF	Français de France	Ensemble des usages linguistiques, parlés et écrits, des Français de toutes les régions de France, tant ceux qui caractérisent la variété soutenue que ceux qui appartiennent aux variétés familières régionales, continentales ou d'outre-mer.
FQ	Français québécois	Ensemble des usages linguistiques, parlés et écrits, des Québécois francophones de toutes les régions du Québec, tant ceux qui caractérisent la variété soutenue que ceux qui appartiennent aux variétés familières ou régionales (Martel/Cajolet-Laganière 1996, 71).
FQs	Français québécois soutenu	Variété qui figure dans les journaux, dans les revues spécialisées et scientifiques, dans les documents de l'administration publique et parapublique et dans l'affichage commercial. Variété entendue sur les ondes de la bouche des chefs d'antenne et des animateurs d'émissions d'affaires publiques (parfois appelée *français québécois standard*).
FQf	Français québécois familier	Variété utilisée dans les échanges oraux quotidiens. Variété également entendue sur les ondes, notamment dans les téléromans et les films québécois, et chez les membres du public participant aux émissions de télé-

		Définition
		réalité ou de variété. Variété lue également dans les messages textes (texto) et autres communications écrites réalisées sans contraintes normatives.
FR	Français de référence	Variété illustrée dans des outils de référence souvent constitués en France (grammaires, dictionnaires, traités de prononciation), pour lesquels les Parisiens cultivés s'exprimant en situation surveillée servent de modèles de prononciation (Warnant 1987, XX-XXI). Variété enseignée dans les classes de français langue étrangère. Dans l'esprit de plusieurs, ce terme est équivalent à : français normé, standard ou international.
FS	Français de Suisse romande	Ensemble des usages linguistiques, parlés et écrits, des Suisses romands, tant ceux qui caractérisent la variété soutenue que ceux qui appartiennent aux variétés familières et régionales.

0.5 Symboles phonétiques utilisés dans le manuel

Tout au long du manuel, nous faisons usage de symboles phonétiques pour transcrire le FQ parlé. Sans ces symboles de l'alphabet phonétique international, il ne serait pas possible de « faire entendre » les prononciations des voyelles et des consonnes qui singularisent le FQ. Pour réellement les entendre, le lecteur pourra consulter les pages internet suivantes : 1) UQAC | PHONO : les principales caractéristiques phonétiques du français québécois (**phono.uqac.ca**), présentant les principales caractéristiques de prononciation du FQ accompagnées de fichiers audio[4] (Paradis/Dolbec 2008) ainsi que 2) Le projet PFC : Projet Phonologie du Français contemporain (**www.projet-pfc.net**) donnant accès à divers types d'enregistrements (listes de mots, lectures, conversations libres) des variétés géographiques de la francophonie incluant des régions du Québec (Côté/Durand/Laks/Lyche 2004).

Le tableau qui suit comporte tous les symboles que le lecteur est susceptible de rencontrer au cours de sa lecture. À gauche se trouve le symbole et, à droite, des mots qui comportent les graphèmes auxquels le symbole donne une prononciation.

Nous avons inclus, dans ce tableau, les variantes de prononciation des voyelles et des consonnes que nous avons évoquées dans le manuel. Leurs conditionnements contextuels (place dans le mot où elles peuvent être entendues) et leurs valeurs sociales respectives font l'objet d'explications dans le Chapitre 2.

---

[4] Cette référence a été autorisée par les concepteurs, qui avertissent le lecteur que le site est encore en développement et que certaines transcriptions phonétiques sont sujettes à révision.

Les transcriptions phonétiques qui apparaissent dans le manuel sont syllabées. Pour ce faire, les syllabes sont séparées par un point : p. ex. phonétique [fɔ.ne.t₁ɪk]. Toutefois, la syllabe n'est pas un aspect de la parole aussi évident à délimiter qu'un segment. Il faut reconnaître que la syllabe tient davantage d'une perception qu'entretient le locuteur d'une langue que d'une réalité acoustique observable. En effet, aucun traitement du signal émis par la parole n'est capable de montrer clairement où se situe la coupure syllabique, notamment dans le cas des groupes de consonnes à l'intérieur d'un mot. Si, en français, la syllabation semble se faire bien souvent à droite d'une voyelle, comme *adroit* [a.dʁwa] et *complet* [kɔ̃.plɛ], elle semble devoir parfois se faire entre les deux consonnes, comme *parler* [paʁ.le], *lactée* [lak.te], *amnésie* [am.ne.zi]. Les syllabations que nous suggérons dans le manuel s'inspirent des règles de syllabation déjà proposées (Delattre 1966; Hooper 1972; Picard 1982) ainsi que de nos intuitions.

Voyelles et leurs variantes	
[i]	ni, gr**i**s, **y**
[ɪ] (i ouvert)	v**i**lle, L**i**ne, d**i**gne, p**i**pe, v**i**tre, r**i**sque, soc**i**al**i**sme
[e]	étude, mai, jouer, jouez, œdipe, l**es**, il **est**
[y]	fût, nue, j'ai **eu**
[ʏ] (u ouvert)	n**u**l, s**u**d, br**u**te, all**u**me, br**u**sque, abr**u**pte
[ø]	peu, deux, heureux
[ø:] ~ diphtongué [œʸ]	jeûne, meute, il meugle, heureuse
[ɛ]	élève, faite, fesse, jou**et**, l**es**, il **est**
[ɛ:] ~ diphtongué [aᵉ]	fête, neige, maître, scène, kilomètre
[œ]	meuble, œil, fleurir, écœurer
[œʁ] ~ diphtongué [aœʁ]	sœur, peur, cœur
[ə]⁵	je, le, gouvernement
[a] (a antérieur)	patte, la, à, embrasser, efface, caca, moi [wa]
[u]	cou, goût, bouilloire
[ʊ] (ou ouvert)	coûte, poule, bouille, souffle, boucle
[o]	ego, au, eau, rosée, autrement
[o:] ~ diphtongué [ɔᵘ]	sauce, côte, rose, chaude, Claude, autre
[ɔ]	loge, police, portuaire, Paul
[ɔʁ] ~ diphtongué [aᵘʁ]	port, alors, mort
[ɑ] (a postérieur) ~ [ɔ]	pas, secrétariat, là, Canada, poids [wɑ]
[aʁ] ~ [ɑʁ] ~ diphtongué [aᵘʁ]	part, retard, un quart
[ɑ:] ~ diphtongué [aᵘ]	passe, pâte, cadre, jaunâtre, base
[ẽ] ([ɛ̃])	matin, plein, main, rien

---

5 Le symbole [ə] ne renvoie pas à une voyelle du français. Lorsque le graphème *e* est prononcé, p. ex. dans les mots *crever*, *je*, *fenêtre*, il est, en réalité, prononcé [œ] : [kʁœ.ve], [ʒœ], [fœ.nɛ:tʁ]. Ainsi, dans les mots *peuplement* et *aveuglement*, les graphèmes *eu* et *e* sont prononcés essentiellement de la même manière, à savoir [pœ.plœ.mɑ̃] et [a.vœ.glœ.mɑ̃]. Toutefois, pour nous conformer à une certaine tradition, nous utilisons quand même le symbole [ə] pour évoquer le graphème *e* quand il est prononcé, tout en sachant que son timbre véritable est [œ]. Ainsi, les mots *peuplement* et *aveuglement* seraient transcrits, dans ce manuel, [pœ.plə.mɑ̃], [a.vœ.glə.mɑ̃].

[ẽ] ~ diphtongué [ẽʸ]	sainte, blé d'Inde, mince, craindre,
[œ̃]	brun, lundi, à jeun, emprunter
[œ̃] ~ diphtongué [œ̃ʸ]	défunte, il emprunte
[ã] ~ [ɑ̃]	chanter, champ, en, faon
[ã] ~ diphtongué [ãᵘ]	il chante, France, septembre
[ɔ̃]	non, plomb, taon,
[ɔ̃] ~ diphtongué [ɔ̃ᵘ]	honte, monde, nombre

Semi-voyelles

[j]	pied, fierté, ciel, cieux, portion, fille, deuil, funérailles, yacht
[ɥ]	lui, depuis, nuage, muet
[w]	oui, moi, oiseau, pois, moins, watt

Consonnes et leurs variantes

[p]	pâte, apte, appât
[b]	bas, abbé, abhorrer
[t]	toute, théâtre, apte, trop
[tˢ]	tu, petit, couture, tiers, tuile
[tʃ] (‹ ang.)	chip, sandwich, Tchèque
[d]	doux, fade, adroit
[dᶻ]	dis, du, individu, diable
[dʒ] (‹ ang.)	job, jeans
[k]	cou, képi, qui, chiro, kiosque
[ks]	sexe, exclamer
[g]	goût, guitare, gorge, ghetto
[gz]	exemple, exécuter
[f]	fin, souffle, pharmacie
[v]	vin, cave
[s]	si, ça, assis, ici, ambition, six
[z]	zoo, bise, dixième
[ʃ]	chou, chiche, schisme, shérif
[ʒ]	joue, bougie, Georges, juge
[m]	ma, gamma, lame
[n]	ni, année, âne
[ɲ]	agneau, bagne
[ŋ] (‹ ang.)	parking, meeting
[l]	la, allô, ville
[ʁ] ~ [ʀ] ~ [r]	rue, nourrir, par, quatre

0.6 Conventions typographiques

Conventions	Sens des conventions
« Guillemets »	Citation d'un auteur; segment de langue parlée pouvant contenir un mot mis en vedette
Caractères *italiques*	Mot mis en vedette; titre d'un ouvrage ou d'un journal; mot en langue étrangère
Caractères <u>soulignés</u>	Mot mis en vedette dans un segment de langue parlée
Caractères **foncés**	Information mise en évidence
'Guillemets simples'	Définition d'un mot
X › Y	X devient Y
X ‹ Y	X vient de Y
ang.	Anglais

1 Le Québec contemporain et son histoire sociopolitique

1.1 La situation géographique et démolinguistique

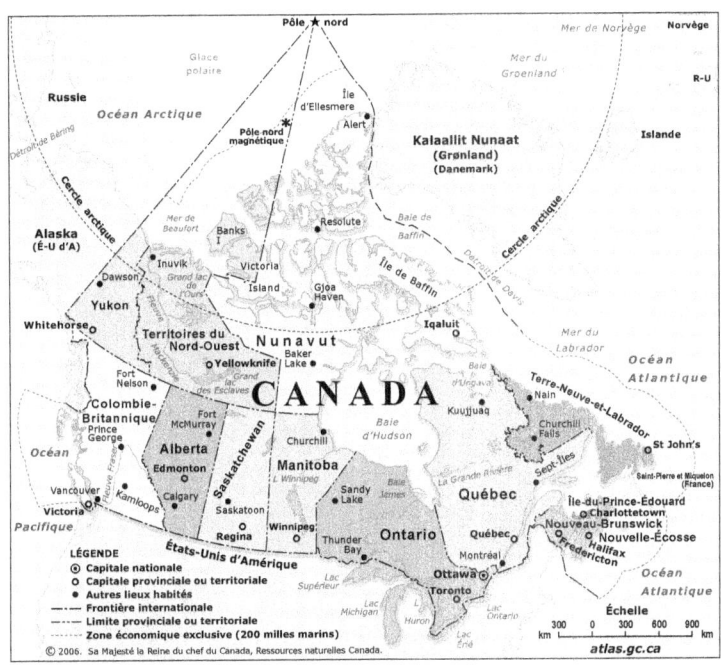

Fig. 1 : Le Québec au Canada et en Amérique du Nord (Ressources naturelles Canada 2016)

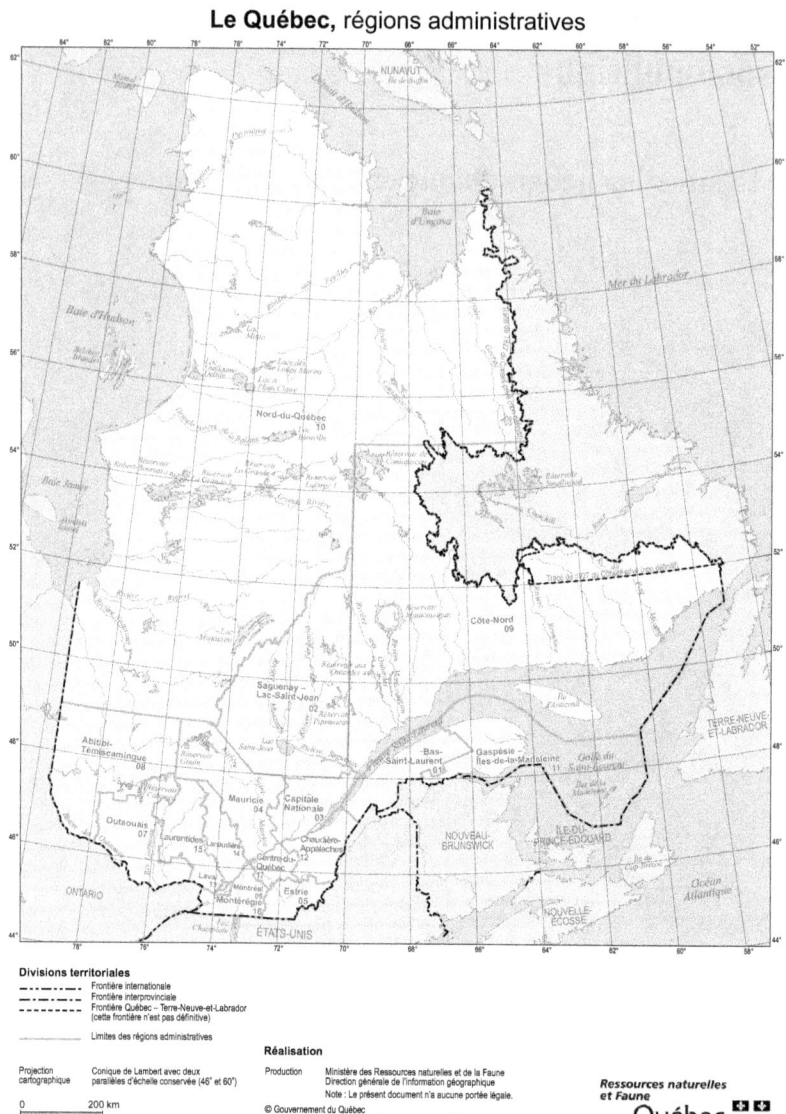

Fig. 2 : Les régions administratives de la province de Québec (Ministère de l'Énergie et des Ressources naturelles 2013)

Le Québec est l'une des dix provinces du Canada, vaste pays situé dans la partie septentrionale de l'Amérique du Nord. La fig. 1 représente les dix provinces : d'ouest en est, la Colombie-Britannique, l'Alberta, la Saskatchewan, le Manitoba, l'Ontario, le Québec, le Nouveau-Brunswick, la Nouvelle-Écosse, l'Île-du-Prince-Édouard et Terre-Neuve-et-Labrador. En plus des provinces, le Canada compte trois territoires qui se distinguent des provinces par leur autonomie par rapport au pouvoir fédéral : le Yukon, les Territoires du Nord-Ouest et le Nunavut. Le Canada est, avec sa superficie d'environ 10 millions de km^2, le deuxième pays le plus grand du monde après la Russie. Il est trente fois plus grand que l'Allemagne. Selon les estimations de Statistique Canada, le Canada comptait presque 36 millions d'habitants en 2014[6]. Au plan politique, il s'agit d'une confédération comportant un gouvernement central, dit fédéral, et des gouvernements provinciaux. Ces derniers ont leurs propres compétences, ce qui les amène à entrer parfois en conflit avec le gouvernement fédéral ou entre eux. À titre d'exemple, les provinces sont responsables de l'éducation, de la culture et de la politique linguistique sur leurs territoires respectifs.

Comme la fig. 1 le montre, le Québec est la plus grande province du pays avec une superficie d'environ 1,6 million de km^2[7]. Cette dimension correspond à trois fois la France, quatre fois l'Allemagne, cinquante fois la Belgique et sept fois le Royaume-Uni. Il n'y a que le territoire du Nunavut qui a une superficie qui dépasse celle du Québec.

Selon les dernières estimations, le nombre de personnes habitant le Québec serait d'environ huit millions[8]. Cette population se concentre surtout dans le sud de la province, le long du fleuve Saint-Laurent où les terres sont particulièrement fertiles et où se trouvent également les trois plus grandes villes de la province : Québec, la plus ancienne ville du continent nord-américain, la capitale et le centre politique de la province; Montréal, la métropole multiethnique et le centre économique et financier de la province; Trois-Rivières, deuxième plus vieille ville située à mi-chemin entre les deux. La province comporte 17 régions administratives comme le montre la fig. 2.

Bien que la latitude de Montréal au sud de la province corresponde approximativement à celle de Bordeaux (France) et de Venise (Italie), le climat du Québec est caractérisé par de longs hivers froids et a donc peu en commun avec ces villes. L'étendue des espaces, la nature époustouflante, l'impressionnant fleuve Saint-Laurent et l'hiver québécois sont probablement parmi les aspects les mieux connus des Européens pour lesquels le Canada représente depuis longtemps un pays mythique qu'ils rêvent de découvrir. Entouré de provinces où l'anglais est dominant et voisin des États-Unis, le Québec se confond souvent, dans l'imaginaire de bien des

---

6 Statistique Canada. Tableau 051-0005.
7 Institut de la Statistique Québec.
8 Statistique Canada. Tableau 051-0005.

Européens, avec ce monde à dominance anglophone. En réalité, il s'agit de la province la plus européenne du Canada où des éléments de la culture française, britannique et américaine se sont mélangés et ont évolué de manière à donner au Québec contemporain un visage bien particulier que Bombardier (2014 : 9) décrit comme « cette 'anomalie' culturelle qu'est le Québec en terre d'Amérique ». Selon cette auteure, ces éléments de la culture française peuvent devenir « un piège pour tous les francophones qui y débarquent en se croyant en pays de connaissance grâce à la langue française. » (*ibid.*, 8).

La langue française est, en effet, l'élément le plus distinctif par rapport au reste du Canada puisque le Québec est la seule province à avoir le français comme seule langue officielle. C'est grâce à lui que le Canada figure parmi les premiers pays francophones ayant un grand nombre de locuteurs ayant le français comme langue maternelle : dans l'ordre, il y a la France avec 82 % de sa population, la Principauté de Monaco avec 58 %, la Belgique avec 41 %, le Canada avec 23,2 % et la Suisse avec 18,4 % (Leclerc 2016a). En effet, six des sept millions des francophones qui vivent au Canada sont établis au Québec[9].

Après le Québec, c'est le Nouveau-Brunswick qui possède la plus grande portion de francophones par rapport à la population totale de la province : il y avait, en 2011, 240 455 francophones, ce qui correspond à 32,5 % de la population provinciale. Il s'agit également de la seule province du Canada qui est officiellement bilingue[10]. La population francophone du Nouveau-Brunswick est majoritairement de descendance acadienne, c'est-à-dire originaire d'un autre peuplement historique français du Canada. L'histoire coloniale différente a donné naissance à une autre variété historique du français, le français acadien (v. Chapitre 3). Aujourd'hui, le français acadien est parlé dans les provinces maritimes du Canada : au Nouveau-Brunswick, en Nouvelle-Écosse, à l'Île-du-Prince-Édouard et, dans une moindre mesure, à Terre-Neuve. Il est également entendu dans certaines régions du Québec, notamment en Gaspésie, aux Îles-de-la-Madeleine et sur la Côte-Nord, et dans les îles de Saint-Pierre-et-Miquelon, territoire français d'outre-mer situé au large de Terre-Neuve ainsi que dans quelques villages limitrophes dans le nord de l'État du Maine (États-Unis).

Du point de vue démolinguistique, les francophones de l'Ontario méritent aussi d'être mentionnés. On y a recensé 561 155 locuteurs en 2011, ce qui correspond à 4,4 % de la population de cette province. Cependant, comme dans les autres provinces évoquées plus tôt, les francophones y sont minoritaires et le français qu'ils parlent subit les pressions de l'anglais, langue dominante dans bien des secteurs de la vie économique et sociale. Le transfert linguistique vers la langue dominante,

---

9 Statistique Canada 2012.
10 Statistique Canada, recensements de la population, 2006 et 2011.

c'est-à-dire l'assimilation linguistique, y est largement répandu, et ce, de façon ininterrompue, depuis deux siècles (Castonguay 2002).

Dans les provinces autres que le Québec, le français est donc une langue de minorité et, en conséquence, une langue en contact avec la langue de majorité de ces provinces, l'anglais. Bien que majoritairement francophone, le Québec n'échappe pas au contact avec l'anglais, notamment dans la grande région de Montréal où vit près de la moitié de la population québécoise. Même si les francophones constituent le groupe linguistique majoritaire au Québec avec 78,0 % de la population totale (la portion restante étant occupée par 7,6 % d'anglophones et 12,3 % d'allophones[11]) (Leclerc 2016b), leur statut de majoritaire est menacé à Montréal[12]. Leur présence a diminué considérablement depuis les 20 dernières années : ils constituaient 48,5 % de la population montréalaise en 2011, par rapport à 55,9 % en 1991 et à 61,2 % en 1971, ce qui inquiète bien des défenseurs de la langue française (v. Termote 2014, 33 et Leclerc 2016b).

S'il est vrai que la majorité des anglophones du Québec vit à Montréal, il est cependant intéressant de constater que la baisse de la présence des francophones n'est pas associée à une augmentation de celle des anglophones, qui est passée de 23,7 % en 1971 à 19,4 % en 1991 et à 17,8 % en 2011, mais plutôt à une présence plus grande d'allophones (*ibid.*). Ces derniers constituaient 15,1 % de la population montréalaise en 1971, 24,7 % en 1991 et 33,7 % en 2011 (*ibid.*). Parmi ces allophones, on retrouve surtout des hispanophones, des arabophones, des italophones, des sinophones et des créolophones issus de l'immigration de l'île d'Haïti.

Les langues autochtones, c'est-à-dire celles des Premières Nations (les Amérindiens) qui peuplaient le territoire avant l'arrivée des colons européens, ne sont plus parlées que par une infime minorité : la population autochtone ne représente plus que 1,4 % de la population du Québec. Mais, selon Leclerc (2016c), cette population est même plus nombreuse que leurs locuteurs puisque 73,6 % des autochtones ont été linguistiquement assimilés, notamment par l'anglais.

Selon Termote (2014, 33), le changement récent du portrait démolinguistique en faveur des allophones est attribuable à la sous-fécondité des francophones et des anglophones, à leur comportement migratoire (étalement urbain pour les premiers, émigration vers les autres provinces pour les seconds) et à une importante immigration internationale (la plupart des immigrants n'utilisent ni le français ni l'anglais à la maison).

Tous ces chiffres doivent cependant être interprétés avec prudence. À titre d'exemple, la question du critère qui doit être utilisé pour décider qui est francophone ou non est sujette à discussion. Statistique Canada fournit les données sui-

---

11 Au Canada, on appelle *allophones* les personnes parlant des langues maternelles autres que le français ou l'anglais.
12 L'île de Montréal comporte cinq municipalités de banlieue et la ville de Montréal est partagée en 19 arrondissements.

vantes : langue maternelle; langue parlée à la maison, le plus souvent, régulièrement; première langue officielle parlée; capacité de soutenir une conversation. Selon Statistique Canada, la langue maternelle désigne « la première langue apprise à la maison dans l'enfance et encore comprise au moment du recensement »[13]. Les chiffres donnés dans les paragraphes précédents reflètent, en effet, ce que les gens déclarent être leur langue maternelle, ce qui constitue une déclaration purement subjective. Mais la notion de langue maternelle pose problème pour une autre raison. D'abord, dans un contexte bilingue ou multilingue, il est tout à fait possible qu'un individu acquière deux langues en même temps. Laquelle serait alors la langue maternelle? De plus, la notion renvoie à l'ordre de l'acquisition, mais elle ne dit rien sur l'usage effectif ou sur la compétence dans cette langue. En effet, bien des communautés francophones minoritaires au Canada ont vu certains de leurs membres abandonner le français au profit de l'anglais. Il est donc possible qu'une personne utilise une autre langue que sa langue maternelle, voire se sente plus à l'aise dans cette langue. Se servir du critère de langue maternelle risque de masquer la réalité. Les critères utilisés par Statistique Canada nous ramènent ainsi aux problèmes inhérents à la définition même du bilinguisme, à savoir s'il faut, pour être considéré comme bilingue, avoir acquis les deux langues dès la naissance ou avoir une compétence presque égale dans les deux langues. Ces questions définitoires et méthodologiques ne sont pas banales puisque les statistiques mentionnées sont à la base de mesures d'aménagement linguistique, qui visent à régler la coexistence et la protection des langues, qui seront l'objet du Chapitre 5.

1.2 Évènements sociaux et politiques importants depuis la Nouvelle-France jusqu'à aujourd'hui

Le présent survol historique a comme objectif de fournir des repères indispensables à la compréhension des faits linguistiques actuels. Nous voulons notamment fournir au lecteur quelques éléments sociohistoriques et politiques lui permettant de comprendre la présence du français au Québec, son caractère spécifique et les mesures d'aménagement linguistique entreprises depuis les années 1960. Ce chapitre ne prétend ni présenter une description détaillée et exhaustive de tous les évènements historiques qui ont contribué à façonner le Québec contemporain à tous les niveaux, ni entrer dans des débats entre historiens. Nous nous appuyons principalement sur Wolf (1987), Lacoursière (1997, 2005), Bories-Sawala (2010), Overmann (2009) ainsi que sur Leclerc (2016a, b, c).

---

[13] Statistique Canada, recensements de la population, 2006 et 2011.

1.2.1 La découverte et la Nouvelle-France (1534-1760)

Les historiens soutiennent que les Vikings ont été les premiers à explorer l'Amérique du Nord, suivis beaucoup plus tard par d'autres Européens, dont Giovanni Verrazano et Giovanni Caboto, sans parler des nombreux pêcheurs basques venus faire la chasse à la baleine dans l'estuaire du fleuve Saint-Laurent. Toutefois, l'histoire du Québec commence réellement avec la découverte du territoire par Jacques Cartier en 1534. C'était au début de la colonisation de l'Amérique, des grandes découvertes et de l'expansion des grands empires européens, animées par la recherche de nouvelles richesses. Jacques Cartier voyageait par ordre de François Ier avec le mandat de découvrir de nouvelles terres à exploiter pour la France. Par l'acte symbolique de planter une croix à Gaspé lors de son premier voyage, il a pris officiellement possession du territoire pour la France. Il a répété cet acte lors de son deuxième voyage en plantant une autre croix à Stadaconé, près de Québec.

Les voyages de Cartier, racontés dans ses *Relations* (Bideaux, 1986), n'ont cependant pas entraîné une colonisation immédiate du territoire par les Français. Cartier a plutôt préparé le terrain pour la colonisation qui devait suivre à partir du début du XVIIe siècle par la découverte de la vallée du Saint-Laurent, que les Québécois nomment aujourd'hui simplement le fleuve, et par une cartographie de la région. Bien des toponymes, ou noms de lieux, que nous connaissons aujourd'hui, remontent à Cartier ; à titre d'exemple, *Canada* provient du mot iroquoien *kanata* que Cartier croyait être le nom du pays, mais qui signifie en réalité 'ville', 'village'.

À l'arrivée des Français, le territoire était déjà habité par les Amérindiens. À cette époque, les contacts entre Français et Amérindiens étaient pacifiques, et les Européens n'auraient pas survécu à l'hiver sans l'aide de ces derniers. Le gouvernement québécois reconnaît aujourd'hui onze Premières Nations : les Inuits, les Mohawks, les Innus (ou Montagnais), les Cris, les Algonquins, les Atikamekws, les Micmacs, les Hurons-Wendat, les Abénaquis, les Malécites et les Naskapis (Overmann 2009, 50). Ces peuples autochtones appartiennent à deux grands groupes linguistiques : iroquoiens et algonquiens. Cartier avait rencontré les Iroquois de Stadaconé et de Hochelaga (aujourd'hui Montréal) et il avait jeté les bases pour une première activité de traduction et d'interprétation (Delisle 1984, 2). Pour ce faire, il a recruté les deux fils de Donnacona, chef du village de Stadaconé, pour les emmener en France où ils ont appris les rudiments de la langue française. C'est grâce à eux que les Français ont acquis une meilleure connaissance du territoire ; c'est également avec leur aide qu'ils ont pu rédiger un premier glossaire des langues amérindiennes.

Plus tard, au XVIIe siècle, les *coureurs des bois*, ces Français qui vivaient de la traite des fourrures comme les Amérindiens, ont été ceux qui ont servi d'interprètes auprès des autorités françaises. Les coureurs des bois ont aussi introduit la langue française dans les communautés autochtones et ont agi comme médiateurs dans les relations entre les colons et les Amérindiens. La stratégie des Français a été de faire des Amérindiens des alliés plutôt que des ennemis, pour, entre autres, les assimiler culturellement, notamment en les évangélisant. Ce projet était voué à l'échec. Les conflits (p. ex. les guerres iroquoises de 1641-1665 et de 1687-1701) et les difficultés de communication ont continué pendant longtemps.

Il a fallu attendre Samuel de Champlain, en 1608, sous le règne d'Henri IV, pour une véritable colonisation. Cet explorateur a fondé la ville de Québec dont le nom signifie en algonquin « endroit où le fleuve devient étroit » (Boris-Sawala 2010, 27). Il s'agit d'un emplacement qui possède l'avantage stratégique de permettre le contrôle de toutes les embarcations naviguant sur le fleuve Saint-Laurent et se dirigeant vers l'intérieur du continent nord-américain. De plus, le fleuve s'avérait une voie de transport pour les marchandises; les terres le long du bord étaient fertiles et il y avait les villages amérindiens à proximité.

C'est en 1609 qu'on a appelé Nouvelle-France cette nouvelle colonie dont Champlain est devenu le lieutenant-gouverneur en 1612. À partir de 1627, la colonie a commencé à se développer lentement grâce à la fondation de la Compagnie de la Nouvelle-France (Compagnie des Cent-Associés). Elle a bénéficié du monopole du commerce et des fourrures avec la condition d'installer des colons à ses frais, de se charger de la défense et de l'administration du territoire ainsi que d'évangéliser les autochtones. En 1642, l'officier Paul de Chomedey de Maisonneuve a fondé Ville-Marie, aujourd'hui Montréal. Tandis que la Nouvelle-France ne comptait qu'une centaine de personnes en 1628, on en dénombrait désormais 2 500 en 1663. En comparaison, la Nouvelle-Hollande avait déjà 10 000 habitants et les colonies anglaises, 80 000 (Overmann 2009, 67). Toutefois, le développement n'avançait que lentement, principalement à cause des hivers rigoureux et des conflits avec les Iroquois; de plus, les Français ne disposaient pas vraiment d'un plan structuré. Pendant cette période, la France a même songé à abandonner sa nouvelle colonie; de 1629 à 1632, elle a même appartenu aux Anglais à la suite de la tentative des frères Kirk de s'accaparer le monopole du commerce de la fourrure.

Dès 1663, la Nouvelle-France a été administrée comme une province française. Ses habitants étaient d'ailleurs considérés comme étant des Français; seulement quelques Français de France les voyaient comme étant des Canadiens. Pendant la phase d'expansion qui a suivi jusqu'en 1713, les militaires, les gens de métiers et les *filles du roy* (alors appelées « filles à marier ») se sont installés. Ces dernières étaient des orphelines ou des filles de familles pauvres, principalement originaires de l'Île-de-France ou de Paris, qui étaient rémunérées pour aller trouver un mari en Nouvelle-France où la population masculine dominait, ce qui nuisait évidemment au développement démographique. En ce qui concerne les militaires, Louis XIV a même envoyé un régiment entier d'environ 1 200 hommes (nommé *régiment de Carignan-Salières*). Les militaires étaient donc omniprésents en Nouvelle-France, à tous les niveaux.

La plupart des colons (membres de la noblesse, militaires, artisans ou cultivateurs) étaient originaires de la Normandie, de la région parisienne, des « pays de la

Loire », du Perche et des provinces de l'Ouest (Poitou, Aunis, Saintonge) (v. Chapitre 3). De plus, bien que la majorité de la population française vivait dans un milieu rural, les colons qui sont venus en Nouvelle-France étaient des citadins, souvent des villes portuaires ou à proximité des ports. L'arrivée des *filles du roy* et d'autres mesures, telles que la récompense pour familles nombreuses, ont entraîné un taux de natalité élevé et ont favorisé le peuplement de la colonie; la population est passée de 2 500 en 1663 à 20 000 en 1713 et à 55 000 en 1755.

Dans la deuxième moitié du XVIIe siècle, la Nouvelle-France a atteint une expansion remarquable incluant la région des Grands Lacs à l'ouest, la Baie d'Hudson au nord et la vallée du Mississippi au sud. La colonie est demeurée néanmoins une entreprise coûteuse dont la raison d'être était plutôt de nature stratégique, car elle empêchait, entre autres, l'expansion des colonies britanniques. Ce vaste territoire était peu peuplé et donc difficile à défendre. Les périodes de paix ont été rares et les affrontements entre Français et Britanniques, fréquents. En 1713, avec le Traité d'Utrecht, la France a perdu aux mains de l'Angleterre une partie de la Nouvelle-France, à savoir Terre-Neuve, l'Acadie, la Baie d'Hudson et la rive gauche du Mississippi, pour payer des dettes contractées lors des guerres que les deux pays ont menées en Europe et dans les colonies. Au milieu du XVIIIe siècle, la France avait épuisé tous ses moyens pour poursuivre sa politique d'expansion territoriale. Elle a décidé, en 1759, d'abandonner la Nouvelle-France qui lui rapportait peu, en refusant d'envoyer des renforts pour la défendre.

1.2.2 La naissance d'une colonie britannique

La fin de la Nouvelle-France se situe dans le contexte de la guerre de Sept Ans en Europe (1756-1763), qui opposait toutes les grandes puissances européennes. En ce qui concerne la France et la Grande-Bretagne, les deux ont poursuivi des stratégies bien différentes. Tandis que la Grande-Bretagne a misé sur la guerre dans les colonies, la France a concentré ses efforts sur le continent européen. La formule de Voltaire « quelques arpents de neige » pour décrire le Canada reste encore bien connue et exprimait l'attitude dépréciative de beaucoup de Français envers la Nouvelle-France.

Le résultat de cette guerre en Amérique du Nord a été la conquête de la Nouvelle-France par les Britanniques et la fin de la colonisation française en Amérique du Nord. L'évènement le plus marquant de cette conquête a été la bataille des plaines d'Abraham le 13 septembre 1759. Après plusieurs tentatives d'assaut sans succès, les Anglais, sous le commandement du général James Wolfe, ont trouvé enfin un endroit qui n'était pas défendu, en bas d'une falaise difficile d'accès, à partir duquel ils ont surpris les troupes françaises du marquis Louis-Joseph de Montcalm. Le combat a été de courte durée et s'est terminé avec la défaite des Français et le décès des deux généraux. Un an plus tard, le 8 septembre 1760, Montréal a dû capituler à son tour. C'était la fin de la Nouvelle-France après une guerre particulièrement violente pour la population civile qui a vu ses possessions détruites.

Le territoire de la Nouvelle-France est passé officiellement à l'Angleterre en 1763 par la signature du Traité de Paris qui faisait de ses habitants des sujets britanniques. La couronne française n'a jamais vraiment regretté la perte du Canada qui lui coûtait cher et qui rapportait peu, à comparer à ses colonies dans les Caraïbes, par exemple.

Tout Français qui le souhaitait a pu quitter le pays, ce que la majorité de l'élite du pays a fait, à l'exception d'une partie du clergé. Malgré ces départs, le nombre de francophones est demeuré largement au-dessus de celui des anglophones qui n'ont pas immigré dans la nouvelle colonie autant que l'administration britannique l'avait souhaité. Ce déficit a empêché cette dernière de mener une politique trop sévère envers les Canadiens français. Certes, on leur a demandé de prêter allégeance au roi d'Angleterre, mais on leur a laissé leurs terres et le droit de pratiquer la religion catholique.

Comme l'élite britannique était bilingue et devait s'assurer d'être comprise de cette population majoritairement francophone, la langue française a continué à être utilisée, même dans l'administration. Ironie de l'histoire : même les capitulations de Québec et de Montréal ainsi que le Traité de Paris ont été rédigés en français. Par contre, aucune disposition du Traité de Paris n'a assuré aux francophones des droits linguistiques. Le premier gouverneur anglais, James Murray, a voulu interdire l'usage du français dans le système judiciaire, une tentative vouée à l'échec compte tenu du poids démographique de cette population. La question linguistique a été, par la suite, au cœur des revendications des Canadiens français et, ce faisant, de l'histoire canadienne.

À partir de 1763, le pouvoir politique et économique était entre les mains des Britanniques; la langue anglaise devenait la langue de la promotion sociale et économique, et sa maîtrise était un prérequis pour l'ascension sociale. L'anglais n'a donc pas remplacé le français, mais il l'a relégué pendant longtemps à un rôle de second ordre.

Dès ce moment, les descendants des colons français de la Nouvelle-France se sont mis à se désigner comme *Canadiens* puisqu'une identité différente de la française s'était forgée et que, juridiquement, ils n'étaient plus des Français. De même, avec la Proclamation royale du 7 octobre 1763, on a baptisé *Province of Quebec* l'ancienne Nouvelle-France de la vallée laurentienne, éliminant ainsi toute réminiscence explicite. La Proclamation royale conférait toute latitude au premier gouverneur anglais pour faire de la *Province of Quebec* une véritable colonie britannique en favorisant l'immigration anglaise et l'assimilation des francophones, et en instaurant de nouvelles structures politiques et administratives conformes à la tradition britannique.

À la suite de cette mutation, les Canadiens se sont repliés sur eux-mêmes et sont demeurés dans les campagnes, vivant principalement de l'agriculture et de l'exploitation de la forêt. Le *serment du test*, obligatoire pour tout employé de l'État, a exclu les Canadiens français des fonctions publiques puisqu'il incluait une abjuration de la foi catholique. De plus, beaucoup de parents ne voyaient pas l'utilité de faire instruire leurs enfants. Il y avait aussi peu de maîtres qualifiés et un manque de manuels. En conséquence, le taux d'analphabétisme a augmenté considérablement dans la population canadienne-française. Par contre, cette dernière a refusé l'assimilation que la couronne britannique souhaitait; elle a défendu sa religion, sa langue et son code civil français. Son isolement et sa fécondité élevée — on parle aussi de la *revanche des berceaux* — ont contribué à assurer sa survie. De plus, d'autres évènements politiques ont joué en sa faveur. Ainsi, le gouverneur James Murray a cherché une certaine conciliation avec les Canadiens français pour s'assurer de leur appui contre les *Treize colonies* de la Nouvelle-Angleterre qui ont donné naissance plus tard, en 1783, aux États-Unis. Murray craignait que les Canadiens français ne s'allient aux rebelles qui s'opposaient à la couronne britannique. Le résultat de cette entente entre les Anglais et les Canadiens français est l'Acte de Québec (1774), qui devait assurer sinon la fidélité, au moins la neutralité de ces derniers dans ce conflit.

1.2.3 L'Acte de Québec

L'Acte de Québec a proclamé une nouvelle constitution qui a reconnu le maintien de certains éléments sociaux et culturels des Canadiens français. L'Acte a garanti un agrandissement du territoire de la province, l'abolition du serment du test, le rétablissement des lois civiles françaises, la liberté religieuse, le droit du clergé d'exiger la dîme et la reconnaissance du régime seigneurial qui régissait la possession des terres en Nouvelle-France. À nouveau, il n'y a eu aucune disposition relative au maintien de la langue française, mais le rétablissement des lois civiles françaises a été interprété par beaucoup de Canadiens français comme une autorisation d'utiliser le français. C'est principalement à partir de ce texte juridique ambigu que, dans les régimes ultérieurs, les défenseurs de la langue ont réclamé que soient respectés les droits acquis du français au Canada.

Le rapport de force entre la population francophone et la population anglophone a changé après la Révolution américaine (1775-1783). L'indépendance des Treize colonies (1783, Traité de Paris : naissance des États-Unis d'Amérique) avait incité des milliers de colons fidèles à l'Angleterre, appelés *loyalistes*, à se réfugier au Canada avec promesse d'obtenir des terres. La conséquence de ce changement démographique a été, par l'Acte constitutionnel de 1791, la division de la province de Québec en deux territoires : le Haut-Canada (aujourd'hui l'Ontario), majoritairement anglophone, mais dont la population ne dépassait pas encore 10 000 habitants, et le Bas-Canada (aujourd'hui le Québec), majoritairement francophone, et dont la population atteignait déjà 150 000 habitants à 93 % francophones. Par cette mesure, le pouvoir britannique espérait apaiser le conflit entre les francophones et les anglophones qui contestaient les droits accordés aux premiers par l'Acte de Québec.

Cette constitution de 1791 a introduit le système parlementaire au Canada à l'intérieur duquel le Bas-Canada a continué à appliquer le droit civil français, tandis que le Haut-Canada appliquait la common law d'origine britannique. Comme dans l'Acte de Québec (1774), il n'y a pas d'allusion à la langue dans la Loi constitutionnelle de 1791. L'Assemblée législative du Haut-Canada a écarté progressivement l'usage du français et l'a même aboli définitivement en 1839. Malgré des débats acrimonieux, l'Assemblée du Bas-Canada a poursuivi, seule, la tradition du bilinguisme à l'assemblée législative ainsi que dans l'administration et la justice.

Néanmoins, les conflits entre francophones et loyalistes anglophones ont perduré et empiré jusqu'à provoquer un conflit armé : la rébellion des Patriotes de 1837-1838, dirigée par le député Louis-Joseph Papineau, qui ne voulaient plus accepter d'être soumis au pouvoir de la minorité anglophone. Les enjeux ont été notamment la question du bilinguisme, le monopole économique des marchands anglais dans les secteurs du bois et de la fourrure ainsi que l'éducation. En ce qui concerne la question de la langue, le gouvernement britannique avait, en 1793, décidé que l'anglais serait la seule langue officielle du Parlement et le français la langue de traduction. Le français a donc pu continuer à être utilisé, mais il n'a eu aucune valeur juridique. C'est enfin dans le contexte de ces conflits que les Canadiens français ont commencé à se définir comme distincts.

1.2.4 L'Acte d'Union

Après la défaite des Patriotes, Lord Durham, désigné gouverneur général du Canada, a été chargé de trouver les causes de la rébellion. Dans son rapport, il a suggéré des mesures d'assimilation telles que l'unification du Haut et du Bas-Canada et l'augmentation de l'immigration britannique pour faire de la population francophone une minorité et accélérer son assimilation culturelle et linguistique. Le résultat a été l'Acte d'Union (1840) qui a uni le Haut et le Bas-Canada dans le *Canada-Uni* et qui a introduit un parlement à égalité numérique malgré une population francophone nettement plus importante dans l'ancien Bas-Canada. La seule langue officielle du Canada-Uni était l'anglais, le français devenant langue de traduction sans valeur juridique (article 41). C'était la première fois depuis la Conquête que l'Angleterre proscrivait l'usage du français dans un texte constitutionnel, ce qui a démontré avec éloquence la nouvelle volonté assimilatrice du gouvernement britannique. Le français a été cependant toléré comme langue d'usage au parlement et est resté la langue d'usage dans l'ancien Bas-Canada.

Devant le tollé de protestations et la quasi-impossibilité de faire fonctionner l'appareil de l'État, le Parlement britannique a abrogé, en 1848, l'article 41, par la Loi sur l'usage de la langue anglaise dans la Législature du Canada, qui a ramené le bilinguisme. À compter de 1849, les textes officiels de toutes les lois ont été adoptés à la fois en anglais et en français; dans les débats parlementaires toutefois, les députés qui ne désiraient s'exprimer qu'en français étaient condamnés à n'être compris que de leurs collègues francophones. C'est ainsi que la tradition d'un certain bilinguisme législatif, judiciaire et administratif s'est poursuivie jusqu'à la création de la Confédération canadienne en 1867.

Dans les années qui ont suivi, les Canadiens français, découragés et acceptant la condition sociale et économique qui leur était imposée, se sont repliés sur eux-mêmes encore un peu plus. Toutefois, cette situation leur a permis de rester attachés à leur culture, à leur religion et à leur langue. Pendant cette période, l'Église catholique a continué à installer son pouvoir sur la société canadienne-française, dont elle contrôlait les institutions importantes qui fonctionnaient en français, telles que l'enseignement. Elle a, de ce fait, contribué considérablement à préserver la langue française. L'Église avait toujours pris la défense de la langue française puisqu'elle était consciente du fait que la différence linguistique (le français) et culturelle (exploiter la terre et ses ressources) constituait un obstacle sérieux à la pénétration des idées protestantes. De plus, l'Église avait compris que l'accroissement des catholiques par une procréation abondante constituait là aussi un obstacle à l'assimilation aux idées protestantes (Bouchard 2002).

Cette période suivant l'Acte d'Union n'a pas été sans conflits pour autant, si l'on considère qu'il était difficile de réconcilier les deux systèmes juridiques (système français contre common law) et que le Canada était économiquement en retard par rapport aux États-Unis (Overmann 2009, 103). La solution pour régler les conflits entre anglophones et francophones et pour promouvoir l'économie a été d'entreprendre une nouvelle division du Canada.

1.2.5 La création de la Confédération et l'industrialisation

Avec la création de la Confédération canadienne en 1867 par la Loi constitutionnelle (appelé aussi Acte de l'Amérique du Nord britannique), il y a eu une nouvelle division du Canada : l'ancien Haut-Canada est devenu l'Ontario et le Bas-Canada, la province de Québec. De plus, le Nouveau-Brunswick et la Nouvelle-Écosse faisaient dorénavant partie du Canada, ce qui a accentué le statut de minorité des francophones au sein du pays. Par contre, les anglophones du Québec se sont vus plus ou moins coupés des autres anglophones de la confédération et sont devenus, de leur côté, une minorité numérique dans la province de Québec; cela n'a cependant pas changé leur statut dominant dans les sphères influentes de la province, notamment l'économie et le commerce. De plus, ils ont joui d'une protection légale que les minorités francophones dans les autres provinces n'ont jamais eue. Dans les années suivantes, pendant la construction du chemin de fer qui a relié les deux côtés du continent, de l'Atlantique au Pacifique, le Canada s'est élargi jusqu'à comporter

10 provinces. À cette époque, les francophones minoritaires au Canada ont commencé à se nommer *Canadiens français*, le terme *Canadiens* qu'ils avaient utilisé jusque-là ayant été accaparé par les anglophones.

En vertu de l'article 133 de la Loi constitutionnelle de 1867, la confédération était officiellement bilingue en ce qui concerne les langues utilisées au parlement et dans les tribunaux fédéraux, c'est-à-dire dans la législature et la justice. En réalité, le français est resté une langue de traduction et les parlementaires francophones ont dû souvent s'exprimer en anglais pour être compris. De plus, parmi les quatre provinces canadiennes de l'époque, seul le Québec s'est vu imposer le bilinguisme à l'assemblée législative et dans les tribunaux, alors que l'on comptait une importante minorité francophone dans chacune des trois autres provinces. L'unilinguisme anglais du Canada était confirmé par des lois qui, chacune à leur façon, limitaient l'usage du français, telles que celles de 1871 au Nouveau-Brunswick, de 1890 au Manitoba et de 1912 en Ontario.

À la fin du XIXe siècle, l'industrialisation a touché aussi le Québec et a entraîné des inégalités et des conflits sociaux comme partout dans le monde occidental. L'isolement des francophones en milieu rural a pris fin, car de nombreux francophones se sont installés dans les villes, notamment à Montréal, où ils ont formé des groupes sociaux parmi les plus pauvres.

Avec la crise économique internationale des années 1930 a commencé la période appelée *Grande Noirceur* avec le gouvernement provincial de Maurice Duplessis, considéré par les milieux intellectuels et syndicaux comme étant conservateur et complaisant avec l'Église. Ce gouvernement, fortement attaché à la tradition, a exercé son pouvoir dans les domaines de l'enseignement et de la santé. Cette période a été néanmoins caractérisée par un développement économique du Québec, dont la population anglophone a tiré un profit plus grand que la population francophone.

Les deux guerres mondiales ont été également une pomme de discorde entre les deux groupes linguistiques de la province, puisque les francophones se sont opposés à la conscription. Enfin, il a fallu attendre la mort de Maurice Duplessis avant que le processus de modernisation connu sous le terme *Révolution tranquille* ne puisse commencer, un processus déjà bien amorcé dans les autres pays occidentaux d'après-guerre où l'on a assisté à un épanouissement de la vie économique et sociale. Les voix des syndicalistes et des intellectuels québécois se sont fait de plus en plus entendre et ont remis en question le conservatisme, la soumission au pouvoir des intérêts des anglophones québécois et canadiens et le pouvoir de l'Église.

1.2.6 L'émancipation du Québec : la Révolution tranquille

Le décès de Maurice Duplessis et la victoire du Parti libéral de Jean Lesage en 1960 ont engendré une période de modernisation entrée dans les livres d'histoire sous l'appellation *Révolution tranquille*. Cette époque a été marquée par des réformes qui se sont réalisées aux niveaux politique, social, culturel, économique et linguistique. Les slogans « C'est le temps que ça change » et « Maîtres chez nous », qui ont contribué à faire élire le gouvernement libéral de Lesage, illustraient d'une part la mutation qui s'opérait dans la société québécoise et d'autre part la naissance du nationalisme québécois.

Le nouveau gouvernement a notamment étatisé les domaines de l'éducation, de la santé, de plusieurs secteurs industriels et de l'hydroélectricité, en plus d'affirmer le rôle du Québec aux niveaux fédéral et international. L'assurance maladie, le régime des rentes, les allocations familiales, l'accès à l'école gratuite et obligatoire jusqu'à 16 ans et les cégeps (collège d'enseignement général et professionnel, comparable au « Gymnasium » allemand ou au lycée français) ne sont que quelques exemples des mesures sociales prises par le gouvernement et qui se sont maintenues jusqu'à ce jour. Ce renouvellement touchait à tous les domaines de la vie intellectuelle et culturelle. Ainsi, le Québec est devenu également un modèle pour l'émancipation des femmes, et l'inégalité socioéconomique par rapport à la population anglophone de la province a commencé à se réduire. L'avènement de la télévision a favorisé l'ouverture au monde, la reprise des contacts avec la France et la pénétration de la culture américaine. La création de la Délégation générale du Québec a rendu le Québec plus visible sur l'échiquier international. Dans une courte période, le Québec a rattrapé le retard par rapport à d'autres pays industrialisés du monde occidental. C'est aussi dans ce contexte qu'ont été rédigées les mesures d'aménagement linguistiques qui devaient assurer le caractère français de la province, et qui seront exposées dans le Chapitre 5.

C'est aussi à cette époque de grand changement de mentalité que les premiers mouvements indépendantistes ont vu le jour, dont le mouvement Rassemblement pour l'indépendance nationale (RIN) et le mouvement radical Front de Libération du Québec (FLQ). La phrase désormais célèbre « Vive le Québec libre! » prononcée par le général Charles de Gaulle en 1967 sur le balcon de l'Hôtel de Ville de Montréal, alors qu'il était en visite officielle au Canada, n'a fait que confirmer les aspirations nouvelles de souveraineté d'une partie de la population québécoise. Le Parti québécois poursuit avec persévérance, depuis sa fondation en 1968 par René Lévesque, cette idée de souveraineté politique. La population francophone du Québec est toutefois divisée par rapport à l'idée de l'indépendance politique, même si elle se définit avant tout comme étant québécoise et se dit être une nation constituant un État.

1.2.7 Le Québec contemporain

Depuis 1980, le projet d'un référendum sur la souveraineté du Québec revient régulièrement au programme politique; il est l'objet d'un véritable débat de société.

Le premier référendum concernant la souveraineté a eu lieu en 1980 ; 59,5 % des Québécois ont voté contre l'idée. Cet échec a été interprété de la part des souverainistes comme la conséquence d'une menace proférée par le gouvernement fédéral de Pierre Eliott Trudeau de ne pas négocier avec un Québec indépendant. Afin de convaincre les Québécois de voter contre la souveraineté, le premier ministre leur avait promis de modifier la constitution en faveur d'une plus grande autonomie du Québec. Il a effectivement commencé les négociations, mais le résultat n'a pas satisfait la majorité des Québécois. La nouvelle constitution (Loi de 1982 sur le Canada) accorde une plus grande indépendance au Canada par rapport à la Grande-Bretagne, mais ne reconnaît pas le Québec comme étant une nation, une « société distincte ». Le Québec n'a d'ailleurs jamais ratifié cette constitution. Deux tentatives de réconciliation — les accords du lac Meech (1987) et de Charlottetown (1992) — ont également échoué.

Ces échecs ont encouragé la proposition d'un nouveau référendum sur la souveraineté politique du Québec, qui s'est tenu en 1995 avec Jacques Parizeau nouvellement élu à la tête du Parti québécois. Cette fois, le pari a failli être remporté : le camp du *Oui* (en faveur de la souveraineté) a récolté 49,4 % des votes, et le camp du *Non*, 50,6 %. Le taux de participation impressionnant de 93 % indique à quel point le sujet était un enjeu central de la société québécoise. Depuis, le Parti québécois ne cesse de remettre ce projet sur la table et cherche les responsables de la résistance à celui-ci. Déjà en 1995, le premier ministre Jacques Parizeau attribuait la faute à « l'argent » et aux « votes ethniques »[14], une allégation qui revient encore régulièrement. En effet, les néo-Québécois (les allophones) sont un enjeu important pour l'avenir du Québec et pour son caractère francophone. Depuis les années 1970, le taux de fécondité n'a cessé de diminuer chez les Québécois francophones, comme chez les Anglo-Québécois du reste. Le déclin démographique qu'on constate aujourd'hui est l'un des plus élevés au monde. Le faible taux de natalité a comme conséquence l'augmentation de la population immigrante allophone par rapport aux francophones et anglophones (v. 1.1). Même si le Québec a su protéger la langue française depuis la Conquête, il ne faut pas croire que sa survie soit pour autant assurée.

---

14 Le gouvernement fédéral semble être intervenu par des opérations frauduleuses, dont le dépassement du budget accordé pour la contre-campagne référendaire, activité connue sous le nom de « scandale des commandites ».

1.3 Questions

1) Pourquoi les chiffres de Statistique Canada relatifs à la proportion de locuteurs selon les langues doivent-ils être interprétés avec prudence?
2) Effectuez vos propres recherches sur le site internet de Statistique Canada (**www.statcan.gc.ca**) et comparez l'usage des langues officielles et non officielles dans la ville de Québec, dans la ville de Montréal, dans la ville de Toronto, dans la province de Québec et dans tout le Canada. Que pouvez-vous en déduire sur la francophonie canadienne?
3) Il existe d'autres significations de la notion de *francophone* que celles qui ont été mentionnées dans 1.1. Vérifiez les significations qui lui sont données dans le livre de Jürgen Erfurt (2005).
4) À qui renvoient les termes *allophone, filles du roy, loyalistes*?
5) Qu'est-ce que le *serment du test*?
6) Après la Conquête, les Britanniques ont poursuivi une politique d'assimilation. Quel était le but de cette politique? Pourquoi a-t-elle échoué?
7) Que signifie l'expression *revanche des berceaux*?
8) Quels étaient les enjeux de la rébellion des Patriotes de 1837-1838?
9) Décrivez les raisons à l'origine de la division du Canada en Bas-Canada et Haut-Canada.
10) Pourquoi considère-t-on que la Révolution tranquille a modernisé le Québec?

2 Le français québécois tel qu'il se parle aujourd'hui

Le FQ n'est pas une variété de français tout à fait homogène ; les Québécois ne la parlent pas toujours de la même façon. Elle présente des variations dans l'usage de mots, prononciations ou structures morphologiques et syntaxiques, qui entretiennent un certain rapport de corrélation avec des facteurs extralinguistiques, à savoir les circonstances dans lesquelles les Québécois prennent la parole ainsi que les caractéristiques sociales de ces derniers.

Autrement dit, les Québécois ne parlent pas tous le FQ de la même façon, et chaque Québécois ne le parle pas toujours de la même façon. Les autres variétés de français ne sont pas bien différentes de ce point de vue : elles aussi connaissent des variations linguistiques, y compris le FF (Gadet 1989, 2003).

Dans la section 2.1, nous définissons d'abord les notions de variation et de variété linguistique dans leurs grandes lignes. Nous présentons les facteurs extralinguistiques qui, selon des études en sociolinguistique, sont en rapport avec les variations observées.

Nous présentons, dans la section 2.2, la variété soutenue du FQ (FQs), lue ou entendue dans les communications les plus officielles, en mettant l'accent sur les quelques caractéristiques linguistiques, notamment lexicales et phonétiques, qui diffèrent de celles du FR.

La variété soutenue en usage dans un pays ou dans un État tend à être codifiée, figée dans des outils de référence, et diffusée à l'école ou par le biais des médias[15]. La variété familière, au contraire, est variable en raison des caractéristiques sociales des locuteurs ou de la région où ils résident. La section 2.3 porte sur les caractéristiques linguistiques de la variété familière du FQ (FQf) et sur sa variabilité.

Le classement des caractéristiques linguistiques du FQ en fonction de leur légitimité sociale (selon qu'elles appartiennent à la variété soutenue ou à la variété familière du FQ) a l'avantage de dresser un portrait général et contrasté qui peut se révéler pratique pour le lecteur. Toutefois, ce classement lui offre une vue qui masque au moins deux choses. On doit reconnaître d'abord qu'il y a des éléments linguistiques qui résistent à cette classification simple, soit parce que leur valeur sociale n'est pas claire dans l'esprit des Québécois, soit parce que ces derniers ne s'entendent pas tous sur la valeur sociale à leur donner. On doit convenir aussi que, dans bien des situations commandant l'usage du FQs, les Québécois ne s'empêchent pas d'utiliser certaines ressources du FQf (lexicales, de prononciation, voire morphosyntaxiques), notamment lorsqu'ils s'expriment oralement, parfois de façon tout à fait consciente, quand elles peuvent servir à mieux exprimer une inten-

---

15 D'autres appellations : variété standard, variété légitime, norme prescriptive (v. Chapitre 4).

tion de communication, ou de façon moins consciente, dans l'immédiateté et la spontanéité d'une prise de parole. Le lecteur doit donc appréhender ce chapitre en ayant toujours à l'esprit ce portrait bien nuancé.

Les définitions données aux mots qui se trouvent dans le Chapitre 2 sont souvent empruntées telles quelles ou sous une forme légèrement modifiée aux ouvrages de référence suivants, présentés en ordre d'importance pour ce qui est du nombre de consultations : Dictionnaire en ligne *USITO* (Cajolet-Laganière/Martel/Masson s.d.), *Grand dictionnaire terminologique* (*GDT*) en ligne (Office québécois de la langue française), *Multidictionnaire de la langue française* (de Villers) et *Dictionnaire québécois français* (Meney). Pour ne pas alourdir l'exposé, nous avons cru bon de taire la provenance des définitions.

2.1 Variation et variété linguistique

On utilise l'expression *variation linguistique* pour évoquer l'idée générale qu'une même langue, le français par exemple, n'est pas parlée ou écrite de façon identique par tous ses locuteurs ou ses scripteurs. En effet, il y a différentes façons d'actualiser la langue qui résultent de l'influence de facteurs géographiques, sociaux et historiques. Cette variation touche des mots ou des expressions, des prononciations d'une même voyelle ou consonne, voire des structures morphosyntaxiques :

	FQ	FF	Autres variétés
'bouder'	faire la baboune	faire la gueule	
'porte-documents'	serviette	cartable	
'courrier électronique'	courriel	e-mail ~ mél	
'repas du midi'	dîner	déjeuner	dîner (FB et FS)
graphèmes *d* et *oi* dans « dis-moi »	[d$_z$i.mwa], [d$_z$i.mwe] (style familier)	[di.mwa], [dʒi.mwa] (variété des jeunes des banlieues)	[di.mwɑ] (FA)

On utilise plutôt l'expression *variété linguistique* pour faire référence à une façon concrète de parler ou d'écrire une même langue. Une variété linguistique est caractérisée, entre autres, par des éléments linguistiques (mots, prononciations et aspects de morphosyntaxe) qui ne sont pas ou qui sont moins entendus dans les autres variétés. Le terme *variété linguistique* renvoie donc à un découpage établi à partir d'éléments linguistiques exclusivement ou plus fréquemment entendus.

On distingue généralement trois catégories de variétés linguistiques : situationnelles, sociales et géographiques.

2.1.1 Variétés situationnelles (ou diaphasiques)

On distingue au moins deux types de variétés situationnelles :
- **Variété soutenue**, normalement utilisée dans une situation formelle, par exemple lors de prises de parole en public, dans les communications entre un État et ses citoyens, dans les émissions d'information, dans les médias écrits ou oraux;
- **Variété familière**, normalement utilisée dans une situation peu ritualisée, familière, spontanée, par exemple dans les échanges quotidiens en famille, entre amis ou en milieu professionnel.

On utilise le terme *variation situationnelle* pour rendre compte du fait qu'une même personne peut s'exprimer d'une façon dans une situation formelle et d'une autre dans une situation informelle, avec des chevauchements parfois. Par exemple, si le terme *capoter*, pour signifier 'perdre son calme, son sang-froid, perdre la tête', est largement utilisé dans les échanges quotidiens entre Québécois, il l'est beaucoup plus rarement dans les communications plus formelles. De même, si la structure injonctive *Donnes-i!* [dɔn.zi] ('Donne-lui!') est largement utilisée par les Québécois dans leurs échanges quotidiens, elle l'est beaucoup plus rarement dans les communications en situations formelles.

La formalité ou l'informalité de la situation de communication est fonction de différents facteurs.

Le sujet dont on parle. Tout locuteur francophone, quand il parle d'un sujet spécialisé, utilise des ressources du français qui sont partiellement différentes de celles qu'il emploierait pour évoquer un événement de tous les jours. En effet, il a recours souvent aux mots et à la syntaxe par lesquels ce sujet spécialisé lui a été présenté dans les livres. Par exemple, Blondeau (2011) a réalisé une recherche qui illustre bien l'influence du sujet sur l'utilisation des ressources de la langue parlée. Elle a mené une étude en temps réel de la variation en français parlé à Montréal entre les formes pronominales disjointes simples *nous*, *vous* et *eux* et les formes pronominales disjointes composées *nous autres*, *vous autres* et *eux autres*[16] :

---

[16] Les formes composées sont apparues très tôt en latin tardif. Les pronoms compléments *nos* et *vos* se sont combinés avec *altres* (*nos altres*, *vos altres*) comme renforcement des pronoms. Cette combinaison est à l'origine des pronoms de l'espagnol *nosotros* et *vosotros* et des formes composées en français. En français, cependant, les formes composées sont considérées comme étant une caractéristique de la variété familière.

Pronoms simples	Pronoms composés
Nous on est contents de partir en voyage.	*Nous autres* on est contents de partir en voyage.
Eux ils sont contents de partir en voyage.	*Eux autres* ils sont contents de partir en voyage.
On est contents de partir en voyage avec *vous*.	On est contents de partir en voyage avec *vous autres*.
Ils sont contents de partir en voyage avec *eux*.	Ils sont contents de partir en voyage avec *eux autres*.

Blondeau (2011) constate d'abord que les formes simples sont peu fréquentes dans ses trois corpus de français familier, comparativement aux formes composées. Elle observe, par contre, que les locuteurs, quelle que soit leur appartenance sociale, utilisent un peu plus souvent les pronoms simples lorsqu'ils parlent de certains sujets, tels que la scolarité, la langue et l'occupation professionnelle. Lorsque les locuteurs abordent des thèmes concernant la famille et les goûts personnels, l'usage de formes simples devient à peu près nul et les formes composées sont les seules employées.

Médium de transmission[17]. Tout locuteur francophone, quand il communique oralement, utilise des ressources du français qui sont partiellement différentes de celles qu'il emploierait à l'écrit. Par convention, l'écrit entraîne l'utilisation de mots et d'une syntaxe plus proches du FR.

Relations sociales et personnelles entre les interlocuteurs. Tout francophone qui s'adresse à une personne avec laquelle il entretient des rapports hiérarchiques, à une personne qu'il ne connaît pas ou à une personne dont la langue maternelle n'est pas le français, emploie des ressources du français qui sont partiellement différentes de celles qu'il emploierait avec un ami, par exemple, l'usage du vouvoiement.

Type de communication (exposé, plaidoirie, confidence, conversation à bâtons rompus, lecture des nouvelles, etc.). Un contenu notionnel qui est présenté dans le cadre d'un exposé en diffusion publique est mis en mots différemment que s'il est présenté dans le cadre d'un simple échange entre confrères. Dans le premier cas, la langue est plus corrigée et souvent calquée sur les structures du discours écrit. Dans le second cas, elle tient davantage de la langue parlée, où l'interaction s'installe, d'où des questions, des réponses, parfois des réfutations et des reformulations.

---

[17] Certains auteurs (p. ex. Koch/Oesterreicher 1990) parlent de *variation diamésique* lorsque la variation implique le médium de transmission.

2.1.2 Variétés sociales[18] (ou diastratiques)

On distingue au moins trois types généraux de variétés sociales en rapport avec :
- le milieu socioculturel et socioéconomique du locuteur (niveau de scolarité et type de travail);
- l'âge du locuteur (variété parlée par les jeunes ou par les personnes plus âgées);
- le sexe du locuteur (variété parlée par les hommes ou par les femmes)[19].

On utilise le terme *variation sociale* pour rendre compte du fait que des sous-groupes de personnes d'une même communauté linguistique, définis selon leurs milieux socioculturels ou socioéconomiques, selon leurs groupes d'âge ou selon leurs sexes, ne s'expriment pas toujours tout à fait de la même manière. Par exemple, l'étude attentive des comportements verbaux des Québécois révèle que les mots *salle de bain*, *pièce* (d'une habitation) et *seau* sont plus souvent utilisés par les personnes scolarisées, en contact fréquent avec la norme linguistique par le biais de l'école. Les personnes moins scolarisées, notamment celles dont les réseaux sociaux sont plus denses, moins diversifiés, ont tendance à faire usage des mots du FQf *chambre de bain*, *appartement* et *chaudière*, bien que les mots *salle de bain*, *pièce* et *seau* leur soient tout de même connus.

Kemp (1979) a constaté que, en langue parlée, les Québécois montrent une variation entre la forme normée *ce que* [sə.kə] et la forme non normée *qu'est-ce que* [kɛs.kə] pour ce qui est du pronom relatif de la subordonnée complétive suivante : « Je vois très bien *ce que* tu veux dire. »/« Je vois très bien *qu'est-ce que* tu veux dire. » La forme *ce que* est plus souvent entendue chez des Québécois très scolarisés et la forme *qu'est-ce que*, plus souvent chez les autres. Les prononciations de ce pronom relatif sont donc sujettes à une variation sociale. Ce serait toujours le cas de nos jours (Bigot 2010, 20).

L'appartenance à un groupe d'âge est également une source de variation sociale. En FQ, le mot *garde-malade* n'est presque plus utilisé pour faire référence à une infirmière; toutefois, on entend encore ce mot vieilli chez les personnes plus âgées.

Les jeunes Québécois d'aujourd'hui, quant à eux, ont des usages linguistiques qu'on n'observe pas chez les plus vieux : « C'est pas *tant* beau. » ('Ce n'est pas tellement beau'). Il en va de même pour les marqueurs exclamatifs. Selon certaines observations, qui restent à valider, on entend moins, chez les jeunes Québécois, la structure de l'exclamation avec la conjonction *si*, comme dans « Si c'est beau! » ou celle avec le marqueur *Eh que*, comme dans « Eh qu' c'est beau! [ɪk.se.bo] ». Ils semblent préférer plutôt une structure avec un adverbe d'intensité ou d'affirmation,

---

[18] Autre terme utilisé pour évoquer cette notion : *sociolecte*.
[19] V. Beauvois (2002) pour une revue des écrits portant sur la variation linguistique entre les hommes et les femmes.

comme « C'est tellement beau! » ou « C'est vraiment beau! », sur lequel ils font reposer un accent d'insistance sur la première syllabe qui se traduit en un allongement.

Cette variation sociale, dont les Québécois ont une certaine conscience, est souvent l'objet de jugements métalinguistiques que nous avons déjà entendus à bien des occasions et que nous reproduisons ci-dessous :
- « À juger de la façon qu'elle parle, on voit bien que cette fille-là n'a pas étudié longtemps. » (socioculturel)
- « Si les gars parlent donc mal! » (appartenance sexuelle)
- « Voulez-vous bien me dire quelle sorte de langue parlent les adolescents! » (âge)

Il faudrait ajouter à ces facteurs l'origine culturelle du locuteur. En effet, le français parlé à Montréal connaît de nouveaux espaces de variation attribuables aux nombreux francophones d'affiliations culturelles différentes (Blondeau/Friesner 2014, 83). Il y a encore peu de recherches sur le sujet en ce qui concerne le FQ.

2.1.3 Variétés géographiques (ou diatopiques)

On distingue deux types de variétés géographiques : nationale et régionale.

La **variété nationale** (Hausman 1986, 4) est la façon de parler une langue en considérant un État ou un pays dans sa totalité : par exemple, le français parlé sur le territoire français (FF) ou parlé sur le territoire québécois (FQ).

Ainsi, les Québécois et les Français n'utilisent pas toujours les mêmes mots pour désigner une même réalité. C'est le cas, par exemple, pour faire référence à l'estimation de l'audience des émissions présentées à la radio ou à la télévision : *cote d'écoute* ou *indice d'écoute* (FQ) contre *audimat* (FF).

Les Québécois et les Français ne prononcent pas toujours de la même façon les voyelles ou les consonnes. C'est le cas de la prononciation des graphèmes *in* et *d* dans le mot *individu* : [ẽ.d$_z$i.vi.d$_z$y] (FQ) contre [ẽ.di.vi.dy] (FF).

Qui plus est, les Québécois et les Français ne s'exclament pas toujours de la même façon : « *Eh qu'* c'est beau! *Si* c'est beau! C'est tellement beau! » (FQ) contre « *Qu'est-c'* que c'est beau! *C' que* c'est beau! » (FF).

Les Québécois utilisent également des mots inconnus ailleurs dans la francophonie, simplement parce qu'ils renvoient à des réalités essentiellement québécoises :
- *cégep* : 'établissement public d'enseignement collégial où l'on offre une formation préuniversitaire ou une formation technique'
- *acériculture* : 'exploitation de la sève de l'érable à sucre pour la production de sirop et de produits dérivés'.

Les Français utilisent eux aussi des mots qui leur sont propres puisqu'ils réfèrent à des réalités essentiellement françaises :
- *préfet :* 'haut fonctionnaire nommé par le président de la République française et qui représente l'État et le gouvernement dans chaque région et département français'
- *commune :* 'division administrative la plus petite qui est dirigée par un maire'.

La **variété régionale**[20] est la façon de parler une variété nationale en tenant compte des différentes régions d'un pays. En effet, la langue parlée d'un pays peut présenter des différences plus ou moins importantes d'une région à l'autre. En France, le français est un peu différent selon qu'il se parle dans le nord ou dans le sud, dans l'Hexagone ou dans les territoires d'outre-mer (entre autres, les Petites Antilles, la Réunion, St-Pierre-et-Miquelon). Au Québec, on peut notamment entendre de légères différences entre le français parlé dans la région de Montréal et celui parlé dans l'est de la province. Ces différences linguistiques entre les régions, dites régionalismes, consistent en des mots ou des expressions, des prononciations et, parfois, une prosodie particulière.

Diverses études, dites géolinguistiques (ou dialectologiques), ont mis en évidence l'existence de régionalismes sur le territoire québécois. Par exemple, en FQf, un lit d'enfant est souvent appelé *bassinette* (‹ ang. *bassinet*) dans l'est de la province de Québec et *couchette* dans l'ouest.

Au Québec, les différences linguistiques entre les régions ne sont pas très nombreuses. En revanche, là où il se trouve des communautés d'origine acadienne (Côte-Nord et Îles-de-la-Madeleine), le nombre de régionalismes est plus grand. Par exemple, les Madelinots appellent *éloise* ce que les autres Québécois appellent *éclair d'orage* (Naud 1999, 109).

On utilise le terme *variation géographique* pour rendre compte du fait que les locuteurs d'une même langue puissent s'exprimer de façon différente selon le pays ou l'État où ils résident. On utilise plutôt le terme *variation régionale* pour rendre compte du fait que les locuteurs appartenant à un même pays ou État peuvent s'exprimer de façon différente selon la région.

En résumé, le terme *variation linguistique* fait référence au phénomène général constaté entre les locuteurs d'une même langue, à savoir le fait que des locuteurs ou des groupes de locuteurs parlant cette langue ne la parlent pas ou ne l'écrivent pas tout à fait de la même façon. Cette variation dépend du territoire qu'ils habitent (variation *diatopique*), des situations de communication (variation *diaphasique*), de leurs appartenances à des groupes sociaux (variation *diastratique*).

Le terme *variété linguistique* renvoie plutôt à des découpages établis sur la base d'éléments linguistiques (mots, prononciations, morphosyntaxe) plus fréquemment entendus dans l'une ou dans l'autre des variétés. Celles-ci peuvent être géographiques (diatopique), situationnelles (diaphasique) ou sociales (diastratique).

---

20 Autre terme utilisé pour évoquer cette notion : *parler régional*.

2.2 Variété soutenue du français québécois

Comme toutes les variétés nationales du français, le FQ comporte une variété soutenue pour les communications officielles (FQs) et une variété familière pour les échanges quotidiens (FQf). Le FQs est celui qui figure dans les journaux, dans les revues spécialisées et scientifiques, dans les documents de l'administration publique et parapublique et dans l'affichage commercial. Il est entendu sur les ondes dans la bouche des chefs d'antenne et des animateurs d'émissions d'affaires publiques.

Le FQs est très proche du FR. On considère que sa morphosyntaxe correspond à celle du FR et des variétés soutenues des autres francophonies[21]. Pour ce qui est de la prononciation, le FQs présente quelques différences par rapport aux autres francophonies. Quant au lexique, il présente également quelques différences. Par exemple, de Villers (2005a, b), après l'étude des titres du journal *Le Devoir* et du journal français *Le Monde* publiés en 1997, montre que les usages lexicaux des journalistes québécois sont les mêmes que ceux des journalistes français dans une proportion de 85 %, si l'on élimine certains lexèmes créés pour des circonstances données, les gentilés (noms que portent les habitants d'un lieu) et les termes spécialisés ou savants du français non utilisés par les uns ou par les autres. Les 15 % restants, qui ne sont pas communs aux deux variétés de langue écrite, sont composés de mots propres au Québec.

Nous présentons en deux points ce qui caractérise le FQs sur le plan linguistique : les québécismes lexicaux et les variantes phonétiques du FQs.

Le classement proposé pour les québécismes lexicaux se veut simple et contrasté. C'est pourquoi il peut gommer des aspects pertinents qui ont été mis en évidence dans les travaux de lexicologie québécoise. Le lecteur est invité à consulter les références qui sont données dans le texte.

2.2.1 Québécismes lexicaux du français québécois soutenu (FQs)

On définit le québécisme lexical du FQs comme étant un mot ou une expression qui est propre au Québec et que les Québécois considèrent correct, admissible dans les communications à caractère plus formel.

On peut distinguer deux types de québécisme lexical du FQs : sans ou avec équivalent lexical en FR.

---

[21] Barbaud (1998) et Bigot (2010) montrent cependant que la morphosyntaxe de la langue parlée surveillée de beaucoup de Québécois présente des écarts par rapport à la norme grammaticale. Toutefois, cette réserve ne concerne pas la morphosyntaxe de la langue écrite au Québec, comme celle qui peut être observée dans le discours journalistique, qui correspondrait en tous points à celle des Français, comme le montre Tremblay (1996, 2001).

2.2.1.1 Québécismes du FQs sans équivalent lexical en FR

Le québécisme sans équivalent lexical stricte en FR présente au moins deux cas de figure :

- Québécisme de création et de sens du FQs : mot conçu au Québec à partir de mots et de morphèmes du français ou mot de la langue française ayant acquis un sens nouveau au Québec. Les plus anciens québécismes ont été créés pour nommer une réalité naturelle ou en rapport avec la culture ou le folklore propre aux Québécois ou aux Nord-Américains en général, et les plus récents, pour nommer simplement de nouvelles réalités :

    - *acériculture* 'culture des produits de l'érable'
    - *accommodement raisonnable* 'obligation juridique qui découle du droit à l'égalité et consistant à accorder un traitement différentiel à une personne qui, autrement, serait pénalisée par l'application d'une norme'
    - *bordée de neige* 'chute de neige importante'
    - *cabane à sucre* 'bâtiment central d'une érablière, où se font toutes les opérations de transformation de l'eau d'érable en différents produits'
    - *débarbouillette* 'petit carré de ratine pour faire sa toilette'
    - *épluchette (de blé d'Inde)* 'au temps de la récolte, repas convivial en plein air où l'on sert des épis de maïs sucré'
    - *érablière* 'peuplement d'érables à sucre exploités pour l'acériculture'
    - *nordicité* 'caractère de ce qui est nordique; perception de la réalité des pays de l'hémisphère boréal'
    - *polyvalente* 'école secondaire où sont dispensés à la fois l'enseignement général et professionnel'
    - *semaine de relâche* 'interruption des activités liées à l'enseignement supérieur pour permettre aux étudiants de se reposer'
    - *tuque* 'bonnet tricoté, souvent en laine, que l'on porte généralement pour se protéger du froid'
    - *rang* 'partie du territoire d'une municipalité rurale qui se subdivise en une série de lots agricoles, rectangulaires et parallèles, ayant chacune un accès à une voie de communication (cours d'eau ou chemin) et sur l'ensemble desquels est construite une ligne d'habitations'

- Québécisme d'emprunt du FQs : traduction d'un mot anglais pour 1) nommer une réalité qui est propre aux Québécois ou aux Nord-Américains en général et 2) pour traduire en français une réalité déjà nommée en anglais :

    - *chauffe-moteur* 'appareil qui assure le préchauffage du liquide de refroidissement du bloc-cylindres' (‹ ang. *block heater*)
    - *tribune téléphonique* 'émission offerte par un média au public afin qu'il puisse exprimer son opinion' (‹ ang. *hot line*)
    - *autopatrouille* 'voiture de police' (‹ ang. *patrol car*)
    - *fin de semaine* 'week-end'

- *divulgâcheur* 'information qui dévoile l'intrigue d'une œuvre de fiction, gâchant ainsi la surprise des spectateurs ou lecteurs qui ne connaissent pas encore l'histoire racontée' (‹ ang. *spoiler*)
- *libre échange* 'politique économique favorisant le commerce international, notamment par la suppression des droits de douane' (‹ ang. *free trade*)

... ou emprunt direct à l'anglais ou à une langue autochtone :

- *caucus* d'un parti politique 'dans les pays de tradition parlementaire britannique, réunion à huis clos des membres du parlement d'un même parti politique comprenant les députés et, dans les parlements à deux chambres, les sénateurs' (‹ ang. *caucus*)
- *whip* d'un parti 'au Canada et dans les pays de tradition parlementaire britannique, député désigné par le chef de chaque parti politique pour assurer la cohésion du groupe ainsi que la discipline de ses membres' (‹ ang. *whip*)
- *carcajou* 'blaireau du Labrador' (‹ micmac *kwikwajou*)
- *chicouté* 'petit fruit acidulé de couleur orangée qui pousse dans les tourbières des régions subarctiques' (‹ innu *ishkutew*)
- *ouananiche* 'saumon de l'Atlantique indigène du Québec et des provinces atlantiques, de petite taille, qui vit et se reproduit en eau douce' (‹ innu *wananish*)
- *ouaouaron* 'très grande grenouille d'Amérique du Nord' (‹ huron-wendat *oüaron*).

Ce type de québécisme sert souvent à désigner des réalités strictement locales qui concernent la faune, la flore, l'environnement physique, l'alimentation, l'habitat, l'administration, le système politique, la culture (Poirier 1995, 29). Tout francophone parlant de la réalité québécoise n'a pas le choix d'autres mots : une polyvalente n'est pas un lycée; une ouananiche est une ouananiche; une débarbouillette n'est pas un gant de toilette; un caucus d'un parti politique n'a pas d'équivalent strict dans les autres pays francophones[22].

Certains québécismes sans équivalent lexical en FR figurent dans les dictionnaires généraux constitués en France avec une mention de leur origine. Sinon, ils figurent dans des outils de référence québécois, comme dans le *GDT*[23] ou dans le dictionnaire *USITO*, dictionnaire électronique décrivant l'usage standard du FQ, où ils sont présentés comme étant des usages recommandés ou tout à fait corrects[24].

---

[22] Dans ce sens, Gérard Dagenais, chroniqueur linguistique québécois (1913-1981), utilisait l'expression « canadianisme de bon aloi » pour signifier qu'un particularisme québécois était tout à fait acceptable en regard de l'usage français. Par exemple, il jugeait de bon aloi le terme *érablière* construit selon *sapinière*. L'expression a été reprise dans le titre de l'ouvrage *Canadianismes de bon aloi*, publié en 1969 par l'Office de la langue française.

[23] Pour mieux connaître la place donnée aux québécismes dans cette banque terminologique, v. Turcotte (2014).

[24] Selon Molinari (2014, 123), le dictionnaire *USITO*, dit aussi *Français vu du Québec* (FVQ), est sans doute l'ouvrage lexicographique dont les exemples donnés dans les entrées reflètent le mieux la culture québécoise dans toutes ses nuances.

Certains québécismes de ce type sont passés depuis dans d'autres francophonies qui les ont empruntés avec les réalités nouvelles qu'ils dénommaient. C'est le cas des mots suivants qui sont maintenant entendus en Europe avec la création là-bas des mêmes concepts. Ces termes se sont donc dé-régionalisés et appartiennent dorénavant au *français commun*, c'est-à-dire aux éléments linguistiques qui sont partagés par tous les francophones. Toutefois, ils demeureront, pour le spécialiste en étymologie, des québécismes, puisqu'ils ont été fabriqués au Québec. Pour le francophone non spécialiste, ce seront simplement des mots du français commun :

- *covoiturage* 'utilisation en commun d'une voiture particulière pour effectuer un déplacement sur un trajet routinier'
- *écotourisme* 'tourisme pratiqué dans des régions naturelles et peu perturbées par l'homme, et dans le contexte duquel le touriste adopte généralement des comportements responsables face à l'environnement naturel et humain visité' (dans le *Larousse* depuis 2006)
- *hameçonnage* 'envoi massif d'un faux courriel, apparemment authentique, utilisant l'identité d'une institution financière ou d'un site commercial connu, dans lequel on demande aux destinataires, sous différents prétextes, de mettre à jour leurs coordonnées bancaires ou personnelles, en cliquant sur un lien menant vers un faux site Web, copie conforme du site de l'institution ou de l'entreprise, où le pirate récupère ces informations dans le but de les utiliser pour détourner des fonds à son avantage'
- *nez rouge* 'service de raccompagnement pendant la période des Fêtes', connu aussi sous le terme *Nez Rouge* en France et en Suisse (Wikipédia) et en Belgique (Rézeau 2000, 136).

2.2.1.2 Québécismes du FQs avec équivalent lexical en FR

Le québécisme du FQs avec équivalent lexical est un élément du lexique qui double un mot du FR pour nommer une réalité commune à tous ou à la plupart des francophones, autrement dit, qui est un synonyme. Par exemple :

FQ	FR	Sens
aluminerie	usine d'aluminium	'usine de production de l'aluminium à partir de l'électrolyse de l'alumine'
souffleuse à neige	fraise à neige	'déneigeuse qui projette la neige au loin'
poudrerie	chasse-neige	'neige au sol soulevée et poussée par le vent'
traversier	ferry, ferry-boat ou transbordeur	'bateau qui fait la navette entre deux rives, transportant des passagers ou des voitures'
achigan	perche noire[25]	'poisson d'eau douce originaire d'Amérique du Nord' (« algonquien *atchican*)
foulard (de laine)	écharpe	'longue bande de tissu qu'on porte autour du cou pour se protéger du froid'
magasiner	faire du shopping	'faire des achats dans les magasins'
minifourgonnette	monospace	'véhicule réunissant l'habitacle et l'espace pour les bagages et permettant le transport de sept personnes'
mitaine	moufle	'gant chaud qui recouvre entièrement la main

---

25 Mot donné par les Français lorsque l'espèce a été introduite en Europe au XIXe siècle.

FQ	FR	Sens
		sans séparation pour les doigts, excepté pour le pouce'
tête fromagée	fromage de tête	'tête de porc désossée, hachée, moulée en forme de fromage'
papier-mouchoir	mouchoir de papier	'carré de papier très doux servant de mouchoir jetable'

Certains québécismes avec équivalent lexical figurent dans les dictionnaires généraux constitués en France avec la mention « Canada ». On les retrouve tous dans les outils de référence québécois où ils sont présentés comme des usages québécois.

Il arrive que des québécismes avec équivalent lexical en FR finissent par entrer en concurrence avec les variantes des autres francophones. C'est le cas de *courriel*[26] 'courrier électronique' (*email*); *motoneige* 'petit véhicule sur chenille conçu pour se déplacer sur la neige, qu'on enfourche comme une moto' (*scooter des neiges*); *motomarine* 'véhicule nautique personnel, dont la position de conduite s'apparente à celle de la moto' (*scooter des mers*).

Par ailleurs, il existe un bon nombre de québécismes avec équivalent lexical que les outils de référence *GDT* et *USITO* ne présentent pas comme étant familiers même s'ils leur apposent des marques d'usage comme « vieilli en France » ou « à usage restreint ». De fait, à notre connaissance, les Québécois ne les ressentent pas comme étant incorrects en regard de la norme. Il faudrait vérifier auprès des Québécois dans quels contextes ces québécismes, jugés comme étant corrects, sont les plus appropriés par rapport à leurs concurrents du FR. C'est le cas de :

---

26 Le mot *courriel* a fait l'objet d'une recommandation officielle en France le 20 juin 2003.

FQ	Équivalent en FR
aiguisoir[27]	taille-crayon, aiguise-crayon
banc de neige	congère
bas	chaussette
borne-fontaine	borne à incendie
boyau d'arrosage[28]	tuyau d'arrosage
cabaret	plateau, plateau utilisé pour le service de mets, de boissons
creux (vieilli en France)	profond (se dit pour un lac ou pour une rivière)
croche (vieilli en France)	crochu (se dit pour un nez ou pour un doigt)
drave (‹ ang. *drive*)	flottage (transport sur l'eau de billes de bois)
laveuse	machine à laver, lave-linge
noirceur (vieilli en France)	pénombre, obscurité
papier sablé (‹ ang. *sandpaper*)	papier abrasif
peinturer (vieilli en France)	peindre : 'couvrir d'une couche de peinture'
remorqueuse	dépanneuse 'véhicule routier servant à dépanner ou remorquer un véhicule en panne ou accidenté'
roulotte	caravane : 'remorque conçue pour servir de logement pour le camping'
tente-roulotte	caravane pliante (en toile) : 'remorque conçue pour servir de logement pour le camping, dont les parois de toile sont repliées pour le transport et déployées pour son utilisation'
viaduc	pont d'étagement : 'pont routier ou ferroviaire permettant de franchir une voie de communication ou un obstacle, sans croisement'

2.2.1.3 Québécismes de fréquence

Le *québécisme de fréquence*[29] est un mot de la langue française, en principe connu par tous les francophones, dont la fréquence d'utilisation est plus grande au Québec qu'elle ne l'est, par exemple, en France (FF) :

---

27 Une société commerciale spécialisée dans la vente de matériel de bureau affiche le produit sous le terme *taille-crayons*, tout en permettant au consommateur de le rechercher sur son site à l'aide du mot *aiguisoir*.

28 Une quincaillerie bien implantée au Québec affiche le produit sous le terme *tuyau d'arrosage*, tout en permettant au consommateur de le rechercher sur son site à l'aide du terme *boyau d'arrosage*. On peut se demander si, à court ou moyen terme, la langue d'affichage aura comme effet de faire percevoir ces québécismes à la population comme des usages incorrects, à éviter.

29 Terme utilisé par De Villers (2005b, 54), dit aussi « de statut touchant la fréquence relative » par Poirier (1995, 36).

FQ	FF
arachide	cacahouète
congédiement	licenciement
miroir	glace
paire de souliers	paire de chaussures
possiblement (au sens de *peut-être*)	éventuellement
présentement	actuellement

2.2.2 Variantes phonétiques du français québécois soutenu

La variante phonétique du FQs est une prononciation qui en double une autre en usage en FR, dont les locuteurs parisiens cultivés s'exprimant en situations surveillées servent de modèle. La variante phonétique du FQs est entendue couramment dans la langue des médias d'information québécois. À ce titre, elle est une prononciation que les Québécois jugent tout à fait acceptable; c'est le cas des prononciations suivantes (Ostiguy et Tousignant 2008) :

Variante phonétique	FQs	FF
Maintien du son [œ̃] pour le graphème *un*		
un	[œ̃]	[ɛ̃]
brun	[bʁœ̃]	[bʁɛ̃]
emprunt	[ɑ̃.pʁœ̃]	[ɑ̃.pʁɛ̃]
défunt	[de.fœ̃]	[de.fɛ̃]
Prononciation [ɛ̃] pour les graphèmes *in*, *en*, *ein*, *ain*, *aim*		
main	[mɛ̃]	[mɛ̃]
bain	[bɛ̃]	[bɛ̃]
rien	[ʁjɛ̃]	[ʁjɛ̃]
Maintien des voyelles longues [ɑ:], [ɛ:], [o:] et [ø:]		
pâte	[pɑ:t]	[pat]
passe	[pɑ:s]	[pas]
cadre	[kɑ:dʁ]	[kadʁ]
fête	[fɛ:t]	[fɛt]
maître	[mɛ:tʁ]	[mɛtʁ]
scène	[sɛ:n]	[sɛn]
côte	[ko:t]	[kot] ~ [kɔt]
chose	[ʃo:z]	[ʃoz] ~ [ʃɔz]
autre	[o:tʁ]	[otʁ] ~ [ɔtʁ]
jêune	[ʒø:n]	[ʒøn] ~ [ʒœn]
creuse	[kʁø:z]	[kʁøz] ~ [kʁœz]
Ouverture des voyelles *i*, *u* et *ou*		
ville	[vɪl]	[vil]
fiche	[fɪʃ]	[fiʃ]
ligne	[lɪɲ]	[liɲ]
pupitre	[py.pɪtʁ]	[py.pitʁ]

Variante phonétique	FQs	FF
bulle	[bʏl]	[byl]
lune	[lʏn]	[lyn]
jupe	[ʒʏp]	[ʒyp]
lustre	[lʏstʁ]	[lystʁ]
boule	[bʊl]	[bul]
soupe	[sʊp]	[sup]
pousse	[pʊs]	[pus]
souffle	[sʊfl]	[sufl]
Affrication (assibilation) des consonnes *t* et *d* suivies des graphèmes *i* et *u*		
tu	[tₛy]	[ty]
petit	[pə.tₛi]	[pə.ti]
du	[dᶻy]	[dy]
dis	[dᶻi]	[di]

Maintien du son [œ̃] pour le graphème *un*. La voyelle [œ̃] est toujours bien vivante, contrairement à ce qu'on peut constater depuis plusieurs décennies chez beaucoup de locuteurs parisiens qui tendent à la confondre avec la voyelle [ɛ̃] (Martinet 1969, 44; Martinet et Walter 1973, 33; Hansen 2001, 46-47). La distinction entre les deux voyelles, qu'on entend clairement en FQ dans le syntagme *un brin brun* [œ̃.bʁɛ̃.bʁœ̃] et dans la paire minimale *emprunte* [ã.pʁœ̃t] et *empreinte* [ã.pʁɛ̃t], s'entend de moins en moins clairement chez les Parisiens qui prononcent plutôt *un brin brun* [ɛ̃.bʁɛ̃.bʁɛ̃], *emprunte* [ã.pʁɛ̃t] et *empreinte* [ã.pʁɛ̃t].

Prononciation [ẽ] pour les graphèmes *in, en, ein, ain, aim*. En syllabe ouverte, une majorité de Québécois prononce [ẽ] ce que les Parisiens prononcent [ɛ̃] : *main* [mẽ], *maintien* [mẽ.tₛjẽ], *Tintin* [tẽ.tẽ]. Par ailleurs, en syllabe ouverte accentuée (fin de mot), bien des Québécois prononcent [ã], voyelle ouverte antérieure, ce que les Parisiens tendent à prononcer [ɑ̃], voyelle ouverte postérieure : *champ* [ʃã], *paon* [pã]. On entend [ã] tant de la bouche des Québécois cultivés que de ceux qui le sont moins. En revanche, il est tout aussi fréquent d'entendre, chez les chefs d'antenne, la variante postérieure [ɑ̃] (Émond 2005). Enfin, la variante [ã] serait en recul chez les jeunes Montréalais qui lui préfèrent de plus en plus la voyelle postérieure [ɑ̃] (Remysen 2012a, 2014). Sur ce plan, il y aurait peut-être là un changement linguistique en cours, qui pourrait, à moyen terme, se propager dans la province.

Maintien des voyelles longues [aː], [ɛː][30], [oː] et [øː]. On observe dans le système vocalique du FQ la survivance de voyelles longues et de voyelles brèves (Santerre

---

30 La voyelle [ɛ] telle qu'elle est entendue quand elle est allongée par [ʁ] (*mère*, *rivière*) ou lorsqu'elle est étymologiquement longue (*fête*, *neige*, *reine*) aurait plutôt le timbre [ɜ], voyelle plus centralisée, moins tendue que [ɛ] (Santerre 1976, 23). Pour des raisons pratiques, nous utilisons tout de même le symbole [ɛː].

1974, 117 et 1976, 23-25; Dumas 1987, 109; Ostiguy/Tousignant 2008, 93; Côté 2012, 244). C'est par le timbre et la longueur de leurs voyelles respectives que s'opposent, sur le plan du sens, les mots *pâte* [pɑ:t] et *patte* [pat], *fête* [fɛ:t] et *faites* [fɛt], *paume* [po:m] et *pomme* [pɔm], *vôtre* [vo:tʁ] et *votre* [vɔtʁ], *côte* [ko:t] et *cote* [kɔt], *jeûne* [ʒø:n] et *jeune* [ʒœn].

Ouverture des voyelles *i*, *u* et *ou*. Les voyelles fermées [i], [y] et [u] présentent, en FQ, des variantes de prononciation, à savoir [ɪ], [ʏ] et [ʊ]. Ces variantes phoniques sont dites *variantes ouvertes*, puisqu'elles sont articulées la bouche légèrement plus ouverte et la langue plus centralisée que ne le sont [i], [y] et [u] dans les mots *qui*, *lu* et *fou* (Dumas 1987, 85; Ostiguy/Tousignant 2008, 65). Si l'on se fie aux relevés du *Dictionnaire de la prononciation française dans son usage réel* (Martinet/Walter 1973), ces variantes ne s'entendent pas en français parisien. Ces variantes ouvertes apparaissent dans des contextes précis, à savoir dans des mots qui se terminent phonétiquement par les consonnes [p], [t], [k], [b], [d], [g], [f], [s], [ʃ], [m], [n], [ɲ] et [l], ainsi que par la semi-voyelle [j] et les groupes de consonnes finaux [bl], [pl], [kl], [fl], [tʁ], [fʁ], [sm], [st], [ltʁ] et [stʁ]. Le grand nombre de mots dans lesquels peuvent survenir les variantes ouvertes a comme effet que ce trait phonétique singularise tout particulièrement l'« accent » du FQ. De plus, les prononciations [ɪ], [ʏ] et [ʊ] s'entendent tant en situation formelle qu'informelle. Il est courant de les entendre aussi dans la bouche d'une majorité de chefs d'antenne.

Affrication (assibilation) des consonnes *t* et *d* suivies des graphèmes *i* et *u*. La consonne [t] se prononce [tˢ] et la consonne [d], [dᶻ], devant toutes les voyelles graphiques *i* et *u* (devant les sons [i], [y], [j] et [ɥ]). Consonnes occlusives qu'elles étaient, elles sont devenues des consonnes affriquées, d'où l'appellation *affrication*. En parcourant certains traités de phonétique corrective parus il y a quelques décennies (Laurence 1961, 59; Bergeron 1966, 33), on constate que l'affrication n'a pas toujours été perçue comme étant acceptable. Aujourd'hui, l'affrication s'entend de la bouche des personnes cultivées, voire de celles des chefs d'antenne. Au mieux observe-t-on chez ces derniers une affrication moins prononcée. L'origine de ce trait typique du FQ (rare chez les Acadiens) demeure controversée (Morin 2002; Poirier 2009). Bien qu'elle soit généralisée aujourd'hui, l'affrication a, dans le passé, connu une variation régionale (Friesner 2010, 36).

2.3 Variété familière du français québécois

Toute variété géographique comporte une variété soutenue pour les communications officielles et une variété familière qui est utilisée dans les échanges oraux quotidiens. Elle est également entendue sur les ondes, notamment dans les téléromans et les films québécois, de la bouche de participants d'émissions de télé-réalité ou d'artistes lors de leur passage dans des émissions de variétés. Bien que la variété familière soit avant tout une langue parlée, elle peut figurer également dans les messages textes (textos) et autres communications écrites réalisées sans contraintes normatives. Elle s'aperçoit aussi dans des œuvres de la littérature québécoise.

Nous présentons en trois points ce qui caractérise, sur le plan linguistique, le FQf en regard du FQs : québécismes lexicaux du FQf, variantes phonétiques du FQf, variantes morphologiques du FQf.

2.3.1 Québécismes lexicaux du FQf

Le québécisme lexical du FQf est une locution ou un mot ayant souvent un équivalent en FQs et en FR. Il présente au moins deux grands cas de figure : le québécisme de création et de sens du FQf et le québécisme d'emprunt du FQf.

Dans la catégorie des québécismes du FQf, de création et de sens, nous évoquons la locution ou le mot à proprement parler, le blasphème, le mot grammatical et le mot du discours. Dans le cas de l'emprunt, c'est de celui à l'anglais qu'il est question. Dans chaque cas, il s'agit toujours d'un usage critiqué, d'un élément du lexique que les Québécois jugent familier et à éviter en situation de communication formelle.

2.3.1.1 Québécismes de création et de sens du FQf
2.3.1.1.1 Mots ou locutions

L'élément lexical de cette sous-catégorie de québécisme lexical est une locution ou un mot conçu au Québec à partir de mots et de morphèmes de la langue française, ou une locution ou un mot de la langue française ayant acquis au Québec des éléments de signification nouveaux :
– *pas allable* 'impraticable (chemin, route); inaccessible (lieu)'
– *avoir de l'allure* 'avoir du sens, être vraisemblable, être acceptable'
– *cassot* ou *casseau de fraises* 'barquette : contenant léger servant à la cueillette ou à la commercialisation des petits fruits; son contenu'
– *char* 'automobile'
– *chialage* 'protestation, contestation'
– *avoir de la misère* 'avoir du mal, de la difficulté à faire à quelque chose'.

Plusieurs québécismes lexicaux du FQf n'ont pas de parfaits équivalents lexicaux en FQs ou en FR. La difficulté de dire tout à fait la même chose en FQs explique l'intrusion fréquente et volontaire de mots de la variété familière dans des textes écrits ou oraux plutôt formels; ces derniers sont alors souvent mis entre guillemets dans le texte écrit ou précédés de « Passez-moi l'expression » ou de « Comme on dirait en bon québécois » dans le texte oral. Dans ces cas, le mot ou la locution a parfois besoin d'une courte paraphrase pour être convenablement rendu en FQs :

- *patente* 'objet quelconque dont on ne connaît pas ou dont on a oublié le nom'
- *patente à gosse* 'objet qui ne fonctionne pas ou qui fonctionne mal'
- *violoneux* 'violoniste qui joue des airs traditionnels; mauvais violoniste'
- *zigonner* 'peiner à réaliser une tâche; travailler inefficacement'

Bien des mots de cette catégorie de québécisme lexical du FQf sont, si l'on fait intervenir la diachronie, ce qu'on qualifie traditionnellement de *conservatisme lexical*[31]. Ce dernier est un élément du lexique autrefois courant en France et toujours en usage au Québec. Beaucoup peuvent être considérés comme des québécismes puisque leurs significations ont pu se transformer depuis leur arrivée en Amérique du Nord.

Le conservatisme a presque toujours un équivalent lexical en FQs ou en FR pour référer à la même réalité. Les conservatismes sont souvent associés à la variété familière, mais il s'en trouve qui ont un statut incertain (v. 2.2.1.2).

Dans la plupart des cas, le sens du conservatisme s'est transformé par rapport à ce qu'il était quelques siècles auparavant. Autrement dit, le conservatisme a acquis des éléments de sens nouveaux en FQ. C'est le cas du verbe *seiner*. De même, il n'est pas certain que les mots *niaiser* et *bardasser* aient eu déjà toutes les significations qu'on leur connaît aujourd'hui. Certaines significations sont peut-être partiellement ou complètement nouvelles par rapport à celles que ces mots avaient autrefois :

	FQ	FF
seiner	'rester devant le but en attendre de la rondelle (hockey); quémander de l'argent; épier'	'pêcher à la seine (avec un filet de fond); aborder des clients (pour une prostituée)'
niaiser	'dire des bêtises; se moquer de quelqu'un; perdre son temps'	inconnu
bardasser	'faire du bruit; brasser, remuer quelque chose, parfois sans précaution et souvent bruyamment; bousculer, secouer quelqu'un; traiter quelqu'un sans ménagement'	inconnu

Dans la tradition lexicographique québécoise, on distingue deux types de conservatismes : l'archaïsme et le dialectalisme.

Pour notre propos, le conservatisme qu'on appelle *archaïsme* est une locution ou un mot devenu, pour les Français, vieilli, désuet, ce à quoi renvoie la mention « vieilli » à côté de ce dernier dans les dictionnaires du FR. L'archaïsme peut aussi ne plus figurer du tout dans les dictionnaires contemporains.

---

31 V. Poirier (1995) pour une discussion de cette notion.

En revanche, l'archaïsme a, dans la plupart du temps, figuré dans des textes littéraires et administratifs rédigés dès le Moyen Âge ou dans des dictionnaires qui en ont attesté l'existence et donné le sens.

Les termes suivants ont souvent été présentés comme étant des archaïsmes dans une ou plusieurs études lexicographiques québécoises. Les Québécois tendent à percevoir certains d'entre eux comme familiers :

avant-midi	'matinée; matin'
asteur, à c't heure [as.tœʁ]	'maintenant; à présent'
abrier	'couvrir quelqu'un d'une couverture, notamment pour le protéger du froid'
moi avec	'moi aussi'
barrer (une porte)	'verrouiller'
blonde	'petite amie; conjointe ou épouse'
chambre de bain	'salle de bain'
costume de bain	'maillot de bain'
couverte	'couverture'
moulin à scie	'scierie'
un respir	'une respiration'
pendant une secousse	'pendant un certain temps'

Vivant au Québec, l'archaïsme peut l'être aussi encore dans certaines régions de France (Normandie ou Pays de la Loire, par exemple) ou dans d'autres régions francophones (Petites Antilles, Haïti, Suisse ou Belgique), attestant ainsi que l'aire de diffusion du mot a pu être très large à une certaine époque. Autrefois, le mot *chambre* faisait référence à toute pièce d'une maison, d'où *chambre de bain* 'salle de bain'. Ce mot est encore bien connu au Québec ainsi qu'en Suisse romande, et le serait aussi en Haïti (Fattier 2012, 321). De même, le mot *barrer* 'verrouiller' est encore entendu dans l'ouest et dans le sud de la France (Rézeau 1984, 54). Enfin, le mot *patate* est encore entendu partout (Poirier 1995, 38).

Étant donné que beaucoup de mots considérés comme des archaïsmes ont vu leur sens se modifier depuis leur insertion en français parlé au Québec, ils peuvent être considérés comme des québécismes de sens.

Contrairement à l'archaïsme, le *dialectalisme*[32] est une locution ou un mot français ancien ayant appartenu au français populaire de Paris et de sa banlieue et aux parlers des régions d'où provenaient les colons venus en Nouvelle-France (Normandie, Pays de la Loire, Poitou-Saintonge), qui les ont apportés. Par rapport à l'archaïsme, le dialectalisme n'a jamais figuré dans des textes littéraires ou administratifs ou n'a jamais été consigné dans un dictionnaire français. Autrement dit, il n'a jamais appartenu au FR.

---

32 Employé à défaut d'un terme plus adéquat tant il pose problème sous certains aspects, selon Poirier (1995, 39). Toutefois, dans ce sens, on retrouve aussi le terme français *provincialisme*.

Il existe un bon nombre de dialectalismes encore utilisés au Québec : certains sont encore très courants, d'autres perdent du terrain.

Les termes suivants sont souvent présentés comme étant des dialectalismes dans un ou plusieurs ouvrages lexicographiques québécois :

achaler	'déranger, importuner quelqu'un'
en arracher	'avoir des problèmes'
attisée	'bon feu'
être après faire quelque chose	'être en train de faire quelque chose'
avoir le bec fin	'faire le difficile'
être sur le bord de partir	'être sur le point de partir'
bretter; bretteux	'perdre son temps, hésiter; celui qui perd son temps'
être calé	'être chauve'
casser des fraises	'cueillir des fraises'
châssis	'fenêtre'
à cœur de jour	'à longueur de journée, sans relâche'
couvert	'couvercle, couverture d'un livre'
être pour faire quelque chose	'être sur le point de faire quelque chose'

Si, de nos jours, certains de ces mots ne s'entendent plus dans les régions de France dont ils sont originaires, d'autres le sont toujours : pour les Français de ces régions, qui ont souvent conscience du caractère régional de ces mots, ils constituent des régionalismes, des survivances de leurs dialectes d'origine.

Étant donné que beaucoup de mots considérés comme des dialectalismes ont vu leur sens se modifier depuis leur insertion au français parlé au Québec, ils pourraient être considérés comme des québécismes de sens.

2.3.1.1.2 Blasphèmes

Dans la catégorie des québécismes de forme ou de sens, on compte aussi le blasphème, appelé plus souvent *sacre* (Vincent 1982). Ce mot expressif est conçu à partir d'un terme appartenant au vocabulaire de l'Église et de la liturgie chrétiennes[33]. Sa prononciation diffère toujours un peu du terme religieux duquel il provient :

- *Criss!* [kʁɪs] ‹ Christ
- *Tabarnak!* [ta.baʁ.nak] ‹ tabernacle
- *Osti!* [ɔs.t̪i] ‹ hostie
- *Câlice!* [kɔː.lɪs] ‹ calice
- *Ciboire!* [si.bwaᵉʁ] ‹ ciboire
- *Viarge!* [vjaʁʒ] ‹ Vierge

---

[33] Pour connaître l'historique du phénomène du sacre au Québec, lire à l'entrée « sacre » du dictionnaire en ligne *Usito* l'article thématique « Les sacres en français québécois », par Diane Vincent.

Un sacre peut aussi se combiner avec un autre, ce qui a comme effet, entre autres, d'accentuer l'expressivité :

- *Osti de calice!*
- *Osti de tabarnak de criss!*
- *Saint-ciboire!*

Le sacre a donné lieu à une créativité lexicale remarquable. D'interjection, le sacre est devenu aussi un adverbe d'intensité, un nom à valeur plutôt dépréciative, ou un verbe :

C'est un criss de bon repas! (adverbe d'intensité)	C'est un très bon repas!
C'est un petit calice, celui-là! (nom)	C'est un petit garnement, celui-là!
Ça me décalisse! (verbe)	Ça me jette par terre! ~ Ça me déçoit! ~ Ça m'écœure!
crisser [kʁi.se] un coup de poing (verbe)	'flanquer, donner un coup de poing'
se crisser de qqun ou de qqchose (verbe)	'se foutre de'
calicer [kɔ.li.se] quelqu'un dehors (verbe)	'mettre quelqu'un à la porte'
Je m'en contre-crisse. (verbe)	Je m'en fous totalement.

2.3.1.1.3 Connecteurs

Dans la catégorie des québécismes de forme ou de sens, on compte aussi un ensemble de mots grammaticaux à fonction de coordonnants ou de subordonnants, qu'on appelle connecteurs, qui assurent les liens sémantiques ou logiques entre les propositions. Entre autres :

- *pi* ('puis), adverbe de coordination introduisant une addition sans valeur temporelle (et) ou avec valeur temporelle (puis), une conséquence (alors) ou une concession (pourtant) (Laurendeau 1983) :

Toi *pi* moi, on fait une bonne équipe.	'et'
Je suis allé au théâtre, *pi* au restaurant	'puis'
Tu te maries, *pi* les troubles commencent!	'alors'
Ce pantalon est même pas beau, *pi* tu l'achètes!	'pourtant'

- *faque* ('ça fait que), locution de coordination introduisant une conséquence (Léard 1983) :

Je regardais pas où je marchais, *faque* j'suis tombé	'ça fait que; de sorte que; alors'

- *un coup que*, locution conjonctive de subordination introduisant une cause, dont l'événement évoqué est antérieur à celle de la principale :

Mon char va bien, *un coup qu*'i est parti.	'dès que; aussitôt que'

- *par exemple*, locution adverbiale marquant une opposition (concession), qui s'observe, dans la majorité des cas, à la fin de l'énoncé (Vincent 1995, 2005) :

Ils devraient mettre ça légal, la drogue. Pas toutes *par exemple;* juste les affaires qui se fument là (Vincent 1995).	'cependant; toutefois'
« J'ai honte, mais j'ai raison d'avoir honte, *par exemple*. » (Y. Deschamps 1998, cité dans *USITO*)	

- *benben* (‹ bien) et *pas benben*, adverbes de quantité ou d'affirmation (Junker/Vinet 1995) :

J'aime *benben* la crème en glace.	'beaucoup'
C'est *benben* bon.	'très'
Je veux *pas benben* y aller.	'vraiment'
J'ai *pas* de cheveux *benben*	'tellement'

2.3.1.1.4 Mots du discours

Dans la catégorie des québécismes de forme ou de sens, on compte aussi un ensemble de mots prenant leurs sens ou leurs fonctions dans le discours ou dans l'interaction verbale.

On compte, dans ces mots du discours, le marqueur discursif, qui est un mot ou une locution ayant acquis, en se grammaticalisant, un sens propre ou une fonction particulière dans l'interaction verbale, dans le discours. Il donne des indications sur la façon dont doit être interprété le contenu sémantique de l'énoncé : indications sur l'évaluation de la situation par le locuteur lui-même ou indications quant à la nature de l'acte de langage que le locuteur veut effectuer avec son énoncé.

- *Dis don* ou *Voyons!* (Léard 1986) comme moyen, entre autres, d'exprimer l'impatience :

    - *Dis don* [dzi.dɔ̃], eh …Est-ce qu'on part là, là?
    - *Voyons!* Qu'est-ce qui se passe ici?

- *Bon ben*, comme moyen d'annoncer la clôture d'un échange :

- *Bon ben* [bɔ̃.bẽ], on a tout fait ce qu'on avait à faire. Salut.

- *Veux, veux pas* comme moyen d'exprimer une concession devant un fait présenté par le locuteur à l'interlocuteur comme étant inévitable et hors de sa volonté, équivalente à *qu'on le veuille ou non* :

  - *Le Devoir* en campagne électorale : *Veux, veux pas*, on y va! (*Le Devoir*, 8 novembre 2008, cité dans Meney 1999)
  - Je ne fais rien pour te déplaire / mais *veut veut pas* le soir tombe / et avec lui tout un cortège d'ombres (Gérald Godin, cité dans Meney 1999)

Au terme du lent processus de pragmaticalisation, la forme phonétique du mot ou de la locution qui en résulte peut être légèrement différente de celle du mot ou de la locution d'origine. C'est le cas de *coudon* qui provient de « Écoute donc! ».

- *Coudon* (Dostie 2006) comme moyen, entre autres, d'exprimer un reproche ou exprimer une certaine résignation devant le caractère inéluctable d'une situation :

  - *Coudon*! [ku.dɔ̃] T'es encore couché!
  - (Quand B constate qu'il ne pourra pas terminer son travail pour l'heure souhaitée, il conclut d'un ton résigné :) *Coudon* ... Je finirai demain. '*Qu'est-ce que tu veux qu'on fasse!*'

La catégorie des mots du discours comporte aussi le marqueur focalisant, tel *là*, procédé discursif mettant en évidence une information dans un énoncé :

  - *Là, là*, j'i ai dit : *Là*, vas-t'en.
  - Le français québécois *là*, c'est une des façons de parler le français.

Dans les mots du discours, on compte aussi le marqueur de structuration de la langue parlée qui agit comme un ponctuant (Vincent 1993). En effet, la langue parlée est émaillée de mots ou de groupes de mots qui surviennent entre les énoncés et qui semblent n'avoir aucune valeur référentielle précise : *là, tsé, sti, veux dire*. Leur élimination n'altérerait ni le message ni le style. En fait, leur fonction semble être de ponctuer le texte oral. Ces ponctuants marquent ainsi un découpage rythmique entre les constituants des énoncés dans des contextes de grande production verbale. Au niveau phonétique, les ponctuants ont souvent des formes très réduites par rapport à leurs formes significatives : *sti* (« *hostie*), *veux dire* (« *je veux dire*), *tsé* (« *tu sais*), *là* :

  - Le gars, il était là aussi *sti*. C'est la même chose qu'aujourd'hui. Si tu parles trop, ils vont te crisser en dedans *sti*.
  - Toute la crisse de famille était là. Pour rien. Pour rien qu'ils ont été mis là. Fallait qu'ils soient là parce que les gens parlaient. La démocratie qu'ils appellent ça, *tsé*.

– Quand qu'elle est arrivée, la guerre, *là*, ils l'ont crissé dans un camp de concentration avec Lanctôt, *là*. Ben il y en avait un qui était mort ici, *là*, dans les maisons appartements là, *là*. (exemples adaptés de ceux de Vincent 1993)

2.3.1.2 Québécismes lexicaux d'emprunt du FQf

En raison de son histoire, le français du Québec est en contact avec l'anglais depuis plus de deux siècles. Compte tenu des conditions sociohistoriques qui prévalaient, dont une dynamique sociale inégalitaire entre les deux langues, les Québécois ont emprunté des mots à l'anglais. Si certains font partie aujourd'hui du FQf en raison du fait qu'ils nomment des réalités essentiellement québécoises ou canadiennes, comme c'est le cas pour *whip du parti* ou *coroner*, d'autres sont critiqués par ceux qui ont comme tâche d'aménager le français au Québec.

Le québécisme lexical d'emprunt du FQf est un élément du lexique emprunté à l'anglais[34], qui a déjà un équivalent en FQs ou en FR pour référer à une réalité commune. C'est, du reste, pour cette raison que certains spécialistes critiquent ces emprunts qualifiés d'inutiles. On désigne traditionnellement l'emprunt critiqué par le terme *anglicisme*, voire *anglicisme critiqué*. On peut classer les anglicismes de la façon suivante, selon de Villers (2005 b, 55-56) :

Anglicisme formel ou direct. Mot anglais intégré tel quel en français, souvent avec quelques adaptations phonétiques ou morphologiques, dont celle d'être conjugué selon la morphologie verbale du français (ang. *to check* › checker › j'ai checké, il checkera pas) :

Anglicismes	FQs	Mots anglais
condo	immeuble en copropriété	condominium
céduler (un rendez-vous, une activité)	fixer, programmer	to schedule
char	automobile	car
checker [tʃɛ.ke]	vérifier	to check
focusser (sur) [fɔ.ky.se]	(se) focaliser sur	to focus (on)
fun [fɔn]	plaisir, amusement	fun
gang [gaɲ]	groupe de personnes	gang
ploguer un événement	publiciser un événement	to get a plug for an event
lousse [lʊs]	desserré, qui a du jeu	loose

---

[34] La plupart des emprunts aux langues autochtones concernent la faune et la flore particulières à l'Amérique du Nord et sont, en conséquence, des québécismes du FQs sans équivalent lexical (v. 2.2.1.1). Mis à part le mot *atoca* 'fruit de la grande airelle rouge d'Amérique du Nord', auquel est préféré *canneberge* en FQs, il existe peu d'amérindianismes du FQf qui soient courants et connus de tous les Québécois. C'est ce qui explique que nous n'en évoquons pas dans cette partie. Pour en connaître plus sur les emprunts aux langues autochtones, v. Faribault (1993, 2000) et Mercier et Lanthier (1997).

Anglicisme sémantique ou faux-ami. Emploi d'un mot français dans un sens qu'il ne possède pas, et cela, sous l'influence d'un mot anglais de forme semblable. Par exemple, *éligible* dans le sens de 'admissible' est un faux-ami; *éligible*, en français, signifie 'qui remplit les conditions pour être élu'. Les faux-amis sont tous des anglicismes critiqués :

Anglicismes	FQs	Mots anglais
année *académique*	année scolaire, universitaire	academic year
affecter une activité, un résultat	compromettre, avoir un effet sur	to affect
batterie	pile	battery
Bienvenue!	Je vous en prie!	Welcome!
fournaise	chaudière, appareil de chauffage	furnace

Anglicisme syntaxique ou calque. Traduction littérale d'une expression ou d'une construction de l'anglais nécessairement constituée de plusieurs éléments. La plupart des calques sont critiqués :

Anglicismes	FQs	Mots anglais
aller en grève	se mettre en grève	to go on strike
bris de contrat	rupture de contrat	breach of contract
être *coq-l'œil*	loucher	cock-eyed
être *dans le jus*	être très occupé	to be in the juice
partir une entreprise	mettre sur pied ...	to start one's own business
tomber en amour	devenir amoureux	to fall in love
semaine *de lecture*	semaine d'études	reading week

Bien des emprunts à l'anglais ont acquis, depuis leur entrée dans la langue parlée des Québécois, des éléments de signification qu'ils n'avaient pas ou qu'ils n'ont pas en anglais.

Par exemple, en anglais, le mot *chum* a comme sens 'ami/copain' et 'amie/copine'. Toutefois, en FQf, ce mot peut faire référence aussi à un conjoint de fait, voire à un époux (Vincent/Lambert 2010). Le vocable *chum* [tʃɔm] constitue donc avec *blonde* la paire qui désigne, en situation informelle, le couple *conjoint/conjointe* ou *mari/femme*.

En anglais, l'expression *to be on the go* signifie, dans un premier sens 'en déplacement' et dans un second 'actif, constamment occupé'. En FQf, on retrouve bel et bien ce sens dans l'énoncé *Elle est toujours sur la* [sa:][35] *go*, qui peut être rendue par *Elle est toujours occupée à faire quelque chose*. En revanche, le FQf connaît aussi l'expression *partir sur la* [sa:] *go*, équivalent à 'boire beaucoup, abuser de certaines choses'. Or, l'anglais *on the go* ne connaît pas cet élément de sens. Ce dernier s'est vraisemblablement constitué dans l'usage des Québécois à partir du sens premier.

---

35 Le deux-points signifie que la voyelle est allongée (v. fusion vocalique dans 2.3.2.2).

Il arrive aussi que des anglicismes critiqués aient servi à créer de nouveaux mots ou de nouvelles expressions en FQ (Théoret 1993, 223), que les anglophones eux-mêmes auraient du mal à relier à leur langue :

FQf	FQs
avoir les yeux dans la graisse de bines (‹ *beans*)	avoir un regard absent, fatigué ou concupiscent
focailler (‹ *to fuck*)	avoir de la difficulté à exécuter une tâche
tordage de bras (‹ *to twist somebody's arm*)	forcer la main de quelqu'un
toffer quelqu'un ou quelque chose (‹ *tough*)	supporter, endurer

On voit donc, avec ces exemples, que certains emprunts à l'anglais, 1) soit ont acquis, en FQ, des éléments de signification nouveaux, 2) soit ont été utilisés pour créer des expressions nouvelles.

Étant donné que les mots ou les expressions ont des significations qu'ils n'avaient pas en anglais, ils sont des créations québécoises et constituent, au bout du compte, des québécismes lexicaux du FQf.

Enfin, il arrive aussi que des mots anglais empruntés en viennent, en raison de questions de connotations particulières acquises dans l'usage, à occuper un espace que les autres mots français, en certaines situations, semblent ne remplir qu'à moitié, comme le rappelle la linguiste Anne-Marie Beaudoin-Bégin dans son blogue à propos du mot *fun*.

> *Fun* en est un autre. Le Petit Robert propose *amusement*, *plaisir* et *agrément*. [...] force est de constater qu'aucun de ces mots ne réussit bien à rendre l'idée de *fun*. Et c'est encore pire avec la forme *le fun*, qui est utilisée comme attribut. *Agréable* n'est pas assez amusant, *amusant* n'est pas assez agréable, *divertissant* manque de profondeur et *plaisant* manque d'entrain. En français québécois, quand quelque chose est le fun, ce n'est ni agréable, ni amusant, ni divertissant, ni plaisant. C'est le fun (Beaudoin-Bégin 2012).

L'anglicisme critiqué *cute* [kju:t] 'jolie, mignonne' est à mettre dans ce lot de mots. C'est le cas également des expressions *ne pas être sorti du bois* 'ne pas être sorti de l'auberge' (‹ *not to be out of the woods*) et *accrocher ses patins* 'tirer sa révérence' (‹ *to hang up one's skates*) qui renvoient toutes deux à des réalités bien québécoises : la proximité de la forêt et le hockey, sport national.

Cela pourrait sans doute expliquer pourquoi tout Québécois a le sentiment que certains anglicismes critiqués lui paraissent irremplaçables, en certaines situations, pour exprimer une idée ou une émotion.

2.3.2 Variantes phonétiques du FQf

La variante phonétique qui appartient à la variété familière est une prononciation qui en double une autre du FQs. La variante phonétique peut être de deux types : un conservatisme de prononciation ou une création phonétique.

2.3.2.1 Conservatismes de prononciation

Le conservatisme est une prononciation qui a déjà existé dans la région parisienne et dans les régions françaises d'où provenaient les colons venus en Nouvelle-France. Il est devenu depuis, pour les Français, une prononciation vieillie et régionale. Toutefois, cette prononciation est encore bien vivante au Québec :

Phénomènes langagiers	FQf	FQs
[wa] ~ [ɛ]		
refroidir; droit	[ʁə.fʁɛ.d₂iʁ]; [dʁɛt]	[ʁə.fʁwa.d₂iʁ]; [dʁwa]
[wa] ~ [we]		
moi; il boit	[mwe]; [bwe]	[mwa]; [bwa]
[wa] ~ [wɔ]		
bois; mois	[bwɔ]; [mwɔ]	[bwa]; [mwa]
[ɛʁ] ~ [aʁ]		
perche; verte	[paʁʃ]; [vaʁt]	[pɛʁʃ]; [vɛʁt]
t muet en finale de mot ~ [t]		
piquet; fouet, pot	[pi.kɛt]; [fwɛt]; [pɔt]	[pi.kɛ]; [fwɛ], [po]

FQs [wa] ~ FQf [ɛ]; FQs [wa] ~ FQf [we]; FQs [wa] ~ FQf [wɔ]. Le graphème *oi* donne lieu à différents sons complexes, et à différentes variantes de ces sons complexes. Le son prononcé [wa] en FQs, comme dans les mots *moi, roi, je vois, poil,* connaît en FQf plusieurs variantes selon les mots : les variantes [we], [wɛ] et, dans de rares mots, [ɛ] (Dumas 1987, 21; Ostiguy et Tousignant 2008, 105). La variante [we] survient à la finale des mots en syllabe ouverte, par exemple, *moi* [mwe], *il boit* [bwe] et *je vois* [vwe]. De nos jours, la variante [ɛ] est confinée aux seuls mots *droite* [dʁwɛt] ~ [dʁɛt], *froid* [fʁɛt] et *refroidir* [ʁə.fʁɛ.d₂iʁ], ainsi qu'aux formes verbales *qu'il soit* [swɛj] ~ [sɛj], *ils croient* [kʁwɛj] ~ [kʁɛj] et *ils se noient* [nwɛj] ~ [nɛj]. Le graphème *oi* possède aussi la prononciation [wa] en FQs qu'on entend dans six mots, à savoir *bois, trois, mois, noix, pois* et *poids*. Ce son complexe présente une variante familière très répandue : [wɔ]. L'existence de ces variantes aurait été attestée dans la région parisienne au moment même de la colonisation de la Nouvelle-France.

[ɛʁ] ~ [aʁ]. Dès le XVIe siècle, la voyelle [ɛ] suivie de [ʁ] s'est progressivement articulée [a] en français populaire de France : *chercher* [ʃɛʁ.ʃe] ~ *charcher* [ʃaʁ.ʃe]; *perdu* ~ *pardu*; *merde* ~ *marde*. Ces prononciations en *er* et *ar* ont coexisté longtemps en France. Elles s'entendent encore en FQf.

t muet en finale de mot ~ [t]. Plusieurs mots font entendre la consonne finale héréditaire *t*, habituellement muette en FQs. Cette prononciation serait une influence des parlers de l'ouest de la France (Chauveau 2009, 78).

Variété familière du français québécois — 55

2.3.2.2 Créations phonétiques

Contrairement au conservatisme de prononciation, la création phonétique est une prononciation qui se serait constituée en tout ou en partie entre l'arrivée des colons français en Nouvelle-France au courant du XVIIe ou du XVIIIe siècle et aujourd'hui. Autrement dit, il n'y aurait rien eu de tout à fait comparable en France. On peut présumer l'existence de deux cas de figure pour la création phonétique. La variante est :

1) soit une *nouveauté*, c'est-à-dire une prononciation qui s'est complètement formée en Amérique du Nord dans un processus normal d'évolution;
2) soit le *produit d'une évolution* qui s'est achevée en Amérique, à partir d'une prononciation déjà en germe dans les variétés de français parlées par les colons.

Le second cas est difficile à distinguer du conservatisme de prononciation. Pour notre propos, nous convenons que le conservatisme est une prononciation dont l'existence est bien attestée dans les commentaires de grammairiens français, tandis que la création phonétique, qui est un produit d'une évolution, ne l'est pas clairement.

Il reste difficile, cependant, de déterminer lequel des deux cas de figure (nouveauté ou produit d'une évolution) convient le mieux à telle ou telle prononciation (Morin 2002). Des recherches sont à mener sur les prononciations en cours en France au moment de la colonisation de la Nouvelle-France. Voici quelques exemples :

Variantes phonétiques	FQf	FQs
[ɛ] ~ [a] à la finale des mots *on était; du lait; jamais*	[e.ta]; [la]; [ʒa.ma]	[e.tɛ]; [lɛ]; [ʒa.mɛ]
[ɑ] et [a] ~ [ɔ] à la finale des mots *Canada; bras; habitat*	[ka.na.dɔ]; [bʁɒ]; [a.bi.tɔ]	[ka.na.dɑ]; [bʁɑ]; [a.bi.tɑ] [ka.na.da]; [bʁa]; [a.bi.ta]
Diphtongaison des voyelles longues *pâte; fête; côte; jeûne*	[paᵘt]; [faᵉt]; [kɔᵘt]; [ʒœʸn]	[pɑ:t]; [fɛ:t]; [ko:t]; [ʒø:n]
Diphtongaison des voyelles allongées par [ʁ] *fleur; nord; père*	[flaœʁ]; [naᵘʁ]; [paᵉʁ]	[flœ:ʁ]; [nɔ:ʁ]; [pɛ:ʁ]
Diphtongaison des voyelles nasales en syllabe fermée en finale de mot *France; enceinte; monde; il emprunte*	[fʁãᵘs]; [ãsẽᶦt]; [mɔ̃ᵘd]; [ãpʁœ̃ʸt]	[fʁãs]; [ãsẽt]; [mɔ̃d], [ãpʁœ̃t]
Fusion vocalique *dans la* *sur les*	dans 'a [dã:] su' 'es [se:]	dans la [dã.la] sur les [syʁ.le]

[ɛ] ~ [a] à la finale des mots. Les groupes de graphèmes finaux *ais*, *ait*, *aid*, *ès* et *et*, comme dans *jamais*, *lait*, *laid*, *procès* et *il promet*, peuvent se prononcer [a] (Ostiguy/Tousignant 2008, 87) : « jam*a*' », « du l*a*' », « c'est l*a*' », « un proç*a*' » et « i' prom*a*' ». Le phénomène touche nombre de noms et d'adjectifs, bien sûr, mais aussi beaucoup de formes verbales conjuguées à l'imparfait, au plus-que-parfait, au conditionnel et au conditionnel passé, comme : *j'avais*, *j'étais parti*, *je partirais* et *j'aurais pris* prononcés « j'av*a*' », « j'ét*a*' parti », j' partir*a*' » et « j'aur*a*' pris ». C'est lorsque la voyelle [ɛ] est située en fin de mot en syllabe ouverte qu'elle peut présenter la variante [a]. Lorsqu'elle se trouve dans une autre position, elle ne connaît pas d'autre prononciation, ce qui est à l'origine de l'alternance [a] ~ [ɛ] qu'on entend dans le passage d'un mot à son dérivé morphologique, par exemple, du mot *lait* [la] à son dérivé *laitier* [lɛ.tsje], *laid* [la], *laide* [lɛd], *tu le fais* [tsyl.fa], *tu l'as faite* [tsy.lɑ.fɛt].

Cette prononciation, plus ouverte au plan articulatoire, n'est pas récente. Le changement du [ɛ] vers [a] se serait amorcé en français populaire de la région parisienne au XVIIe siècle, mais présentait tout de même des différences appréciables par rapport à ce qu'on peut observer en FQf (Morin 2002, 48). Une étude des graphies d'anciens textes rédigés au Québec entre les XVIIe et XIXe siècles a mis en évidence quelques fautes d'orthographe qu'il faut attribuer à cette prononciation; par exemple, *appartena* pour *appartenait*, *jama* pour *jamais* (Juneau 1972, 50). La variante [a] est, aujourd'hui, moins courante qu'elle ne l'a été dans le passé.

[ɑ] ~ [ɔ] à la finale des mots. La voyelle *a* qui s'entend à la fin de mots, comme dans *Canada*, *habitat*, *tabac*, *bas* et *drap,* présente trois variantes de prononciation. La variante [ɑ] caractérise la variété soutenue. Sur le plan articulatoire, elle est ouverte, postérieure et sans projection des lèvres. On entend aussi, mais plus rarement, la variante [a], prononcée dans la partie antérieure ou centrale de la bouche. C'est cette variante que connaît le français parisien cultivé[36]. La variante [a] est cependant moins représentative du parler courant; elle manifeste un effort spécial de la part des locuteurs québécois d'être plus conformes au français perçu comme international. La variante [ɔ] caractérise la variété familière. Elle est plus fermée que [ɑ], articulée plus en arrière dans la bouche avec une légère projection des lèvres. À l'oreille, elle apparaît semblable en tous points à la voyelle *o* des mots *colère* ou *bottine*. Elle caractérise la variété familière.

Cette variation phonétique mérite qu'on l'évoque si l'on considère que beaucoup de mots se terminent par cette voyelle : de nombreux prénoms féminins, comme *Clara*, *Alexandra*, *Andréa* et *Jessica*; des noms de famille, comme *Poitras*, *Foglia*,

---

[36] Dans Martinet et Walter (1973), on constate que la prononciation de la voyelle *a* des mots se terminant par *–as* est variable. Suivant les sujets de leur étude, les mots *bras*, *bas* ou *embarras* sont prononcés soit avec une finale [ɑ], soit avec une finale [a].

Savaria, Dumas, Gruda; des noms d'automobiles, comme *Honda, Toyota, Mazda*; des mots grammaticaux, comme les adverbes *(ne) pas, déjà* et *là*; les formes verbales *a (il y a), (tu) vas, (il) va* ou *(il) fera*; le pronom neutre *ça (j'aime ça)*; l'adverbe de lieu *là*; ainsi que des mots dénommant une foule de réalités : *bras, habitat, chat, secrétariat, gras, championnat, état*, etc.

Diphtongaison des voyelles longues ou allongées par [ʁ][37]. La longueur ou l'allongement de la voyelle en FQ provoque une instabilité du timbre de la voyelle qui peut entraîner pendant la production l'émission de deux timbres parfois bien différents. Une voyelle dont le timbre est instable est dite diphtonguée (Dumas 1981). La voyelle longue [ɑː] des mots *lâche* et *passe*, quand elle est diphtonguée, est prononcée [ɑᵘ]; la voyelle longue [ɛː] des mots *fête* et *neige* est prononcée [aᵉ]. Une même voyelle longue peut présenter plusieurs variantes diphtonguées. Par exemple, [ɑː] comporte les variantes diphtonguées [aᵘ], [aᵒ], [aᵓ] et [ɑᵘ] aux degrés de profondeur différents; [ɛː] présente les variantes [aⁱ], [aᵉ], [aᵋ], [ɛᵉ], [ɛⁱ] et [eⁱ]. Cette variation peut dépendre de plusieurs facteurs, dont l'âge et l'origine géographique et sociale du locuteur.

Les voyelles [a], [ɛ], [œ] et [ɔ] allongées par la consonne [ʁ] se diphtonguent aussi : t*ard* [taᵘʁ], r*ivière* [ʁi.vjaᵉʁ], p*eur* [paᵒᵉʁ], *encore* [ɑ̃.kaᵘʁ]. Dans ce cas également, on observe plusieurs variantes selon le degré de profondeur.

Le phénomène de diphtongaison, avec l'ampleur qu'on lui reconnaît aujourd'hui, serait un phénomène plutôt récent, né en Amérique indépendamment des variétés de français amenées par les colons. De plus, il aurait connu une variation régionale avant de se généraliser (Morin 1996).

Adjutor Rivard, dans son *Manuel de la parole* (1901, réédité en 1928) présente comme une « faute canadienne » la prononciation de *ê* dans *fête* « ressemblant plutôt à un a ouvert long » (Rivard 1901, 80). Sans doute Rivard parle-t-il du premier timbre [a] de la diphtongaison [aᵉ]. La diphtongaison semble donc attestée clairement dès 1901. Ce serait le cas aussi de la diphtongaison de la voyelle [a] allongée par [ʁ] (*canard, tard, gare*) puisqu'en 1927, elle fait déjà l'objet chez Landreau (1927, 61) d'une mention comme prononciation à corriger (Gendron 2014, 81).

Toutefois, la diphtongaison de la voyelle longue [ɛː] ou allongée par la consonne [ʁ] devait être plus rare si l'on se fie aux prescriptions de Rivard. En effet, elle ne touchait pas certains mots où elle est observée de nos jours. Par exemple, Rivard (1901, 80) recommandait de prononcer [ɛ] plutôt que [e] les graphèmes *è* et *ê* des mots *bergère, collège, frère, guêpe* et *vêpres* qui devaient alors être prononcés

---

[37] Dans ce manuel, nous utilisons toujours le symbole [ʁ] pour référer aux deux prononciations dorso-uvulaires les plus courantes de la consonne *r* en français, à savoir la vibrante uvulaire [ʀ] et la fricative uvulaire voisée [ʁ]. En FQ, les deux peuvent être entendues, selon les individus ou selon la place qu'elles occupent dans la syllabe (à l'attaque de mot, en finale de mot, en attaque branchante précédée d'une consonne sourde ou sonore, etc.).

[bɛʁ.ʒeːʁ], [kɔ.leːʒ], [fʁeːʁ], [geːp] et [veːpʁ]. Cette prononciation [e] s'entend encore dans certaines régions du Québec, chez des personnes plus âgées. Toutefois, de nos jours, ce sont les prononciations [bɛʁ.ʒa^eʁ], [kɔ.la^eʒ], [fʁa^eʁ], [ga^ep] et [va^epʁ] qui sont le plus souvent entendues, du moins chez les plus jeunes.

Enfin, Rivard ne semble pas avoir entendu de diphtongaison de la voyelle [œ] allongée par [ʁ]. En effet, il reprochait aux « Canadiens » leur prononciation fermée [ø] au lieu de [œ] dans les mots *peur* [pøːʁ] et *beurre* [bøːʁ] (*ibid.*, 111). La prononciation [ø] dans ces deux mots s'entend encore chez des personnes âgées habitant certaines régions de l'est de la province. Toutefois, ce sont surtout les prononciations [pa^œʁ] et [ba^œʁ] qu'on entend de nos jours.

Pour ce qui est de la diphtongaison de la voyelle [ɔ] allongée par [ʁ] (*nord, mort, alors, port*) et celle de la voyelle longue [ɑː] (*classe, pâte, tâche*), Rivard n'en dit rien. On peut penser qu'elle était encore peu entendue en ce début du XXe siècle, du moins dans les régions du Québec où Rivard a fait ses observations.

Diphtongaison des voyelles nasales. Les quatre voyelles nasales, à savoir [ɑ̃] ~ [ã], [ẽ] ~ [ɛ̃], [ɔ̃] et [œ̃] peuvent se diphtonguer. Par exemple, le mot *France* est dit [fʁɑ̃^ṹs], *enceinte* [ɑ̃.sẽ^ỹt], *monde* [mɔ̃^ṹd] et *il emprunte* [i.lɑ̃.pʁœ̃^ỹt]. La diphtongaison ne touche que les voyelles nasales qui se trouvent en syllabe fermée en finale de mot : *une pente* [ʏn.pɑ̃^ṹt], *un exemple* [œ̃.nɛg.zɑ̃^ṹpl], *l'ange* [lɑ̃ːʒ]; *un prince* [œ̃.pʁẽ^ỹs], *en Inde* [ɑ̃.nẽ^ỹd], *j'en veux cinq* [ʒɑ̃.vø.sẽ^ỹk]; *une bombe* [ʏn.bɔ̃^ṹb], *à Londres* [a.lɔ̃^ṹdʁ]; *la défunte* [la.de.fœ̃^ỹt].

Fusion vocalique. La fusion vocalique est un phénomène de coarticulation qui se produit lorsque la voyelle finale d'un mot fusionne avec la voyelle initiale du mot suivant, pour n'en former qu'une, souvent allongée. Le phénomène est courant en FQf (Dumas 1974; Villa 1977; Ostiguy/Tousignant 2008, 125).

<u>Ça a</u> été agréable [sa.ɑ.e.te.a.gʁe.abl]   « Ç' a été agréab » [saː.e.te.a.gʁe.ab]
Paul <u>va en</u> prendre [pɔl.va.ɑ̃.pʁɑ̃dʁ]   « Paul v' en prend » [pɔl.vɑ̃ː.pʁɑ̃dʁ]
J' <u>veux un</u> cadeau [ʒvø.œ̃.ka.do]   « J' v' un cadeau » [ʒvœ̃ː.ka.do]

Dans les exemples ci-dessus, la voyelle [a] du pronom *ça* fusionne avec la voyelle [ɑ] de l'auxiliaire *a* pour ne former au bout du compte qu'une voyelle unique allongée, à savoir [ɑː][38]; [ɑ] du semi-auxiliaire *va* s'amalgame à [ɑ̃] du pronom *en* pour ne former que la voyelle allongée [ɑ̃ː]. Pour ce qui est de [ø] de *veux*, il s'amalgame à [œ̃] du déterminant indéfini *un*, donnant lieu au son allongé [œ̃ː].

C'est aussi la fusion vocalique qui est en partie à l'origine d'une règle très productive en FQf, soit la contraction de prépositions et de déterminants :

---

38 Le deux-points signifie que la voyelle qui résulte de la fusion subit un allongement.

à (l)a maternelle ›	[a:.ma.tɛʁ.nɛl]
dans (l)a maison ›	[dã:.mɛ.zõ]
dans (l)es rues ›	[dẽ:.ʁy]
su(r) (l)a rue ›	[sa:.ʁy]
su(r) (l)es tables ›	[se:.tabl]

Ce phénomène rappelle celui de l'enclise (formation des articles contractés) qui s'est produite en ancien français (XIᵉ et XIIIᵉ siècles) : *à le château › au château; *à les châteaux › aux châteaux; *sortir de le magasin › sortir du magasin; *les travaux de les étudiants › les travaux des étudiants.

Dans l'exemple suivant, la préposition *sur* et l'article défini *la* sont d'abord amputés de leur consonne finale et initiale respective, ce qui résulte en la prononciation « su' 'a » [sy.a]. Puis, la voyelle [y] de *sur* fusionne avec la voyelle [a] de l'article *la*; dans la fusion, la voyelle [y] disparaît entièrement, ce qui engendre la prononciation [sa:]. On note ici que non seulement les deux voyelles [y] et [a] ont fusionné, mais qu'il ne reste plus la moindre trace de la présence de deux mots distincts au départ.

L'équipe joue sur la défensive ›	L'équipe joue s' 'a défensive [le.kɪp.ʒu.sa:.de.fã.siv]

Le segment résultant [sa:] ne se démarque du déterminant personnel *sa* que par sa longueur, comme le font voir les transcriptions phonétiques suivantes, et par une légère variation prosodique (ou intonative) :

su(r) (l)a défensive ›	[sa:.de.fã.siv]
sa défensive ›	[sa.de.fã.siv]

Dans certains cas, la fusion vocalique n'est que partielle, ce qui se manifeste par la présence de voyelles moins précises, de voyelles à l'allure diphtonguée :

C'était rien qu'une farce ›	C'était 'en qu'une farce [se.ta^ɛ.kʏn.faʁs]
dans (l)es assurances ›	[dã^ɛ.za.sy.ʁã^{u}s]

La fusion partielle peut également se présenter sous la forme d'une semi-voyelle [j], [ɥ] ou [w] suivie d'une voyelle, lorsque la première est, respectivement, *i*, *u* ou *ou* :

i(l) a été député ›	[je:.te]
lui avec ›	[lɥa:.vɛk]
tous (l)es hommes ›	[twe:.zɔm]

L'effacement de certaines consonnes entraîne la rencontre de voyelles qui, parfois, fusionnent. Dans les cas qui suivent, on constate que la consonne *l* des mots *la* et *les*, à la fois déterminants définis et pronoms compléments préverbaux, ainsi que celle du pronom sujet *elle* s'effacent dans certains contextes. Sa chute a pour effet de rendre contiguës deux voyelles qui peuvent alors fusionner :

d<u>ans</u> (l)<u>a</u> chambre ›	[dã:.ʃãbʁ]
d<u>ans</u> (l)<u>es</u> assurances ›	[dẽ:.za.sy.ʁãs]
on v<u>a</u> (l)<u>a</u> voir ›	[ɔ̃.va:.vwa:ʁ]
on v<u>a</u> (l)<u>es</u> voir ›	[ɔ̃.ve:.vwa:ʁ]
<u>e</u>(ll)e <u>est</u> partie ›	[ɛ:.paʁ.tsi]

Dans les exemples suivants, ce sont les consonnes *r* de la préposition *sur* et *l* des déterminants *la* et *les* qui disparaissent tour à tour, occasionnant la rencontre et la fusion de voyelles :

s<u>u</u>(r) (l)<u>a</u> plage ›	[sa:.plaʒ]
s<u>u</u>(r) (l)<u>es</u> tables ›	[se:.tabl]

En français familier, les Québécois, comme tout francophone (Durand/Laks/Calderone/Tchobanov 2011), produisent peu de liaisons consonantiques dans certains contextes morphosyntaxiques en regard de ce que la norme phonétique recommande. Cette tendance a pour effet, encore une fois, de provoquer la rencontre de voyelles susceptibles de fusionner. Dans ce qui suit, la non-réalisation de la liaison (notée |) entre l'adverbe *pas* et le groupe du nom *un chat* entraîne la rencontre des voyelles [ɑ] et [œ̃], qui peuvent alors fusionner. De même, les voyelles [ɔ̃] du pronom sujet *on* et [e] de la forme verbale *était* fusionnent en l'absence de la liaison entre les deux mots :

il n'y a p<u>as un</u> chat	il n'y a pas | un chat	« i'a p<u>'un</u> chat »
[pɑ.zœ̃.ʃa] ›	[pɔ.œ̃.ʃɔ] ›	[jɔ.pœ̃:.ʃɔ]
('il n'y a personne')		
<u>on</u> <u>é</u>tait deux	on | était deux	« <u>on</u> 'tait deux »
[ɔ̃.ne.tɛ.dø] ›	[ɔ̃.e.tɛ.dø] ›	[ɔ̃:.tɛ.dø]

Certains contextes morphosyntaxiques permettent plus que d'autres la fusion :

- Pronom + verbe :

<u>e'</u> <u>est</u> ici (« elle est ici »)	[ɛ:.tsi.si]
<u>e'</u> <u>a</u> été (« elle a été »)	[a:.e.te]

- Auxiliaire + participe passé :

l' <u>ont</u> <u>été</u> (« ils ont été »)	[jɔ̃:.te]
J'<u>étais</u> <u>allé</u>	[ʒe.ta:.le]

– Verbe + déterminant ou préposition :

l' conduis<u>ait (l)es</u> trains	[i.kɔ̃.dɥi.zɛː.tʁẽ]
l' <u>a un</u> petit gars	[jɑ̃ː.ptₛi.gɔ] ~ [jẽː.ptₛi.gɔ]
On se <u>met à</u> table	[ɔ̃s.maː.tabl]
On v<u>a en</u> voyage	[ɔ̃.vãː.vwa.jaʒ]

– *Pas* + adverbe, préposition ou adjectif :

I' y a p<u>as assez</u> de monde	[jɔ.pɑː.sed.mɔ̃d]
On est p<u>as aussi</u> grand	[ɔ̃.ne.poː.si.gʁɑ̃]
Tu vas p<u>as en</u> voyage	[tₛy.vɔ.pãː.vwa.jaʒ]
C'est p<u>as ouvert</u>	[se.poː.vɛʁ]

– Conjonction + pronom, adverbe ou déterminant :

Si <u>a</u> veut y aller	[saː.vø.ja.le]
P<u>uis on</u> a fait ça	[pɔ̃ː.nɔ.fɛ.sɔ]
P<u>uis</u> après	[paː.pʁɛ]
P<u>uis</u> avec ça, tu peux …	[paː.vɛk.sɔ]
Une fille p<u>uis un</u> gars	[ʏn.fij.pœ̃ː.gɔ]
S<u>i u</u>ne fille arrive, tu lui dis que …	[sʏːn.fij.a.ʁiv]

La fusion des voyelles est un phénomène qui, vraisemblablement, existait déjà à la fin du XIXe siècle. Rochet (1994, 437), dans une étude sur le français parlé en Alberta, observe ce phénomène chez des Albertains francophones. Or, ils sont, pour beaucoup, des descendants de Québécois venus s'installer là à la fin du XIXe siècle. Cela suggère que le phénomène existait déjà au Québec à cette époque.

2.3.3 Variantes morphologiques du FQf

En FQf, il existe des variantes de plusieurs catégories de mots grammaticaux ou de structures morphosyntaxiques. Il est important de rappeler que, dans bien des cas, ces variantes ont existé ou existent encore en français familier de France. Toutefois, au Québec, leur usage semble être plus fréquent dans les échanges informels. Voici les plus courantes, que nous aurions pu accompagner d'autres, comme la quasi-absence de la particule *ne* des adverbes discontinus *ne … pas, ne … plus,* etc.

2.3.3.1 Pronoms sujets

En FQf, les formes simples des pronoms sujets conjoints des 3e personnes du singulier et du pluriel diffèrent, sur le plan de la forme, de ceux du français écrit ou du FQs parlé :

FQs	FQf
<u>Il</u> part puis <u>il</u> vient	<u>l'</u> part pi <u>i'</u> vient.
<u>Elle</u> part puis <u>elle</u> vient.	<u>a'</u> part pi <u>a'</u> vient.
<u>Elle</u> a envie de dormir.	<u>al'</u> a envie de dormir
<u>Elle</u> est jalouse.	[ɛ:] jalouse (<u>elle</u> et <u>est</u> fusionnent et donnent une voyelle allongée [ɛ:])
<u>Elles</u> sont belles.	<u>l'</u> sont belles.
<u>Ils</u> sont beaux.	<u>l'</u> sont beaux.
<u>Ils</u> ont faim.	<u>l'</u> ont faim.

De même, les pronoms sujets disjoints des 1ʳᵉ, 2ᵉ et 3ᵉ personnes du pluriel diffèrent de ceux du FQs parlé (Blondeau 2011) :

<u>Eux</u> ils sont heureux.	<u>Eux autres</u> i' sont heureux.
<u>Vous,</u> viendrez-vous?	<u>Vous autres,</u> viendrez-vous?
On n'ira pas, <u>nous.</u>	On n'ira pas, <u>nous autres.</u>

En FQf, les pronoms sujets conjoints *tu* et *vous* peuvent avoir une valeur générique dans certaines constructions de phrase; à ce titre, cet usage entre en concurrence avec le pronom sujet indéfini *on*[39] (Deshaies 1987). Dans l'exemple suivant, le pronom *tu* inclut n'importe quelle personne comme destinataire possible de l'énoncé, tant celui qui est présent, l'allocutaire (*tu*), que celui qui le formule, le locuteur lui-même (*je*). Autrement dit, le message est destiné à toute personne pouvant occuper la position d'allocutaire. En FR et FQs, le pronom en usage est *on* :

> Tu sais, quand <u>tu</u> gagnes (on gagne) au-dessus de cent mille dollars par année, <u>t'</u>as (on a) les moyens de <u>t'</u>acheter (s'acheter) ce que <u>tu</u> veux (on veut).

Dans l'énoncé qui suit, on peut observer le pronom sujet *vous* générique dont le sens est le même que pour le *tu* : ce *vous* générique est utilisé lorsque le locuteur cherche plutôt à prendre comme destinataire du message un groupe fictif, groupe qui l'inclut, mais pas nécessairement l'allocutaire en présence :

> Tu sais, quand <u>vous</u> gagnez (on gagne) au-dessus de cent mille dollars par année, <u>vous</u> avez (on a) les moyens de <u>vous</u> acheter (s'acheter) ce que vous voulez (on veut).

Le pronom *on* à valeur générique reste tout de même bien vivant en FQf dans certaines constructions où *tu* ne peut jamais avoir une telle valeur : par exemple, *on* est le

---

[39] En français contemporain, il faut reconnaître l'existence de deux pronoms *on* : un premier, personnel, qui joue le même rôle que le pronom conjoint *nous*; un second à valeur générale, dit impersonnel, indéfini, souvent entendu dans des énoncés à valeur généralisante, comme « Quand on veut, on peut! », « On pense souvent que [...] » et « On finit tous par mourir un jour ».

seul admis dans ce sens dans l'interrogation, puisque *tu* aurait l'allocutaire comme seul référent :

> Penses-tu qu'<u>on</u> peut changer quelque chose à ce qui arrive?

En revanche, le pronom *tu* retrouve sa valeur générique potentielle dans l'interrogation rhétorique :

> « Non, parce qu'on l'sait pas c'qui va arriver. T'sais, quand c'est arrivé ben <u>tu</u> peux rien faire coudon, c'est fait, c'est fait, *qu'est-ce que <u>tu</u> peux faire*? » (Deshaies 2010, 41)

2.3.3.2 Redoublement du sujet

Dans plusieurs variétés de français parlé, dont le FQ, on observe un phénomène, variable en fonction des individus, de redoublement du sujet (Ashby 1980). Dans le cas des 1re et 2e personnes verbales du singulier et du pluriel, le redoublement se présente sous la forme du pronom disjoint non composé ou composé suivi du pronom conjoint au verbe :

FQs	FQf
Si tu es là, <u>je</u> vais y aller.	Si tu es là, <u>moi je</u> vais y aller.
Si <u>tu</u> es là, je vais y aller.	Si <u>toi tu</u> es là, je vais y aller.
Là, j'estime qu'<u>on</u> a fait notre travail.	Là, j'estime que <u>nous autres on</u> a fait notre travail.
<u>Vous</u> partez quand?	<u>Vous autres vous</u> partez quand?

Auger et Villeneuve (2010) ont réalisé une étude de ce phénomène en français parlé, plus spécifiquement sur le redoublement aux 3e personnes du singulier et du pluriel en fonction du type de sujet et des éléments qui s'insèrent entre ce dernier et le pronom conjoint redoublé et son verbe. Les auteurs constatent que le sujet peut être nominal ou pronominal, seul ou accompagné d'une relative :

> <u>Les examens i'</u> étaient pas mal faciles.
> <u>Le travail ça</u> peut attendre.
> <u>Lui i'</u> pleure jamais.
> <u>Elle al'</u> a dormi jusqu'à midi.
> <u>Eux autres i'</u> se font des problèmes avec tout.
> <u>L'équipe qui jouait contre nous autres e'</u> était [ɛː.tɛ] très supérieure à la nôtre.

Peuvent s'insérer entre le sujet et le pronom conjoint redoublé un adverbe, un pronom emphatique ou un mot du discours :

> Le gros travail, <u>finalement</u>, il reste à faire.
> Marie, <u>elle</u>, a' pense pas venir à la fête.
> Ceux qui étaient malades, <u>ben</u>, i' ont reçu les soins nécessaires.

Les auteures observent que le phénomène semble se produire un peu moins fréquemment lorsque les personnes font attention à leur façon de s'exprimer. Elles concluent que le taux d'occurrences du redoublement est fonction de la formalité de la situation.

2.3.3.3 Pronoms compléments

En FQf, les pronoms préverbaux compléments directs et indirects diffèrent de ceux en français écrit ou en FQs parlé :

- Compléments directs définis *l'* (> géminé [ll]), *la* et *les* (> absence de [l]) :

Je t'ai dit de me les donner!	Je t'ai dit de m'es donner [ʃte.dzi.dme.dɔ.ne]
Je la veux immédiatement!	J'a veux immédiatement! [ʒa.vø]
Je l'ai vu hier. [ʒə.le.vy]	Je ll' ai vu. [ʒəl.le.vy] ([ll] géminé)

- Compléments indirects *lui* et *leur* :

Je lui ai donné	J'i ai donné.
Ça leur a pris un peu de temps.	Ça leu'z a [sa.lø.zɔ] pris un peu de temps. ~ Ça yeu'z a [sa.jø.zɔ] pris un peu de temps

- Complément direct indéfini *en* :

J'en ai pris. [ʒã.ne.pʁi]	Je nn'ai pris. [ʒən.ne.pʁi] ([nn] géminé)
Ça en prend, des choses comme ça!	Ça n'en prend [sa.nã.pʁã] des choses comme ça!
Il faut en avoir. [il.fo.ã.na.vwɑːʁ]	l' faut nn'avoir. [i.fon.na.vwɑːʁ]

De même, en FQf, les pronoms postverbaux compléments directs et indirects diffèrent de ceux en français écrit ou du FQs parlé :

Donne-lui-en! [dɔn.lui.ã]	Donne-zi-en! [dɔn.zi.ã]
Donne-m'en, s'il te plaît! [dɔn.mã]	Donne-moi-z'en! [dɔn.mwa.zã]
Prends-t'en un peu! [pʁã.tã]	Prends-toi-z'en un peu! [pʁã.twa.zã]

C'est le cas également des pronoms disjoints prépositionnels compléments indirects :

Ils ont beaucoup parlé de nous.	Ils ont beaucoup parlé de nous autres.
Ici, on se préoccupe de vous.	Ici, on se préoccupe de vous autres.
On a parlé beaucoup avec eux.	On a parlé beaucoup avec eux autres.

2.3.3.4 Liaisons inattendues

La langue française connaît un phénomène phonologique particulier : la liaison consonantique (Encrevé 1988; Bybee 2005; Durand et Laks *et al.* 2011; Côté 2012). Ce phénomène s'observe lorsqu'une consonne graphique à la finale d'un mot n'est prononcée que lorsqu'elle entre en contact avec la voyelle initiale (ou le *h* graphique muet) du mot qui suit. C'est le cas de la consonne graphique liaisonnante *t* : *Il est petit* [pə.tsi] et *Un petit monsieur* [œ̃.pə.tsi.mə.sjø], mais *Un petit* [t] *animal* [œ̃.pə.tsi.ta.ni.mal] et *Un petit* [t] *homme* [œ̃.pə.tsi.tɔm].

On explique ce phénomène, sans doute abusivement (Morin 2005), en faisant valoir que le système de la langue française répugne à ce que deux voyelles se retrouvent face à face, en hiatus, d'où l'émergence d'une consonne de liaison.

En FQf, on observe des liaisons inattendues si l'on considère l'orthographe des mots. Elles sont dites souvent « fautives » dans une perspective de correction linguistique :

Cent étudiants [sã.te.tsy.dzjã]   Cent [z] étudiants [sã.ze.tsy.dzjã]

Les motivations linguistiques de ces liaisons inattendues relèvent de plusieurs phénomènes, dont la recherche spontanée et bien inconsciente de régularité ou d'analogie. La liaison [z] non étymologique dans *Cent* [z] *étudiants* s'aligne sur les liaisons du pluriel normalement attendues dans les groupes de mots qui comportent des déterminants pluriels ou numéraux : *les* [z] *étudiants*; *nos* [z] *étudiants*; *trois* [z] *étudiants*; *dix* [z] *étudiants*.

Quant à la liaison inattendue dans *J'suis* [t] *allé* (prononcé [ʃy.ta.le]), elle s'aligne sur les liaisons normalement entendues dans *Il est* [t] *allé*, *On est* [t] *allé*, *Ils sont* [t] *allés*, et régularise en quelque sorte le paradigme du verbe *être* : liaison [t] après l'auxiliaire *être*[40].

On observe également une liaison inattendue [t] après *va* et *vas* du semi-auxiliaire *aller*. Il s'agit d'une ancienne liaison analogique à celle qui pouvait parfois s'entendre à la finale des verbes de la 3e personne : *il était* [t] *une fois*, *ils écrivent* [t] *un livre*, etc. On l'entend déjà dans la vieille chanson française *Malbrough s'en va-t'en guerre*, écrite au XVIIe siècle.

J'vais être au travail.   J' vas [t] êt' au travail [ʒvɔ.tɛ.to.tʁa.vaj]
On va être fatigué en revenant.   On va [t] êt' fatigué en revenant.

Enfin, on peut aussi entendre la consonne [l] à des endroits inattendus (Morin 1982) :

---

40 On retrouve cette consonne [t] y compris avec la 2e personne du pluriel, mais sous la forme d'une consonne fixe qui s'enchaîne avec la syllabe qui suit : *Vous êtes allés* avec liaison attendue après *êtes* [vu.zɛt.za.le] se dit plutôt *Vous êt' allés* [vu.zɛ.ta.le].

Ça a de l'importance pour nous.	Ça [l] a de l'importance pour nous.
Ça enlève le mal de tête.	Ça [l] enlève le mal de tête.

Cette consonne [l] non étymologique, qui s'apparente à une liaison, est analogique au *l* euphonique observé en FR devant le pronom impersonnel *on*, p.ex. ou *l'on* part ou *l'on* reste.

2.3.3.5 Structure de l'interrogation totale

En FQf, on connaît une structure interrogative avec réponse en *oui* ou *non* avec affixe interrogatif *–tu* postverbal (Picard 1992). Cet affixe se place après un verbe à temps simple, entre l'auxiliaire et le participe passé dans les cas d'un verbe à temps composé et entre le verbe semi-auxiliaire et le verbe à l'infinitif :

Est-c' que ça va? Ça va?	Ça va-tu?
Est-c' que Pierre est parti hier? Pierre est-il parti hier?	Pierre, i' est-tu parti hier?
Est-ce qu'ils peuvent venir demain? Peuvent-ils venir demain?	I' peuvent-tu venir demain?
Est-ce que je vais travailler demain? Vais-je travailler demain?	J' vas-tu travailler demain?

Toutefois, cette structure est variable avec la 2ᵉ personne du singulier, et est plutôt rare à la 2ᵉ personne du pluriel, sinon dans le langage enfantin. Enfin, elle ne s'entend jamais au futur simple, concurrencé en FQf par la périphrase *aller* + verbe :

Est-c' que tu pars demain? Pars-tu demain?	Pars-tu demain? ~ Tu pars-tu demain?
Est-c' que vous partez? Partez-vous?	Partez-vous? (* Vous partez-tu?)
Est-ce qu'il finira le travail à temps? Finira-t-il le travail à temps?	* l' finira-tu le travail à temps? l' va-tu finir le travail à temps?

Cette structure interrogative est si courante en français parlé au Québec qu'il n'est pas rare de l'entendre dans des situations de communication relativement formelles. Toutefois, on ne la voit jamais à l'écrit.

2.3.3.6 Ordre des pronoms compléments

En FR, l'ordre des pronoms compléments directs (CD) et indirects (CI) préverbaux combinés diffère de celui qu'ils ont quand ils sont postverbaux :

CI + CD	CD+CI
Je vous le donne.	Donne-le-nous.
Je me les envoie.	Envoie-les-moi.
Je nous la mets de côté.	Mets-la-nous de côté.

En FQf, l'ordre est essentiellement le même, ce qui représente une simplification :

CI + CD	CI + CD
Je vous le donne.	Donne-nous-le.
Je me les envoie.	Envoie-moi-les.
Je nous la mets de côté.	Mets-nous-la de côté.

D'autres différences existent entre le FQf et le FR. Avec les CI *lui* et *leur*, les CD *le*, *la* et *les* sont absents. Ce phénomène est déjà ancien; il est observé dès le Moyen Âge et Vaugelas le critiquait encore dans ses *Remarques sur la langue française* (1647, 57-58) :

FR/FQs	FQf
Je le lui donne.	J' lui donne. ~ J'i donne. [ʒi.dɔn]
Tu la leur donneras.	Tu leur donneras. ~ Tu leu donneras.
On les lui met de côté.	On lui met de côté. ~ On i met de côté. [ɔ̃.i.mɛd.ko.te]
Donne-le-lui.	Donne-lui. ~ Donne-zi. [dɔn.zi]
Donne-les-leur.	Donne-leur. ~ Donne-leu. [dɔn.lø]

Enfin, le pronom direct indéfini *en* préverbal et postverbal occupe la même position en FR et en FQf; toutefois, il présente deux formes selon le contexte linguistique : [ã] et [zã] qui présente une consonne de liaison non étymologique, inattendue :

FR/FQs	FQf
Je vous *en* donne.	Je vous *en* donne.
Je lui *en* donne.	J' lui *en* donne ~ J' i *en* donne
Donne-lui-*en*	Donne-zi-*en*. [dɔn.zi.ã]
Donne-m'*en*.	Donne-moi-z'*en*. [dɔn.mwa.zã]

2.3.3.7 Les régionalismes

Au Québec, les régionalismes, c'est-à-dire les différences linguistiques entre les régions, ne sont pas très nombreux (v. 2.1.3). Toutefois, il en existe, comme les suivants en rapport avec la prononciation :

- Mauricie

  - Diphtongaison des voyelles [e] et [ẽ] en finale de mot : *aimé* [ɛ.mᵊe], *matin* [ma.tᵊẽ] (Ostiguy/Tousignant 1996)

- Saguenay – Lac-Saint-Jean

  - Diphtongaison des voyelles longues moins répandue que dans d'autres régions (Paradis 1983)
  - Prononciation [o] dans *école* [e.kol] ou *nord* [noːʁ], plutôt que [ɔ] ([e.kɔl], [nɔːʁ])

- Région de Montréal – Montérégie – Estrie – Lanaudière

  - *r* roulé sur les alvéoles encore observé chez certains locuteurs (de moins en moins nombreux) : ou [r] à plusieurs battements, ou [ɾ] à un seul battement, ou les deux en variation libre (Vinay 1950; Santerre 1979, 1982; Côté/St-Amand-Lamy 2012)
  - Diphtongaison de la voyelle [a] dans une syllabe finale fermée par la consonne [ʒ] : *garage* [ga.ʁaᵘʒ], *lavage* [la.vaᵘʒ]
  - [ɛː] long dans bal*ei*ne et hal*ei*ne, et possibilité de diphtongaison avec nasalisation par coarticulation fréquente : [ba.laᵉn] ~ [ba.lã̃ᵉn], [a.laᵉn] ~ [a.lã̃ᵉn]

- Région de Québec, Chaudière-Appalaches, Bas-St-Laurent

  - Ouverture de la voyelle *i* dans des mots se terminant par [v], [z] et [ʒ] : *église* [e.glɪz], *rive* [ʁɪv], *fige* [fɪʒ], plutôt que [e.gliz], [ʁiv], [fiʒ] (Boulanger 1986)
  - *r* essentiellement prononcé dans la partie postérieure de la bouche : [ʀ], vibrante uvulaire, ou [ʁ], fricative uvulaire
  - [ɛ] bref dans bal*ei*ne [ba.lɛn], hal*ei*ne [a.lɛn] et *arrête* [a.ʁɛt]

- Variété acadienne de la Côte-Nord

  - Affaiblissement de [ʁ] : *me*r*ci* [mek.si], *pe*r*drix* [pɛg.dʁi], *se*rr*é* [sɛ.je], plutôt que [meʁ.si], [pɛʁ.dʁi] et [sɛ.ʁe]
  - Neutralisation de l'opposition [ɔ̃] et [ã] en finale de mot : *poisson* [pwa.sã], plutôt que [pwa.sɔ̃] (Falkert 2010)

Ce sont, en général, les personnes âgées et les hommes moins scolarisés, dont les réseaux sociaux sont peu diversifiés, qui emploient les prononciations ou les mots propres à leurs régions. Au contraire, les jeunes tendent à les délaisser et à adopter ceux qui sont en cours chez les populations des grandes villes, comme Montréal. Ainsi constate-t-on que le nombre de régionalismes tend à diminuer au profit d'une plus grande homogénéité linguistique.

2.3.4 Le FQf, une variété linguistique variable

Le FQs parlé et écrit est en général relativement codifié. Sur le plan de la morphosyntaxe, il s'aligne sur le FR; sur le plan du lexique et de la prononciation, il a beaucoup en partage avec ce dernier, mis à part les québécismes et quelques traits phonétiques que nous avons évoqués plus tôt. Comme pour toute langue normée, il y a peu de place pour la variation : une structure morphosyntaxique, une prononciation ou un mot associé à la variété familière est perçu souvent comme un écart.

En revanche, le FQf est variable : le nombre de mots, de prononciations ou de structures morphosyntaxiques du FQf est souvent différent selon la personne, et ce, pour une même situation de communication. Certains Québécois en utilisent beaucoup; d'autres moins, voire peu.

Cette différence est en rapport, entre autres, avec les caractéristiques sociales de la personne : son appartenance socioculturelle ou socio-économique (en corrélation avec le niveau de scolarité), le rôle que joue la maîtrise du français dans l'exercice de son travail, son âge, la densité de son réseau social (fermé sur lui-même avec le même sous-groupe social ou ouvert à différents groupes sociaux), son appartenance sexuelle même. Cette variation entre les personnes est dite variation sociale (v. 2.1).

Cette variation individuelle s'illustre ainsi, chez l'un et chez l'autre, par un emploi plus ou moins grand de :

- locutions et mots du FQf;
- conservatismes lexicaux (archaïsmes et dialectalismes);
- blasphèmes;
- mots grammaticaux du FQf;
- mots du discours du FQf;
- québécismes d'emprunts du FQf (anglicismes critiqués);
- variantes phonétiques du FQf (conservatismes ou de création);
- variantes morphologiques du FQf;
- régionalismes.

Ce qu'on appelle communément le FQf doit donc être perçu comme une variété à plusieurs possibilités. En revanche, toutes les possibilités ne sont pas perçues de la même façon. En effet, les Québécois ont parfois l'impression que la variété familière de l'un est plus familière que celle d'un autre.

C'est qu'il existe des éléments linguistiques du FQf qui sont plus dévalués socialement que d'autres. Ces éléments dont l'indice de dévaluation est élevé sont ressentis par les Québécois comme étant du français de « mauvaise qualité ». C'est le cas, notamment, des blasphèmes (sacres), de leurs combinaisons et des verbes fabriqués à partir d'eux. Les anglicismes, notamment directs parce que plus conscients, font réagir également un bon nombre de Québécois adultes. De même, certaines variantes phonétiques, morphologiques ou morphosyntaxiques peuvent donner une mauvaise impression, comme les suivantes, souvent dévaluées :

- [ʃʰ] (fricative laryngale) plutôt que [ʃ] : *co*ch*on* [kɔ.ʃʰɔ̃], *cher*ch*er* [ʃʰaʁ.ʃʰe]
- [aʁ] plutôt que [ɛʁ] : *verte* [vaʁt], *perdu* [paʁ.dzy]
- *m'as* [mɔ][41] *l'faire* 'j'vais le faire'
- i *jousent* [ʒuz] *au hockey* 'ils jouent au hockey'
- i faut qu'on *soye* [swɛj] là à 8 h 'il faut qu'on soit [swa] là à 8 h'
- Donne-*leu* [lø] donc ça! 'Donne-leur donc ça!'
- J'sais *que c'est que* [kə.sek] tu veux. 'J'sais c'que [skə] tu veux'
- La fille *que* je parle est arrivée 'La fille dont je parle est arrivée'

En revanche, d'autres éléments du FQf sont plutôt ressentis comme étant acceptables, du moins dans les échanges de tous les jours. Par exemple :

- J'*i* donne [ʒi.dɔn] 'Je *lui* donne'
- Donne-*zi*! [dɔn.zi] 'Donne-lui!'
- *a* part demain 'elle part demain'
- J'*vas* [ʒvɔ] partir demain 'J'vais [ʒvɛ] partir demain'
- Mots du discours (coudon; bon ben)
- Mots grammaticaux (pi; faque)
- Redoublement du sujet

C'est donc surtout le nombre d'occurrences de variantes familières plus dévaluées socialement dans un même énoncé qui détermine, aux oreilles des Québécois, qui a un français parlé de « moins bonne qualité ».

Les Québécois possèdent un mot pour nommer la variété du FQf la plus dévaluée socialement : ils l'appellent *joual*. Parler joual signifie donc, dans l'imaginaire de bien des Québécois, s'exprimer bien mal.

2.3.5 Le joual

Le mot *joual* (prononciation dialectale du mot *cheval*) entre dans l'histoire du Québec dans un petit billet intitulé « La langue que nous parlons » rédigé en 1959 par André Laurendeau, alors directeur du journal *Le Devoir*, dans lequel il déplore

---

[41] On entend fréquemment en FQf la forme contractée *m'as* [mɔ] qui serait issue de la forme synthétique du futur proche *je m'en vais* (› je m'en vas › m'en vas › m'en 'as › m'as). Pour en savoir plus sur son origine et son usage actuel, v. Mougeon (1996) et Sankoff et Thibeault (2011).

l'état du français que parlent les adolescents[42]. Dans les termes de Laurendeau, le joual était une variété de français populaire qui s'était développée en milieu urbain, à savoir dans la région de Montréal, à l'ombre des industries, au courant du XXe siècle, dans la bouche de personnes peu scolarisées obligées de parler anglais sur leurs lieux de travail, dont la majorité appartenait à des patrons anglo-canadiens et américains. La caractéristique linguistique principale de cette variété est le nombre important d'anglicismes. En revanche, pour les linguistes rompus à la description linguistique objective, le mot *joual* n'est qu'un mot utilisé pour désigner le français familier tel qu'il se parlait à Montréal à partir de 1940 dans les quartiers ouvriers.

Cette variété de français comporte bien plus que des anglicismes. Il faut compter la présence de bien d'autres aspects linguistiques, dont la fusion des sons (v. 2.3.2.2) qui, selon Santerre (1990), serait, avec les anglicismes, ce qui caractérise vraiment cette variété populaire du FQ.

Quoi qu'il en soit, ce qui était appelé joual par Laurendeau et par les gens de son époque comportait sans doute aussi, fortement concentrés, tous les traits du français familier (lexicaux, phonétiques et morphosyntaxiques), dont certains ont été exposés précédemment.

Pendant une quinzaine d'années, le joual a été au centre des préoccupations et des débats publics des Québécois, qui ont pris conscience de leur état de langue et de culture aux termes de plus de 200 ans de domination anglo-saxonne. Entre 1959 et 1975, pas moins de 2 523 articles, scientifiques ou de journaux, et livres, rédigés par 1 033 auteurs différents, sont parus (Daoust 1983, dans Bouchard 2002, 218); 90 % de ces textes étaient négatifs à l'égard de cette variété sociale du FQ.

2.3.6 La place du FQf dans l'espace public

Avant 1960, il était souvent question dans les journaux de l'usage de la variété familière dans la littérature. Elle était prônée par Claude-Henri Grignon (1894-1976), auteur du roman *Un homme et son péché* (1933), qui a donné lieu à un radio-feuilleton (1939-1962) repris plus tard à la télé sous le titre *Les belles histoires des pays d'en haut* (1956-1970), dont la langue de certains personnages était émaillée d'expressions du français familier, vieillies ou encore vivantes telles que *moé* (moi), *toé* (toi), *icitte* (ici), *créature* (femme), *rapport que* ('parce que' « Je suis venu rapport qu'il se passe des choses au village que monsieur le maire aimerait bien savoir ») et *comment c'est que* ('quand bien même' « Comment c'est que vous voudriez, vous pourriez pas »).

---

[42] Dans le sens qu'on lui a donné à cette époque, le mot *joual* serait apparu la première fois, en 1939, sous la plume de l'écrivain Claude-Henri Grignon.

L'usage de la variété familière était également prôné par Roger Lemelin (1919-1992), auteur du roman *Les Plouffe* (1948), adapté à la télévision avec le titre *La famille Plouffe* dans les années 1950. Pour ce qui est de ce téléroman, la langue se voulait proche de celle du français familier urbain des quartiers populaires de la ville de Québec. Du reste, Courtemanche (1997) situe l'entrée de la variété familière moderne à la télé avec cette série.

Grignon et Lemelin ont défendu la variété familière au nom de l'originalité de la littérature canadienne-française, de la véracité et du réalisme des descriptions, et de la spontanéité et de la créativité des auteurs. Le débat s'est poursuivi avec la parution, en 1964, du roman *Le Cassé* de Jacques Renaud qui a déclenché une polémique autour des rapports entre langue, littérature et société. Toutefois, comme le rappelle Bouchard (2002, 241), contrairement aux prédécesseurs qui ont fait usage du français familier, Renaud et les écrivains de la revue littéraire *Parti pris*, Gérard Godin, André Major, Paul Chamberland et Laurent Girouard, ont utilisé le joual, qu'ils considéraient comme une langue déstructurée et appauvrie, dans un but politique, à savoir pour dénoncer la situation de domination et d'aliénation dans laquelle vivaient les Québécois. Il ne s'agissait donc pas de légitimer cette variété de langue, mais de montrer la réalité pour provoquer une réaction contre elle, considérée comme une conséquence de leur état de culture et un symptôme de leur infériorité.

Plus tard, Michel Tremblay, dramaturge et auteur entre autres des *Belles sœurs*, a justifié l'utilisation du joual dans ses pièces en faisant valoir simplement qu'il n'avait d'autre choix que de faire parler ses personnages dans cette langue puisqu'il s'agissait de la leur. L'utilisation du joual ne constituait pour lui qu'un choix esthétique.

À la même époque, le joual s'est invité dans la chanson, entre autres avec le spectacle *L'Osstidcho* (1968) créé par le chanteur-compositeur Robert Charlebois et le monologuiste humoriste Yvon Deschamps.

Tous les artistes et écrivains n'avaient pas emboîté le pas : par exemple, Marcel Dubé, auteur de *Zone* (1953), *Un simple soldat* (1957) et *Au retour des oies blanches* (1966) a refusé à son théâtre l'usage de la variété familière (Godin et Mailhot 1970), qu'il considérait comme appauvrie et qui aurait, selon lui, desservi l'élan libérateur des Québécois; il voulait plutôt donner au Québec une langue parlée qui, sans être celle de Paris, était acceptable.

Au courant des années 1960 et 1970, l'utilisation de la variété familière a choqué beaucoup de Québécois. Pour les uns, son utilisation les condamnait à l'isolement et, à terme, à l'assimilation linguistique. Pour les autres, son usage condamnait les œuvres artistiques à ne connaître aucun rayonnement hors des frontières du Québec.

Depuis, les œuvres de Tremblay, contrairement à ce qu'on avait prédit, ont fait le tour du monde et ont été traduites en plusieurs langues. À partir des années 1980, l'usage du FQf s'est justifié de lui-même dans les œuvres des créateurs québécois :

au théâtre, dans des pièces créées au Québec ou dans des adaptations de pièces étrangères quand son recours assurait l'équivalence stylistique avec l'œuvre originale (Laliberté 1995); dans les séries télévisées (téléromans), dans les dramatiques et dans les œuvres cinématographiques mettant en scène la vie des gens aux profils sociaux différents.

Seule note discordante dans ce concert où ont résonné et résonnent toujours les accents québécois : l'industrie québécoise du doublage des films étrangers (Reinke/Ostiguy 2012; Ostiguy/Reinke 2015), où le FQf est réservé aux films d'animation (Plourde 2000) ou aux films pour enfants (v. 4.6.2.7).

2.4 Questions sur le texte

1) Quels sont les facteurs sociaux qui expliquent que les Québécois ne s'expriment pas tous de la même manière?
2) Quelle distinction fait-on, dans ce manuel, entre variation géographique et variation régionale?
3) Qu'est-ce qu'un québécisme de fréquence?
4) En FQ, les voyelles *i*, *u* et *ou* présentent des variantes dites ouvertes, respectivement [ɪ], [ʏ] et [ʊ]. Pour entendre les prononciations ouvertes des voyelles *i*, *u* et *ou*, nous vous invitons à vous rendre sur le site **phono.uqac.ca** sous l'onglet *Relâchement des voyelles fermées*. Transcrivez maintenant les mots suivants en tenant compte de ces variantes ouvertes, selon le modèle suivant : un mi*n*istre [œ̃.mi.nɪstʁ] : *i* de mi*n*istre s'ouvre dans la syllabe finale fermée par [stʁ]. Faites de même avec les mots : *vide, pic, ligue, lys, biche, griffe, crime, fille, bible, disciple, litre, chiffre, nationalisme, filtre, registre, lutte, fugue, puce, bûche, mule, allume, mufle, buste, coude, bouc, bouche, moule, boum, double, poutre, boucle*.
5) Quelle différence fait-on entre un archaïsme et un dialectalisme?
6) Quelle différence existe-t-il entre un conservatisme de prononciation et une création phonétique?
7) En FQf, les voyelles longues [ɛ:] (fête), [ɑ:] (lâche), [o:] (côte), [ø:] (jeûne) se diphtonguent, de même pour les voyelles brèves [ɛ], [œ] et [ɔ] en syllabe fermée par [ʁ] : p*è*re [paᵉʁ] (ou [paᵋʁ]), p*eu*r [paᶜᵉʁ], p*â*te [paᵘt] (ou [paᵒt]), m*eu*te [mœʸt] (ou [mœᵋt]), z*o*ne [zɔᵘn] (ou [zɔᵒn]). Pour entendre les variantes diphtonguées des voyelles [ɛ:], [ɑ:], [o:], [ø:], [œʁ] et [ɔʁ], nous vous invitons à vous rendre sur le site (**phono.uqac.ca**) sous l'onglet *Diphtongaison*. Transcrivez maintenant les mots suivants : *reine, maître, neige, il mâche, une classe, il saute, une faute, il jeûne, elle meugle, guerre, enfer, sœur, directeur, un port, fort*.
8) Le FQf connaît des variantes pour les pronoms sujets conjoints de 3ᵉ personne du singulier ou du pluriel. Convertissez ces énoncés formulés en FQs en FQf, en

tenant compte du modèle suivant : *Elle* est allée à Québec/E' est [ɛ:] allée à Québec [ɛ:.ta.le.a.ke.bɛk]. Faites de même avec :

- *Elle* est heureuse de partir.
- *Elle* croit qu'elle pourrait faire le travail.
- *Ils* sont allés à Québec, puis *ils* ont acheté une maison.
- *Elles* sont tout simplement merveilleuses.

9) Transposez ces énoncés interrogatifs avec réponse en oui ou non (interrogation totale) dans une structure avec l'affixe interrogatif -*tu*, sur le modèle suivant : Est-ce que tu vas être invité? Vas-tu être invité? › FQf Tu vas-*tu* être invité?

- Pense-t-elle passer à la maison? Est-ce qu'elle pense passer à la maison? › FQf ...
- Est-ce que tu l'as bien vu? L'as-tu bien vu? › FQf ...
- Est-ce qu'ils sont arrivés? Sont-ils arrivés? › FQf ...
- Est-ce que j'ai bien répondu à vos questions? Ai-je bien répondu à vos questions? › FQf ...

10) Quelles sont, selon les uns et les autres, les caractéristiques linguistiques de ce qui est appelé *joual*?

3 La formation du français québécois

Les premiers travaux sur les origines du français nord-américain, comme ceux d'Oscar Dunn (1880) et d'Adjutar Rivard (1901, 1914), ont montré les relations entre les particularités linguistiques du français parlé au Canada et les usages parisiens du XVIIe siècle. Ces travaux ont pu donner l'impression au public que l'histoire du français en Amérique du Nord a commencé avec la fondation, par Samuel de Champlain et Pierre Dugua de Mons, de Port-Royal (1604) dans l'actuelle Nouvelle-Écosse, et de Québec (1608) dans la vallée laurentienne. Selon toute vraisemblance, l'histoire du français au Canada aurait commencé un peu plus tôt, selon Canac-Marquis et Poirier (2005, 518), même un peu avant les voyages de Jacques Cartier (1491-1557), navigateur français né à Saint-Malo, qui réalisa son premier voyage au Canada en 1534 (Golfe du Saint-Laurent), son second en 1535 (Hochelaga, maintenant Montréal) et son troisième en 1541-1542 (Cap-Rouge, près de Québec, où il a fait édifier un fort). Le français nord-américain aurait donc acquis, bien avant Champlain, un certain nombre de traits linguistiques originaux.

Canac-Marquis et Poirier suggèrent qu'il existait déjà à cette époque une variété de français, qu'ils qualifient de précoloniale, utilisée dans le milieu des pêcheurs, des marins et des navigateurs depuis le début du XVIe siècle. Dans cette variété de français populaire, en usage dans les ports français, se mêlaient des mots des provinces du littoral français (*orignal* 'élan d'Amérique du Nord', du basque *oregnac*), de divers pays d'où provenaient les marins qui se croisaient dans le Nouveau Monde (Portugal, Espagne), depuis Terre-Neuve jusqu'aux Antilles et au Brésil (*maringouin* 'moustique', du tupi parlé au Brésil), et des langues amérindiennes avec lesquelles ces derniers étaient en contact (*caribou* 'renne d'Amérique du Nord', du micmac).

Ainsi, lorsque Champlain a décidé d'établir de façon durable la présence française en Amérique, il existait probablement déjà une variété de français populaire parlée par ses marins, comportant des mots du Nouveau Monde.

Dans ce chapitre, nous présentons ce qui est connu des lieux d'origine en France et des provenances sociales des colons venus s'installer à Québec, Trois-Rivières et Montréal, et nous tentons de répondre à la question : quels idiomes les colons français venus s'établir en Nouvelle-France à partir de 1608 parlaient-ils? Ensuite, nous exposons ce qui caractérisait le français parlé en Nouvelle-France en nous intéressant tout particulièrement à la prononciation.

En 1763, la France a cédé la Nouvelle-France à l'Angleterre. La cession a eu des conséquences notables sur le français parlé dans la nouvelle colonie britannique, dont celle de l'éloigner du français parisien parlé à la même époque; nous présentons les écarts entre les deux variétés qui se sont créés au courant du XIXe siècle, dont certains s'observent encore, comme cela a été mis en évidence dans le Chapitre 2.

Les XIXᵉ et XXᵉ siècles ont connu une activité intense de la part des élites québécoises déterminées à diminuer l'écart entre les deux variétés. Le chapitre finit ainsi avec les actions menées par ces gens, visant à rapprocher la variété des Québécois du FR.

3.1 La période de la Nouvelle-France (1608-1759) : les débuts du français québécois

3.1.1 Des variétés de français en Nouvelle-France

Comme le rappelle Mougeon (2000, 33), encore au XVIIᵉ siècle, la France n'avait pas réalisé son unité linguistique : le français coexistait avec les dialectes gallo-romans régionaux (normand, poitevin/saintongeais, picard, etc.) et avec les langues régionales (provençal, occitan, catalan, basque, breton, etc.). Le français, langue du pouvoir royal, s'utilisait dans les domaines officiels de la société (administration, grand commerce, enseignement), ainsi que pour communiquer avec les autres Français; les langues régionales et les dialectes constituaient donc la langue des communications avec les membres d'une même communauté régionale (fête paroissiale, famille). La connaissance et l'usage du français étaient reliés au statut socio-professionnel des personnes et à leur lieu de résidence. Ceux qui communiquaient en français étaient situés au sommet de l'échelle sociale (aristocraties parisienne et régionales, bourgeoisie cultivée, clergé, élite commerçante, etc.), surtout s'ils résidaient en milieu urbain et dans la France d'oïl (France du Nord), plutôt qu'à la campagne et en France d'oc (du sud). C'est dans ce contexte linguistique général que se fait la colonisation de la Nouvelle-France.

De la fondation de Québec en 1608 au Traité de Paris en 1763, ce sont environ 10 000 colons français qui ont quitté la France pour venir s'établir sur les rives du fleuve Saint-Laurent. La langue parlée par ces colons a constitué la base du français en Nouvelle-France.

Grâce au travail des généalogistes, on sait de quelles provinces de France les colons sont originaires, du moins pour une majorité d'entre eux. Au XVIIᵉ siècle, les colons proviennent six fois sur dix des régions situées au nord de la Loire (Charbonneau/Guillemette 1994a, 67). C'est cependant l'ouest de la France (Poitou, Aunis et Saintonge) qui a fourni le plus de pionniers, avec 29,9 %, suivi de près par la

Normandie et le Perche[43] avec 24,9 %, de la région parisienne avec 20,1 % et des Pays de la Loire, c'est-à-dire l'Anjou, le Maine, la Touraine et l'Orléanais, qui en ont fourni 9,8 %.

L'importance des régions côtières comme foyer d'émigration ne devrait pas surprendre : la plupart des navires en partance pour le Nouveau Monde partaient des ports de La Rochelle (Aunis), Rouen et Dieppe (Normandie).

Au XVIIIe siècle, ce sont plutôt les colons venus de la grande région parisienne qui ont constitué le contingent le plus nombreux, suivis, dans l'ordre, des colons de l'ouest et de Normandie. Encore au XVIIIe siècle, il y a eu peu de colons de l'est et du sud de la France, bien que leur présence ait été plus grande qu'au XVIIe siècle.

Compte tenu de la situation linguistique de la France du XVIIe siècle, caractérisée par la présence de nombreux dialectes et de langues régionales en concurrence avec le français, les historiens de la langue se sont posé la question : quels idiomes les colons français venus s'établir en Nouvelle-France à partir de 1608 parlaient-ils ?

Deux conceptions se font entendre. Certains suggèrent que les colons des régions éloignées de Paris ont apporté leurs patois natals (Barbaud 1984). Ceux qui ne connaissaient pas le français l'auraient appris en Nouvelle-France au contact des autres, notamment par le biais de mariages avec des colons francisés. Après une génération, les patois auraient disparu de l'usage. Dans le cadre de cette conception, les idiomes parlés aux premières heures de la Nouvelle-France étaient donc les dialectes des provinces d'origine des colons et le français, langue des administrateurs, des clercs, des militaires ainsi que des colons de la région parisienne.

D'autres historiens de la langue laissent plutôt entendre que les dialectes n'ont jamais vraiment été parlés en Nouvelle-France (entre autres, Asselin/Mc Laughlin, 1994 ; Poirier, 1994 ; Wolf, 2000). Les colons, qui, de toute évidence, connaissaient les dialectes de leurs régions natales, connaissaient aussi ou auraient appris une **variété** de français avant même de s'embarquer pour la Nouvelle-France : le français tel qu'il s'entendait dans la région parisienne, à savoir une des variétés de français populaire qui se parlaient dans les villes portuaires du nord et de l'ouest de la France.

Ces variétés de français populaire présentaient sans doute quelques différences linguistiques selon l'endroit où elles étaient en usage. En revanche, elles devaient avoir beaucoup en commun puisqu'elles auraient servi à la communication pour ceux qui voyageaient d'un port à l'autre, de la Picardie à la Saintonge, voire pour

---

43 Dès 1634, le Perche est devenu, grâce à l'apothicaire Robert Giffard, l'un des principaux foyers d'immigration vers la Nouvelle-France. En une trentaine d'années, 146 adultes (soit 80 familles) ont traversé l'Atlantique pour s'établir sur les rives du Saint-Laurent. Le Perche (dont la ville principale est Mortagne) est la région souche de plusieurs grandes familles québécoises, telles que les Rivard, les Pelletier, les Bouchard, les Gagnon et les Drouin. On retrouve à Tourouvre, petit village de Normandie, la Maison de l'émigration française en Canada.

ceux qui s'embarquaient vers l'Amérique (vallée laurentienne, Acadie, Louisiane et Antilles). De plus, l'usage de ce français véhiculaire a dû irradier vers l'intérieur des provinces.

Hull (1994) a appelé *français maritime* ce français véhiculaire, puisqu'il comportait nombre de mots faisant référence à des réalités maritimes : *amarrer* ses souliers (attacher, de *amarrer un bateau,* c'est-à-dire l'attacher au quai); se *gréer* d'un manteau (revêtir, de *gréer un bateau,* c'est-à-dire équiper un bateau avant l'appareillage).

Ce français véhiculaire aurait été caractérisé non seulement par des mots du champ maritime, mais aussi par des emprunts faits aux langues autochtones d'Amérique durant la période précoloniale et de variantes morphosyntaxiques qui, aujourd'hui, ne sont plus entendues en France. Ce serait le cas de *m'as*, forme synthétique du futur proche issue de *je m'en vas* : *ma* partir demain (*je vais* partir demain, *je partirai* demain ; v. 2.3.4). Cette variante synthétique, bien vivante au Québec, aurait peut-être comme origine la forme picarde ancienne *j' m'as* qui aurait abouti aussi dans les créoles antillais sous des formes diverses (Dörper, 1990; Mougeon, 1996). Ce serait le cas également des formes verbales *sontaient* (étaient) et *ontvaient* (avaient) entendues un peu partout dans les français populaires nord-américains : Saint-Barthe (petites Antilles), Acadie et Louisiane, Sainte-Geneviève (Missouri), Canada (Papen/Bigot 2010).

Wolf (2000, 27) utilise les données sociodémographiques des premiers colons pour appuyer l'hypothèse selon laquelle les colons arrivés au XVIIe siècle étaient susceptibles de connaître une variété de français. Selon ce dernier, leur provenance géographique irait dans ce sens. En effet, plus de la moitié des colons était originaire du grand bassin parisien (Île-de-France, Normandie, Picardie, Pays de la Loire, Bourgogne, Champagne et Lorraine), là où le français était plus répandu. De plus, la majorité des colons venait des grandes villes, où le français était couramment parlé. En effet, presque la moitié des hommes et environ sept femmes sur dix se sont déclarés d'origine urbaine (Charbonneau/Guillemette 1994b, 175).

Wolf fait valoir également que le bassin parisien a fourni beaucoup plus de femmes que d'hommes, notamment les *filles du roy*, jeunes filles que les administrateurs royaux ont envoyées en Nouvelle-France comme femmes à marier (Dumont 2000). Beaucoup de colons étaient des petits bourgeois, des artisans ou des militaires; de par leurs provenances sociales, ils étaient susceptibles de parler une variété de français. Enfin, les colons comptaient beaucoup moins d'analphabètes que la moyenne française.

3.1.2 Homogénéisation rapide du français en Nouvelle-France

Le français importé en Nouvelle-France n'était donc pas homogène; le français des administrateurs royaux côtoyait les variétés de français populaire. Mais dès les premières générations, un processus d'unification linguistique a eu lieu (Poirier 1994, 256). Poirier appelle *français laurentien* le français qui s'est élaboré sur les rives du fleuve Saint-Laurent.

La vallée laurentienne n'a pas été le seul lieu où les Français se sont établis. Ils se sont aussi installés à Port-Royal (Nouvelle-Écosse), sur l'île Saint-Jean (aujourd'hui Île-du-Prince-Édouard) et sur l'île Royale (aujourd'hui l'île du Cap-Breton). La moitié des colons installés dans ces lieux venait de l'ouest, dont 36 % venant de la ville de Loudun, au nord du Poitou (Gauthier 2000, 117). Ces colons sont à l'origine du FA[44].

Dans la vallée laurentienne, des prononciations et des mots se sont maintenus et se sont généralisés à la population, d'autres sont disparus. C'est le cas, entre autres, de la forme verbale *on a* (nous avons) en français parlé qui a supplanté *j'avons*, scénario inverse de ce qui s'est passé dans les régions acadiennes.

Cette homogénéisation s'est faite rapidement, parce que les premiers effectifs pionniers étaient petits et fortement concentrés dans trois villes et leurs périphéries : Québec en 1608; Trois-Rivières en 1634; enfin, Montréal en 1642. Ce petit effectif a eu sans doute pour effet de pérenniser des usages (prononciations, mots et structures morphosyntaxiques) au détriment d'autres, moins fréquemment entendus.

3.1.3 Les caractéristiques linguistiques générales du français laurentien

Le français laurentien s'est bâti à partir des variétés de français en présence : le français parlé et écrit par les administrateurs du pouvoir royal, qui s'imposait comme variété légitime, et les variétés régionales de français amenées par les colons. Durant ce processus d'homogénéisation, ces variétés ont laissé au français laurentien quelques-uns de leurs *régionalismes* lexicaux et de prononciation qu'elles contenaient (v. 2.3.1.1.1 et 2.3.2.1).

Même relativement homogène, la variété laurentienne, comme toute langue, présentait tout de même une variation (entre autres, Martineau 2007, 2009) qui pouvait être sociale puisque, dans la colonie, il y avait des colons d'appartenances sociales et d'occupations différentes : d'un côté, la petite noblesse instruite qui maîtrisait la variété légitime et, de l'autre, des militaires, des artisans et des cultivateurs, souvent moins instruits et dont l'usage se limitait à la variété populaire. La variété laurentienne présentait aussi une variation situationnelle : dans leurs com-

---

44 Le français acadien, l'autre variété historique du français parlé au Canada, est entendu dans les provinces de l'est du Canada, dites maritimes (Nouveau-Brunswick, Nouvelle-Écosse et Île-du-Prince-Édouard), grande région sans frontières claires qui est appelée Acadie, ainsi que dans certaines régions du Québec (Îles-de-la-Madeleine, Gaspésie, Côte-Nord).

munications officielles, les membres de l'administration royale devaient privilégier l'usage de la variété légitime; dans celles avec la population, un style plus familier.

En ce sens, la situation linguistique en Nouvelle-France a différé de celle de la France de la même époque : en Nouvelle-France, tous les habitants parlaient le français, variable certes, mais le français; en France, on a continué à connaître encore pour un bon moment une diversité linguistique attribuable au maintien des patois et des langues régionales.

3.1.4 La prononciation du français laurentien

Selon les témoignages de voyageurs français et étrangers, tous les habitants de la Nouvelle-France, quelle que soit leur occupation, parlaient le français. Qui plus est, ce français était considéré comme étant de qualité, sans « mauvais accent », « aussi convenable que celui de la bourgeoisie des campagnes françaises », voire « capable de rivaliser avec celui de Paris » (Gendron 2007, 47 et 58-59; v. aussi Caron-Leclerc 1998).

Selon Morin (2002, 68), le modèle de prononciation de l'aristocratie a été adopté par tout le monde dans la colonie laurentienne parce qu'il était valorisé, perçu comme prestigieux. Par exemple, la finale –*eau* (troup*eau*, *eau*, p*eau*) était prononcée [jo][45] un peu partout dans les régions autour de Paris, comme le suggère l'orthographe adaptée *troupiau* [tru.pjo], *iau* [jo], *piau* [pjo][46]; partout sauf dans la norme parisienne qui privilégiait [o]. Or, le FQ n'a connu que la prononciation [o]. L'arrivée incessante d'administrateurs royaux venus de Paris pendant les XVIIe et XVIIIe siècles n'a fait que renforcer l'influence de la norme parisienne sur la langue commune.

Gendron (2007, 2011) s'explique très bien ces témoignages. De son point de vue, le français parlé en Nouvelle-France ne connaissait pour l'essentiel que les prononciations parisiennes en cours aux XVIIe et XVIIIe siècles[47], plus précisément la prononciation familière des milieux de l'aristocratie fréquentant les salons parisiens et la cour, que les grammairiens du temps appelaient *discours familier du bel usage*. Il s'agissait d'un type de diction préféré pour la conversation, qui se voulait simple et

---

[45] On croit que le mot québécois *siau* (FQ : i' mouille à siau; FR : il pleut abondamment) ne viendrait pas du mot *seau*, mais serait plutôt une forme contractée du mot *seillot*, formé sur le mot *seille*, qui sert à désigner un seau de bois à oreilles évidées pour y passer une corde (Faribault 2000).
[46] D'où *dépiauter* 'enlever la peau', toujours en usage en FR.
[47] Autrement dit, le français laurentien ne comportait pas vraiment de prononciations caractéristiques d'un patois régional quelconque, fût-il normand ou poitevin, qui ne soient pas connues également dans la grande région parisienne. C'est à cette conclusion qu'arrive Juneau (1972, 274-275).

naturel. Bien des aspects de cette prononciation se retrouvaient également dans le français parisien populaire.

Ce serait ce modèle de prononciation qui aurait été amené en Nouvelle-France dès le début du XVIIe siècle par l'administration royale. On peut alors mieux comprendre que les voyageurs venus en Nouvelle-France aient perçu une communauté d'accents entre Paris et la Nouvelle-France. Beaucoup de prononciations qui s'entendaient dans le *discours familier* ont été ou sont encore en usage en FQf (Gendron 2007, 110-120).

Tab. 1 : Prononciations du discours familier encore vivantes en FQf actuel

Discours familier du bel usage	FR
[drɛt]	dro*i*te [dʁwat]
[nɛ.je]	n*o*yer [nwa.je]
i parle [i], bari*l* [ba.ri], sourci*l* [sur.si]	*il* parle [il], bari*l* [ba.ʁil], sourci*l* [suʁ.sil]
[stə] femme	*cette* [sɛt] femme
[kɛk] personnes	*quel*ques [kɛl.kə] personnes
[sy] la table	*sur* [syʁ] la table
[vɔt] serviteur, [kat] personnes	*votre* [vɔtʁ] serviteur, *quatre* [katʁ] personnes
[lø] cousins	*leur* [lœʁ] cousins
[ɛs.kyz]	*excuse* [ɛks.kyz]

À ces prononciations du discours familier s'en ajoutaient d'autres, associées davantage au français populaire, comme c'est le cas pour les prononciations suivantes, toujours vivantes en FQf ou en voie de disparaître.

Tab. 2 : Prononciations du français populaire vivantes ou ayant existé en FQf

Français populaire parisien	FR
[ɛ] › [a] : [vaʁt]; [paʁ.se]	*ver*te [vɛʁt]; *per*cer [pɛʁ.se]
[y] › [œ] : [plœ.me]	pl*u*mer [ply.me]
[a] › [ɔ:] ~ [ɒ:] : [ʃɔ:.ʁɛt] ~ [ʃɒ:.ʁɛt]	ch*a*rette [ʃa.ʁɛt]
[tj] › [kʲ] : [kʲɛ̃]; [ʃɑ̃.kʲe]; [mɔ.kʲe]	*Tien*s! [tjɛ̃]; chan*tier* [ʃɑ̃.tje]; moi*tié* [mwa.tje];
[dj] › [gʲ] ~ [j] : [bɔ̃.gʲø]; [gʲab] ~ [jab]	Bon *Dieu!* [bɔ̃.djø]; *di*able [djabl]
[g] › [j] : [ba.jɛt]; [jœl]	*gu*ette [ba.gɛt]; *gueu*le [gœl]
[ʃ] › [ʒ] : [ʒa.ʒɛt]; [ʒval]~ [ʒwal]	j'a*ch*ète [ʒa.ʃɛt]; *ch*eval [ʃə.val]
[ə] › [y] : [sy.mɛl]; [sy.me]	s*e*melle [sə.mɛl]; s*e*mer [sə.me]
[ba.lje]	bal*ay*er [ba.lɛ.je]

Gendron rappelle que la prononciation du discours familier n'était pas le seul modèle qui existait à Paris. Au même moment, il y avait la prononciation soutenue du *discours public*, entendue au Parlement, au théâtre et dans la prédication; cette diction était entendue dans les grandes écoles et enseignée dans les classes de rhétorique et de diction. Les grammairiens, observateurs des usages de la cour et des savants, distinguaient ces deux styles de prononciation : « Parlez dans la conversation comme on parle à la Cour et dans la bonne compagnie de la capitale ... Parlez dans le discours soutenu comme on parle à l'Académie, dans la chaire, dans le barreau, dans les spectacles » (Moulis 1761, cité dans Gendron 2007, 23).

Déjà dans ses *Remarques*, Vaugelas (1647) avait perçu ces deux types de prononciation et avait donné sa faveur à la prononciation familière; il estimait que la prononciation soutenue ne convenait pas à la conversation. Pour lui, il fallait rester naturel en toutes occasions, c'était là un aspect de sa doctrine. Ce n'est pas le Parlement de Paris, mais la cour qui, pour lui, donne le ton pour la bonne prononciation (Vaugelas 1647 cité dans Gendron 2007, 170) :

> [...] lorsque la cour [...] parle d'une façon et la ville d'une autre, il faut suivre la façon de la cour ... L'usage de la cour doit prévaloir sur celuy de l'autre, sans y chercher raison.

> [...] les paroles prononcées en public [ne demandent pas] une autre prononciation que celle qu'elles ont en particulier et dans le commerce du monde.

La prononciation soutenue différait de la prononciation familière par une articulation plus ferme des voyelles et des consonnes, et par la prononciation des consonnes graphiques à la finale des mots (*miroir* [mi.rwɛr] plutôt que [mi.rwɛ], *toujours* [tu.ʒur] plutôt que [tu.ʒu]) et celle des liaisons consonantiques :

> [...] il est nécessaire dans la prononciation soutenuë de faire sentir la consonne finale sur la voyelle qui commence le mot suivant. Ainsi, prononcez : *La gloire a des apas qui sçavent éblouir*, de la façon qui suit : *la-gloi-r'a de-z'apas qui sçave-t'éblouir*. Mais, dans la conversation, il faut éviter une certaine exactitude, qui pourroit aller jusqu'à l'affectation. (Antonini 1753, cité dans Gendron 2007, 184).

Calquée en quelque sorte sur l'orthographe des mots, elle visait à rendre le discours bien audible pour l'auditoire.

Green (2001, 95-96) soutient également l'idée qu'il existait deux types de diction. Au XVIIe siècle, le fait de ne pas articuler toutes les lettres des mots (miroi'/miroir; bari'/baril) était considéré, dans la communauté courtisane, comme une liberté linguistique qui avait une valeur culturelle et sociale précise. Ainsi, dans certaines situations, la « négligence » était autorisée : à la cour, on disait *i* pour *il* ou *ils* et, dans les salons, on pouvait entendre *avè* pour *avec*, prononciations qui auraient été tenues pour vulgaires en d'autres situations. Quant à la prononciation soutenue, elle était appliquée dans tout discours public et au théâtre. Selon Green, aux XVIe et XVIIe siècles jusqu'à la Révolution, tout Parisien était donc régulièrement en contact avec cette diction « exotique » de sa propre langue, qui faisait entendre dans chaque phrase des éléments de prononciation peu habituels.

En résumé, pour plusieurs mots, les Parisiens connaissaient, aux XVIIe et XVIIIe siècles, deux prononciations : la première, celle de la conversation chez les courtisans, de plus en plus critiquée par les grammairiens dans le courant du XVIIIe siècle pour son manque de pureté (Gendron 2011, 141-142), et la seconde, dite soutenue, pour la prise de parole en public. Gendron (2014, 26) suggère que cette prononciation soutenue pour la parole publique n'aurait jamais été en usage chez les élites de la Nouvelle-France. Pourquoi? Simplement parce que les situations dans lesquelles on faisait usage de la diction du discours public en France tenaient de l'exception dans les colonies, où les rapports entre la petite noblesse et les colons étaient quotidiens.

3.2 Les conséquences linguistiques de la Conquête (1763)

Des voyageurs, venus au Canada vers la fin du Régime français, se sont mis à constater des divergences entre le français du Canada et le FF. Cependant, ce qui avait frappé les voyageurs ne concernait alors que le vocabulaire. Plusieurs observateurs, dont le marquis de Montcalm (1756), Jean Baptiste d'Aleyrac (1755), officier des troupes régulières françaises, et Pierre Philippe Potier (entre 1743 et 1758), prêtre, jésuite et missionnaire, ont effectué des relevés de ces « régionalismes canadiens » (Gendron 2000). Ces régionalismes étaient parfois des innovations, comme *tuque* 'bonnet de laine', parfois des usages régionaux (dialectalismes) conservés par les Canadiens, comme *abrier* 'se couvrir d'une couverture'. À ces termes de construction française s'ajoutaient aussi des amérindianismes.

Après la Conquête, la langue anglaise est devenue la langue dominante dans tous les secteurs de la vie sociale et économique du Bas-Canada, qui deviendra par la suite la Province de Québec (v. Chapitre 1). Même l'affichage commercial se faisait exclusivement en anglais dans beaucoup de lieux (Dickinson 2000). Le français était la langue maternelle de la majorité des habitants, mais son statut de langue officielle était constamment remis en cause.

Avec la Conquête (1763) et plus tard, avec la Révolution française (1789) et la guerre entre la France napoléonienne et l'Angleterre (1803-1815), les contacts entre la France et le Bas-Canada sont devenus rares. C'est précisément au moment où émerge en France le français moderne (fin XVIIIe et début du XIXe) que ces trois événements ont coupé la plupart des Canadiens français (qui, au cours des deux siècles qui suivront, utiliseront progressivement le gentilé « Québecs » pour parler d'eux-mêmes) des transformations linguistiques qui ont eu lieu pendant cette période.

Un écart s'est alors creusé entre le français parlé et écrit dans l'ensemble de la société canadienne-française et le français de l'élite française. Au moins quatre aspects linguistiques ont contribué à cet écart : la généralisation des mots canadiens à l'ensemble de la population canadienne-française (Poirier 2000), l'utilisation plus répandue de la morphosyntaxe du français populaire (entre autres, Bouchard 2012), l'absence dans l'espace public de la prononciation soutenue et le maintien de celle du discours familier du bel usage (Gendron 2007, 2011), et l'anglicisation du français parlé et écrit (entre autres, Cajolet-Laganière/Martel 1995).

Les mots déjà perçus comme des écarts à la fin du Régime français vont se maintenir, voire se généraliser à l'ensemble de la population canadienne-française. Ce sont des mots devenus vieillis dans l'usage de la bonne société parisienne ou des mots qui avaient été apportés par les colons des différentes régions de France et des amérindianismes. Beaucoup d'entre eux sont encore fortement en usage en FQf (v. 2.3.1.1.1 et 2.3.1.2).

Bien d'autres aspects du français populaire amenés par les premiers colons se sont maintenus en français laurentien, dont ceux de la morphosyntaxe. Différents documents français datant des XVIIe et XVIIIe siècles laissent entrevoir ce qu'elle était. Des formes relevées par Brunot (1905-1948) dans les Cahiers de doléances de 1789 (cité dans Bouchard 2012, 63) sont toujours bien vivantes aujourd'hui en FQf (v. 2.3.3.) :

- Fusion de la préposition et du pronom[48] : « On est obligé *d'es* nourrir » (*de les* nourrir)
- Pronom *lui* préverbal › « Ça *y* porterait bonheur » (Ça lui porterait bonheur)
- Ordre des pronoms directs et indirects postverbaux : Donne-*le-moi* › « Donne-*moi-le* »
- Accord fautif par syllepse : « On a effrayé le peuple en *leur* disant qu'on allait *les* égorger. » (On a effrayé le peuple en *lui* disant qu'on allait *l'*égorger)
- Féminisation des mots à initiale vocalique[49] : « *une* endroit » (un endroit).

Bauche (1920) dresse aussi un portrait du français populaire de son époque, qui devait être valable pour le français populaire parlé au cours du XIXe siècle non seulement en France, mais aussi au Canada.

La morphosyntaxe du français parlé de niveau populaire, si elle a pu diminuer dans l'usage des Français au courant du XIXe siècle avec l'instruction devenue obligatoire (Chervel 1977), s'est maintenue en Amérique, voire s'est répandue à la suite de la Conquête avec le départ de l'élite française et la diminution de la fréquentation scolaire, puisque l'école transmettait la langue écrite et ses règles.

Dès le début du XIXe siècle, on se met à entendre de la part des voyageurs français et étrangers un son de cloche tout différent de celui qu'on entendait pendant le Régime français : les Canadiens avaient maintenant un accent déplorable[50]. Que s'était-il passé en si peu de temps, soit un demi-siècle, pour que cet accent autrefois digne de louanges devienne en quelque sorte objet de réprobation? Gendron (2007) et Bouchard (2012) rappellent qu'il existait à Paris, aux côtés du discours familier, une autre façon de prononcer, celle du discours public, notamment enten-

---

[48] Pour une présentation de ce phénomène en FQ, v. Chapitre 15 « L'effacement de la consonne *l* des pronoms et articles » dans Ostiguy et Tousignant (2008).
[49] Pour une présentation du phénomène de féminisation des mots à initiale vocalique en FQ, v. Barbaud, Ducharme et Valois (1982).
[50] Pour une présentation, v. entre autres Caron-Leclerc (1998).

due au Parlement de Paris et au théâtre, et qui était enseignée dans les grandes écoles. Cette prononciation soutenue est devenue celle de la bourgeoisie qui, de plus en plus, fréquentait les grandes écoles.

À partir de la Révolution jusqu'à la monarchie de Juillet (1789-1848), cette prononciation s'est imposée tout discrètement à l'élite parisienne. Imposition discrète, puisque personne ne la prescrivait officiellement : les gens tentaient tout simplement de l'utiliser pour correspondre à ce nouveau modèle de prestige qui se répandait autour d'eux. Les historiens ont nommé la prononciation soutenue du discours public *prononciation bourgeoise*, pour la distinguer de celle du discours familier.

En effet, au milieu du XVIIIe siècle, la France a vu l'émergence d'une bourgeoisie intellectuelle. Puisque cette bourgeoisie intellectuelle fréquentait les grandes écoles, et fort peu la noblesse, son modèle de prononciation était naturellement celui du discours public. La Révolution qui a commencé en 1789 a fait le reste. C'est dans ce tournant politique que la bourgeoisie intellectuelle, en prenant le pouvoir, aurait imposé *pour de bon* son modèle de prononciation. Elle en aurait fait le modèle dominant de la haute société parisienne, ravalant au rang de prononciation désuète, voire archaïque, celle du discours familier du bel usage qui, peu de temps auparavant, faisait les beaux jours des salons parisiens et de la cour. C'est là le changement linguistique profond qui s'est produit à Paris à la fin du XVIIIe siècle, selon Gendron. Lorsque Paris a changé diamétralement de modèle de prononciation après sa Révolution, les Canadiens français ne l'ont pas su; les Canadiens français ont simplement continué de prononcer les sons de leur langue de la façon qui avait cours dans les salons parisiens avant la Révolution. Les voyageurs européens qui sont venus au Bas-Canada par la suite ont reproché aux Canadiens leur prononciation qui est apparue aux oreilles de certains comme étant archaïque, conforme à la langue du siècle précédent, et pour les autres, paysan. Archaïque, puisqu'elle était celle d'un style de prononciation disparu des milieux cultivés parisiens après la chute de la monarchie et l'avènement au pouvoir de la bourgeoisie; paysan, puisque ce style s'est maintenu chez les provinciaux.

Les Québécois lettrés qui ont voyagé en France à partir de 1830 ont pris clairement conscience de l'existence de cette prononciation soutenue, désormais caractéristique des Parisiens cultivés qu'ils rencontraient, et ont voulu l'apporter au Québec afin qu'elle devienne celle du discours public des Québécois. À partir de 1840, une certaine élite en a fait la promotion dans les lieux d'enseignement. Au début, cette élite visait à corriger l'usage public, mais plus tard, elle s'est mise à rêver d'agir sur l'usage privé (Gendron 2014).

De la Conquête à 1960, le facteur sans doute le plus marquant de l'histoire du français au Québec est l'anglicisation. Et pour cause, l'anglais a occupé les secteurs les plus importants de la vie sociale, politique et économique québécoise, soit comme seule langue, soit comme autre langue. Cette situation a entraîné l'emprunt direct de mots anglais (anglicismes formels ou directs) et la création d'anglicismes sémantiques (faux-amis) et de calques syntaxiques (v. 2.3.1.2).

Les mauvaises traductions françaises proposées dans ces différents lieux tout au long des XIXe et XXe siècles par des traducteurs mal formés dans le phénomène d'emprunts ou d'anglicismes ont vraisemblablement constitué le facteur le plus important qui a pu contribuer à l'anglicisation du français au Québec (Cajolet-Laganière/Martel 1995, 54). Buies (1888, 20) écrivait déjà, dans *Anglicismes et canadianismes*, à propos des causes de l'anglicisation du français au Québec : « Les journaux, les traductions, les pratiques légales ont été les trois grands ennemis de notre langue; ils l'ont corrompue, ils l'ont rendue méconnaissable ». En effet, beaucoup de ces anglicismes lexicaux se retrouvaient dans les journaux et dans les documents administratifs des gouvernements provinciaux et fédéraux, ce qui ne faisait qu'accroître la diffusion de ces termes dans la population. C'est de cette façon que des calques se sont répandus dans les écrits et dans la langue parlée des Canadiens français. C'est le cas, par exemple, de *condamné au pénitencier pour la vie* ('condamné à la détention à perpétuité' ‹ ang. *condemned to the penitentiary for life*).

Plusieurs facteurs ont rendu facile la diffusion des anglicismes lexicaux dans la population. Beaucoup de membres de l'élite canadienne-française étaient bilingues, puisqu'ils travaillaient dans les deux langues. Ils utilisaient ainsi, par méconnaissance, des anglicismes directs, comme *shop* ('atelier' ‹ ang. *shop*), des calques, comme *usine en opération* ('en fonctionnement, en exploitation' ‹ ang. *in operation*) ou des faux-amis, comme *éligible* ('admissible' ‹ ang. *eligible*), en présence d'unilingues qui ne parlaient pas l'anglais et qui ne voyaient donc pas d'anglais derrière ces mots. De plus, les écrits divers des journalistes et des fonctionnaires transmettaient, dans le public lecteur, les paroles de cette élite bilingue. Comme l'écrit a toujours été perçu comme une référence en matière de qualité linguistique, la population lectrice a tenu les anglicismes sémantiques et les calques qui se retrouvaient dans les multiples écrits pour du français de qualité. Ces usages ont ensuite été transmis par la population aux générations suivantes.

Contrairement au vocabulaire, la morphologie et la syntaxe n'ont pas été touchées par l'anglais, mis à part, par exemple, l'emploi de la préposition *sur* dans l'énoncé *être sur l'avion* ('être dans l'avion' ‹ ang. *to be on the plane*) et *siéger sur un comité* ('siéger à un comité' ‹ ang. *to serve on a committee*), les calques syntaxiques *un bon dix minutes* ('dix bonnes minutes' ‹ ang. *a good ten minutes*) ou *Il fait 24 degrés sous zéro* ('Il fait moins 24 degrés' ‹ ang. *It's 24 degrees below zero*). Quant aux prononciations, peu ont été touchées par l'anglais; les quelques cas observés le sont dans les régions à forte présence de locuteurs bilingues, comme Montréal, Hull-Ottawa et Sherbrooke[51].

---

[51] Par exemple, plusieurs emprunts à l'anglais ont conservé le *r* de cette langue, transcrit [ɹ] ou [ɻ]. Ainsi, le mot *thriller* est prononcé à l'anglaise [tɹɪ.'ləɹ] par plusieurs Québécois. En revanche, même si bien des mots empruntés ont conservé un peu de la prononciation anglaise, ils ont été adaptés pour ce qui est de la syllabe accentuée. En effet, les mots empruntés sont accentués sur la dernière syllabe comme tout mot français (Poplack 1987; Poplack/Sankoff/Miller 1988). De plus, dans ces

3.3 Les réactions visant à corriger l'écart entre le FQ et le FF (1841-1960)

Des facteurs externes interviennent fatalement dans l'évolution d'une langue : une situation de plurilinguisme favorisant les emprunts, les changements sociaux qui se traduisent en la création de réalités nouvelles (objets, concepts, etc.) et, du coup, de mots nouveaux pour les nommer (néologismes) et le choix d'une variété de langue parmi d'autres en concurrence, pour en faire la variété normée et enseignée. Certains de ces facteurs sont intervenus et interviennent encore dans la formation du FQ.

À partir du milieu du XIXe siècle, l'élite québécoise francophone a commencé à constater, par l'entremise des commentateurs linguistiques, auteurs d'ouvrages et de chroniques dans les journaux, l'écart linguistique qui se creusait entre la variété de français des Québécois et celle des Français. Cette prise de conscience a été fortement aidée non seulement par les critiques que les Européens formulaient à l'égard du FQ, mais aussi par celles des Québécois eux-mêmes qui s'étaient remis à voyager en France. La parution du manuel correctif de Thomas Maguire, *Manuel des difficultés plus communes de la langue française, adapté au jeune âge, et suivi d'un recueil de locutions vicieuses* (1841), a lancé le débat (Poirier 2000, 120).

Cette prise de conscience serait aussi venue à l'élite lorsque le français a perdu son statut de langue officielle, au profit de l'anglais seulement, lors de l'Union entre le Bas et le Haut-Canada en 1840 (v. 1.2.4); le français a alors acquis une image de langue menacée, en perte de prestige (Remysen 2012b, 422).

Ces événements sociaux et politiques, entre autres, sont à l'origine de l'image négative que les Québécois ont eue d'eux-mêmes et de leur langue tout au long du XIXe siècle jusqu'aux années 1950 (Bouchard 2002) et qu'ils ont tenté d'atténuer.

Dans les nombreuses discussions à propos de la langue des Québécois, les chroniqueurs linguistiques ont endossé tantôt une conception puriste et corrective[52], refusant tout écart en regard du français qui se parlait et s'écrivait à Paris, tantôt une conception plutôt régionaliste et descriptive[53], faisant valoir une certaine légitimité aux différences entre le français parlé au Canada et le FF (Remysen 2012b). Quoi qu'il en soit de la conception et de l'ouverture manifestée par rapport aux particularismes québécois, à peu près tous étaient d'avis que le FQ devait demeurer du français en ne s'éloignant pas du FF.

---

régions, les voyelles anglaises longues [i:] et [u:] s'entendent telles quelles dans des mots empruntés : un bon *deal* [di:l] ('une bonne affaire'), une *suit* [su:t] ('un habit') de motoneige (Patry 1986).

52 Entre autres, selon Brancaglion (2014), Maguire (1841), Boucher-Belleville (1855), Caron (1880) et Rinfret (1896).

53 Entre autres, selon Brancaglion (2014), Dunn (1880) et Clapin (1894).

On a d'abord reconnu que la prononciation des Québécois était différente de celle de l'élite française et qu'il fallait la moderniser (Gendron 2014). De la moitié du XIXe siècle jusqu'à la fin de la Seconde Guerre mondiale, divers personnages ont, chacun en leur temps, cherché à moderniser la prononciation traditionnelle des Québécois en faisant la promotion d'une prononciation *soignée* dans le but avoué de la rapprocher de celle de l'élite française de la même époque. Outre Thomas Maguire, Gendron mentionne également Jérôme Demers, Thomas-Étienne Hamel, Pierre-Minier Lagacé (1875), Adjutor Rivard (1898, 1901), Joseph Dumais (1905), Eugène Lassalle, Georges Landreau (1927, 1931), Théophile Hudon (1931), et Yvonne Duckett-Audet qui a été enseignante de diction à l'école de musique Vincent-d'Indy avant d'avoir sa propre école. Les ouvrages correctifs et les chroniques que certains d'entre eux ont fait paraître ont servi d'outils aux enseignants pour perfectionner la diction de ceux qui allaient constituer l'élite.

Tous les commentateurs linguistiques ont aussi dénoncé la contamination du lexique par l'anglais, du moins celui des Québécois habitant les villes et entretenant des contacts fréquents avec les Anglo-Canadiens.

Il y a eu des actions visant à corriger cette situation. Jules-Paul Tardivel, traducteur lui-même et membre de la Société typographique de Québec, a mené une lutte acharnée contre les anglicismes sémantiques, notamment chez les juristes, en faisant paraître, en 1880, l'ouvrage *L'anglicisme, voilà l'ennemi!* Outre Tardivel, Louis Fréchette, écrivain, Oscar Dunn, journaliste, et Arthur Buies, journaliste chroniqueur et polémiste, faisaient partie de ceux qui ont dénoncé, à la fin du XIXe siècle, la contamination du français par l'anglais et qui ont publié des chroniques de langage, des listes de mots, des glossaires, pour dénoncer l'anglicisme (Bouchard 2002, 89).

Enfin, les chroniqueurs ont reconnu aussi que le français canadien comportait des conservatismes, à savoir des archaïsmes et des dialectalismes (v. 2.3.1.1.1). Toutefois, tous ne condamnaient pas ces prononciations et ces mots sous prétexte qu'ils étaient devenus désuets en France, comme l'a fait Louis Fréchette, porte-étendard d'une conception puriste du français qui devait, dans son esprit, être unique et homogène. Certains ont défendu la légitimité de cette originalité linguistique, entre autres, avec l'intention de valoriser l'identité québécoise et d'atténuer l'image négative que les Québécois avaient cultivée d'eux-mêmes et de leur langue, notamment en rappelant les origines bien françaises de la nation canadienne. Pour ce faire, on a cherché à montrer que ces conservatismes témoignaient de l'héritage français en les rattachant explicitement au français classique du XVIIe siècle et de la première partie du XVIIIe. Ce mandat a été relevé par la Société du parler français au Canada[54],

---

54 Cette société a eu aussi comme objectif d'encourager la création d'œuvres littéraires « qui soient propres à faire du parler français au Canada un langage qui réponde à la fois au progrès naturel de l'idiome et au respect de la tradition ». Pour en savoir davantage à propos de cette société, v. Verreault, Mercier et Lavoie (2006).

créée en 1902, qui a abouti, en 1930, à la parution du *Glossaire du parler français au Canada*, résultat de vingt-cinq années de recension des expressions, mots et prononciations du français parlé au Québec et dans les autres provinces avec rattachement au français classique des XVIIe et XVIIIe siècles ainsi qu'aux variétés provinciales françaises.

> Notre dictionnaire serait donc comme un monument élevé à notre langue maternelle. Monument national, qui montrerait que notre langue est bien celle des ancêtres, qui jadis apportèrent sur les bords du Saint-Laurent le meilleur des provinces de France. Monument solide, qui prouverait aussi que notre langue est un véritable français, où se rencontrent sans doute des archaïsmes et des formes dialectales, mais absolument respectables (Adjutor Rivard, cité dans Beaudet 1991, 119-120).

C'est de 1945 à 1960 que l'anglicisation du français des Québécois a été la plus forte, en raison du contexte dans lequel ces derniers se retrouvaient après la guerre (Bouchard 2002, 188). D'abord, la plupart des Québécois francophones travaillaient désormais dans les villes où l'anglais restait dominant, ce qui les plaçait plus que jamais dans une situation de diglossie dans laquelle l'anglais occupait la position de langue dominante et le français, une langue sans statut. Qui plus est, les conservatismes ne plaisaient plus aux commentateurs linguistiques (Bouchard 2002, 192-193). Désormais, tout ce qui dérogeait au FF était critiqué : prononciations, mots désuets, anglicismes. La conception puriste seule avait une tribune.

De 1940 au milieu des années 1960, la plupart de ceux qui parlaient de la qualité de la langue au Québec prônaient la langue française dite « internationale », y compris pour les emprunts à l'anglais consignés dans les dictionnaires français (week-end, parking), qui s'y étaient ajoutés depuis le début du XXe siècle. Par exemple, dans les années 1940-1950, Jean-Marie Laurence (1957), auteur d'une grammaire largement répandue dans les écoles du Québec, et Yvonne Duckett-Audet donnaient de véritables cours de phonétique corrective et de diction sur les ondes de la radio. Cette fois-ci, les archaïsmes lexicaux et de prononciation étaient devenus illégitimes.

Ce modèle de qualité de la langue a été celui que l'Office de la langue française (OLF) a prôné comme référence pour le Québec au début de son existence (v. Chapitre 5) :

> L'Office estime que, pour résister aux pressions énormes qu'exerce sur le français du Québec le milieu nord-américain de langue anglaise, il est indispensable de s'appuyer sur le monde francophone; cela veut dire que l'usage doit s'aligner sur le français international, tout en faisant place à l'expression des réalités spécifiquement nord-américaines.
>
> Ainsi, la norme qui, au Québec, doit régir le français dans l'administration, l'enseignement, les tribunaux, le culte et la presse, doit, pour l'essentiel, coïncider à peu près entièrement avec celle qui prévaut à Paris, Genève, Bruxelles, Dakar, et dans les autres grandes villes d'expression française (Ministère des affaires culturelles du Québec, 1965).

Pour l'OLF, un « canadianisme » n'était acceptable qu'aux conditions suivantes : « être de bonne frappe française », « doit décrire un phénomène propre au milieu de vie des Canadiens français » et « ne doit pas se substituer à un mot authentiquement français, déjà utilisé couramment dans le reste du monde francophone » (extrait du bulletin de l'OLF *Mieux dire*, 1963, cité dans Rousseau 2001, 67).

En même temps, des créateurs révélaient au public québécois, dans leurs œuvres, le *joual*, variété populaire urbaine du français laurentien parlé, résultat de deux cents ans d'évolution et de contacts avec l'anglais depuis la Conquête (v. 2.3.5).

3.4 Questions sur le texte

1) Faites une chronologie (ligne de temps) qui représente les étapes importantes de l'histoire du FQ.
2) Quelle est la situation linguistique en France au moment de la colonisation de la Nouvelle-France ?
3) D'où provenaient surtout les colons français venus jeter les bases du français en Nouvelle-France, d'abord au XVIIe siècle, ensuite au XVIIIe siècle ?
4) Il y a deux conceptions concernant les idiomes que parlaient les colons venus en Nouvelle-France au début du XVIIe siècle. L'une des deux maintient que les colons avaient tous déjà une connaissance du français. Que font valoir les promoteurs de cette idée ?
5) Comment explique-t-on l'homogénéisation linguistique rapide en Nouvelle-France ?
6) Comment explique-t-on que les voyageurs français ou étrangers de passage en Nouvelle-France estimaient que le français qu'on y parlait était de qualité ?
7) Selon Gendron, quelle place le modèle de diction du discours public (prononciation soutenue) aurait-il occupée en Nouvelle-France ?
8) Quels sont les quatre aspects linguistiques qui ont contribué à créer un écart entre le français parlé à Paris et le français parlé au Québec après la Conquête de la Nouvelle-France par les Britanniques ?
9) Quel changement profond dans la prononciation des Parisiens au tournant de la Révolution (1789) a contribué à isoler le français du Québec de celui de la France ?
10) Quel aurait été le facteur le plus important dans l'anglicisation du français au Québec au courant du XIXe siècle ?

4 Les attitudes linguistiques des Québécois et la norme

Comme le rappelle Bouchard (2002), de la Conquête à la Révolution tranquille (de 1763 au début des années 1960), les Québécois ont vu leur condition sociale et économique se détériorer toujours un peu plus. De cultivateurs, à revenus modestes, mais vivant en autarcie, ils sont devenus ouvriers mal payés dans les usines des villes pour des patrons anglo-saxons. Pendant toute cette période, ils ont aussi vu leurs droits linguistiques être constamment remis en question. De plus, la qualité de leur langue a été constamment mise en doute. Quant à la langue anglaise, elle a fini par être perçue comme l'idiome de la réussite sociale et économique. Ces deux siècles ont affecté l'image que les Québécois avaient d'eux-mêmes et de leur langue et, de ce fait, ont forgé leurs attitudes à l'égard des langues.

Les Québécois ont donc vécu, tôt dans leur histoire, un double conflit linguistique : celui par rapport à l'anglais, du reste toujours bien vivant, et celui par rapport aux autres variétés de français, notamment le français parlé en France, bien qu'il se soit grandement estompé depuis les années 1990.

Nous avons vu que c'est dès le milieu du XIXe siècle que les attitudes sur le français parlé au Québec se sont fait entendre (v. Chapitre 3). Toutefois, ce n'est qu'à partir des années 1960 avec l'émergence de deux nouvelles sous-disciplines scientifiques — la psychologie sociale du langage et la sociolinguistique — et dans le contexte de la Révolution tranquille qu'elles deviennent un véritable objet de recherche.

Dans ce chapitre, nous adoptons une perspective sociolinguistique afin d'illustrer dans quelle mesure les attitudes linguistiques sont étroitement liées au concept de *norme*. Nous présentons d'abord une typologie des normes (4.1) pour montrer ensuite comment le rapport entre ces différents types de normes se concrétise dans le cas du Québec. Les sections 4.2 à 4.5 sont consacrées aux normes évaluatives : après une courte définition des notions *attitude* et *représentation*, nous exposons les conclusions de quelques travaux qui ont marqué l'étude des attitudes linguistiques des Québécois et qui ont témoigné d'une amélioration de celles-ci dans le courant des dernières décennies. Nous exposons également des variantes linguistiques du FQ que les Québécois jugent comme étant correctes. Or, pour porter un tel jugement, les Québécois doivent avoir en tête un modèle de langue valorisé socialement qui sert de référence. Dans ce contexte, il sera question de l'*insécurité linguistique* qui a ses origines dans la conscience d'un écart entre le FR (norme prescriptive) et l'usage réel des Québécois (norme objective). Dans la section 4.6, nous décrivons les caractéristiques de ces deux normes ainsi que le conflit qui s'est installé entre elles. Ensuite, nous rendons compte du débat qui se mène autour de l'idée de l'existence d'une norme propre au FQs. Enfin, nous discutons de la notion de *norme fantasmée* qu'illustre sous certains aspects la question de la langue utilisée dans les films doublés au Québec.

4.1 Une typologie de normes

Le lien étroit entre les attitudes linguistiques et le concept de norme langagière est particulièrement évident lorsqu'on prend connaissance des différents types de normes établis par les chercheurs sociolinguistes. La perspective sociolinguistique conçoit la (les) norme(s) linguistique(s) comme étant des normes sociales, ce qui revient à dire que le prestige d'une variété ne repose pas sur ses qualités intrinsèques, mais sur sa valeur sociale. Pour illustrer le caractère social de la norme, Aléong (1983, 257-258) la compare à d'autres comportements symboliques tels que les gestes, les bonnes manières à table et les normes vestimentaires. Dans tous ces domaines, des normes sociales dictent comment on doit se comporter dans telle ou telle situation pour être accepté par un groupe de personnes en particulier. Nous savons tous intuitivement comment il convient de se vêtir dans certains contextes pour être acceptés d'un groupe donné, et ce, même sans qu'on ne nous l'ait explicitement enseigné. De même, l'identité professionnelle est dans bien des cas marquée par un code vestimentaire spécifique; pensons, à titre d'exemple, à l'uniforme. Ce code vestimentaire obéit donc à des normes qui dépendent de l'appartenance sociale de la personne et du contexte dans lequel elle se trouve. Comme la langue marque l'identité sociale de l'individu, elle est également un « moyen de souligner une distinction sociale et, inversement, une solidarité des uns par rapport aux autres » (*ibid.*, 258).

Afin de tenir compte du caractère social de la norme langagière, les sociolinguistes font valoir l'existence de plusieurs types de normes. La typologie des normes proposée par Moreau (1997) en offre une bonne synthèse[55]. Moreau réussit, dans cette typologie, à révéler le rapport complexe qui existe entre les attitudes des locuteurs par rapport à leur langue ou leur variété de langue et les normes langagières. De plus, la sociolinguiste a le mérite d'inscrire la conception traditionnelle d'une seule norme prescriptive (le bon usage) dans une approche descriptive qui relativise sa portée tout en reconnaissant sa fonction sociale et son omniprésence dans la conscience linguistique des gens :

- Les *normes évaluatives* (ou subjectives) correspondent aux attitudes et aux représentations que les locuteurs entretiennent par rapport à leur langue. Elles sont étroitement liées aux normes prescriptives et contribuent à la hiérarchisation des variétés, comme nous le verrons dans les sections 4.3 à 4.5).

---

[55] V. aussi Aléong (1983, 261), Gueunier/Genouvrier/Khomsi (1983, 773), Lafontaine (1986, 16) et Leclerc (1986, 267).

- Les *normes de fonctionnement*, aussi appelées *normes de fréquence* ou *normes objectives*, correspondent à l'usage réel des membres d'une communauté linguistique. Comme les locuteurs ne sont pas nécessairement conscients de leur existence, on les appelle aussi *implicites*. Pour les identifier, les linguistes observent quelles formes sont employées, par qui, dans quelles situations, etc. Au moment où elles sont observées, on les appelle *normes descriptives*.
- Les *normes descriptives* renvoient à la même réalité que les normes de fonctionnement, mais, contrairement à ces dernières, elles sont rendues explicites par les descriptions qui en sont faites; il s'agit de faits constatés, qui sont enregistrés sans qu'ils soient hiérarchisés ou associés à des jugements de valeur. Les normes descriptives représentent seulement un sous-ensemble des normes de fonctionnement, car ce ne sont pas toutes les normes de fonctionnement qui sont décrites. Pour la compréhension des normes du FQ, nous abordons les normes de fonctionnement et les normes descriptives du même souffle dans la section 4.6.1, sous l'appellation *normes objectives*.
- Les *normes prescriptives* correspondent à ce que la plupart des gens considèrent traditionnellement comme *la* norme, le bon usage. Il s'agit d'une norme objective qui est donnée comme le modèle de référence à partir duquel les autres normes objectives sont hiérarchisées. Les rapports sociaux font d'elle la seule variété légitime. Dans nos sociétés occidentales, la norme objective donnée comme modèle de référence est plus ou moins celle du groupe social qui est dominant sur les plans économique, social et culturel. Aussi leur façon de s'exprimer devient-elle, dans une large mesure, la norme prescriptive, éventuellement codifiée dans les outils de référence décrivant la langue (grammaires scolaires, manuels de prononciation, dictionnaires). La section 4.6.2 traite de la norme prescriptive dans le contexte québécois.
- Les *normes fantasmées* concernent également les représentations. Elles renvoient à l'idée que les membres d'une communauté se font de la langue et de son fonctionnement sans que cela soit forcément ancré dans la réalité. La langue utilisée dans les films doublés au Québec nous permet, à la section 4.6.2.7, d'illustrer ce type de norme.

4.2 Qu'est-ce qu'une attitude sur la langue?

Les attitudes sur la langue sont des croyances, véhiculées parfois sous forme de jugements de valeur, ou des opinions sur la langue ou sur ceux qui la parlent (entre autres, Violette 2009, 185). Elles trouvent leur source dans les perceptions sociales de la langue et elles sont étroitement liées au contexte politique et social ainsi qu'aux normes en vigueur dans une communauté, c'est-à-dire aux modèles de « qualité de la langue » qui s'imposent. Les perceptions sociales de la langue que l'on entretient permettent d'avoir des attitudes, des opinions sur la langue, de tenir tel ou tel discours épilinguistique et d'adopter des comportements linguistiques (Laur 2008).

On appelle *épilinguistique*[56] (*grec* επί 'sur, au-dessus') un discours ou un jugement largement intuitif et ascientifique que les locuteurs formulent à l'endroit de leurs propres pratiques linguistiques ou de celles des autres (« J'parle mal, lui, il parle bien. ») ou à l'endroit d'autres langues ou de variétés de langue (« Le français est une langue élégante, mais son orthographe est compliquée. », « L'anglais est une langue plus simple sur le plan grammatical. », « Le joual, c'est laid. »).

Pour certains auteurs (entre autres, Lafontaine 1997), le terme *attitude linguistique* est employé parallèlement, et sans véritable nuance de sens, à *représentation, norme subjective, évaluation subjective, jugement, opinion*, pour désigner tout phénomène à caractère épilinguistique[57]. D'autres auteurs distinguent l'attitude de la représentation. La différence serait celle d'une part entre une réaction envers une langue, qui peut être évaluée de manière quantitative en fonction des comportements (on parlera donc plutôt d'une attitude) et, d'autre part, une image qu'on a de cette langue, à laquelle on ne peut accéder que de manière qualitative à partir d'un discours (on utilisera alors plutôt le terme *représentation*). Les représentations donnent donc naissance aux attitudes (v. Gueunier 2003, 42; Bulot/Blanchet 2013, 56). Par exemple, chez bien des Québécois, l'idée que l'anglais est une menace à la pérennité du français est une représentation qui a entraîné une attitude de rejet envers tout anglicisme.

Les attitudes, ou représentations, sont l'objet d'étude de la sociolinguistique qui leur accorde une grande importance puisqu'elles ont souvent un impact sur le comportement langagier des gens et, ce faisant, sur l'évolution d'une langue ou d'une variété de langue. Elles peuvent ainsi être un facteur déterminant pour le maintien ou la survie d'une langue ou d'une variété. Ainsi, le désir d'apprendre l'anglais comme langue seconde, qu'on peut constater partout, repose beaucoup sur des représentations positives en rapport avec son statut de langue véhiculaire internationale; chez les plus jeunes, en rapport avec son prestige culturel (cinéma, musique). Ce sont des représentations positives de cette nature qui ont fait du français la langue véhiculaire et diplomatique en Europe du XVIIe jusqu'à la fin du XIXe siècle. En effet, dans les siècles précédant la Révolution, la cour royale fran-

---

[56] Il faut distinguer *épi-* de *métalinguistique*. On qualifie de métalinguistique un discours qui porte sur les éléments et les structures de la langue à proprement parler. On appelle alors *métalangage* tous les mots qui permettent de parler de la langue, telle la terminologie grammaticale utilisée dans les grammaires, dans les dictionnaires, dans les traités de prononciation, etc.

[57] D'autres chercheurs ajoutent les termes *stéréotypes, idéologies* et *imaginaires*, tout en soulignant qu'il ne s'agit pas de synonymes, mais de termes apparentés (Violette 2010). Boudreau (2009, 440) remarque que le terme *idéologie* est traditionnellement celui qui est utilisé dans le monde anglophone et que la frontière entre les deux n'est pas facile à déterminer, les représentations étant intimement liées aux idéologies dominantes dans une société.

çaise brillait, les meilleurs auteurs français étaient lus et reçus dans toutes les cours européennes et la recherche scientifique française faisait de belles percées. Auparavant, c'était l'italien qui jouissait de telles représentations positives, compte tenu de son statut de langue de culture et des arts, acquis à la faveur de la Renaissance italienne (de la fin du XIVe au XVIe siècle).

On peut situer les perceptions sur les langues et les variétés linguistiques d'une même langue sur une échelle qui va de langue légitime[58] (ou variété légitime) à langue illégitime (ou variété illégitime) (Bourdieu 1982). Une langue ou une variété légitime est celle que les membres d'une communauté jugent prestigieuse, qu'ils valorisent socialement; une variété non légitime est celle que ces mêmes membres jugent peu ou moins prestigieuse, qu'ils valorisent moins bien socialement, voire qu'ils dévaluent (v. 4.6.1.4). Au Québec, on retrouve à l'une des extrémités le FR ou le FQs, selon la personne à laquelle on poserait la question, ainsi que l'anglais, et, à l'autre extrémité, le FQf.

4.3 Les attitudes des Montréalais à l'égard du français par rapport à l'anglais

4.3.1 Une étude fondatrice : la technique du locuteur masqué de Wallace Lambert

C'est à partir des années 1960 que l'on a vu apparaître les premières études sur les attitudes linguistiques. Le psychologue québécois Wallace Lambert (Lambert *et al.* 1960) a cherché à étudier les attitudes, les perceptions d'anglophones et de francophones de Montréal par rapport au statut social des langues anglaise et française[59]. Pour ce faire, il a mis au point la méthodologie dite des *faux-couples* (*matched guise*), appelée aussi par d'autres *locuteur masqué*, qui est devenue la plus utilisée dans le monde pour l'étude des perceptions sur les langues (Lafontaine 1986).

Puisqu'il est difficile, sinon impossible d'accéder directement aux perceptions des gens, Lambert et ses collaborateurs ont alors analysé leurs évaluations, leurs jugements. La méthodologie du locuteur masqué constituait une manière originale d'accéder à ces perceptions. Elle consistait à faire écouter à plusieurs répondants des paires d'enregistrements contrastés d'un point de vue linguistique. Dans le cas des travaux fondateurs de Lambert, il s'agissait d'extraits dits en français et en an-

---

[58] Qui est reconnue, admise par la loi; du latin *legis* 'loi'.
[59] La majorité des études qui ont porté sur les perceptions des Québécois à l'égard des langues ont été réalisées avec des sujets résidant à Montréal. Compte tenu de son histoire, à la source de sa vocation économique et de sa constitution ethnique en partie différente de celle des autres villes et villages du Québec, on ne sait trop si les résultats des études sont généralisables à l'ensemble des Québécois.

glais (texte de deux minutes à teneur philosophique). Le même extrait a été lu dans les deux langues par quatre locuteurs masculins bilingues. On a demandé aux répondants d'évaluer les prétendus 8 locuteurs sur 14 échelles à 6 degrés (« très peu » à « beaucoup ») en rapport avec la personnalité, regroupées ici sous les facteurs *statut*[60] (p. ex. ambitieux, apte à diriger, confiance en soi, intelligent) et *solidarité*[61] (p. ex. attrayant physiquement, jovial, sens de l'humour, sympathique). Autrement dit, après l'écoute de l'enregistrement qui était tour à tour en anglais et en français, les répondants cotaient la voix française et la voix anglaise sur chacune des 14 échelles selon le degré ressenti. Les juges[62] ne savaient pas que les enregistrements couplés étaient produits par la même personne.

L'expérience avait été présentée aux répondants comme étant une tentative d'objectiver dans quelle mesure il est possible de juger des individus d'après leur voix. Durant l'expérience, les répondants avaient devant eux le texte du passage qui leur était lu. L'échantillon des répondants comportait 64 anglophones (de sexe féminin et masculin) en première année universitaire (psychologie) et 66 francophones (tous de sexe masculin) fréquentant un collège français classique à Montréal, considéré comme prestigieux.

Quelle information sur les attitudes linguistiques des individus croyait-on obtenir par l'utilisation de cette méthodologie? Comme le locuteur était unique pour chaque contraste, Lambert et ses collaborateurs ont avancé l'hypothèse que les différences d'évaluation portée sur le prétendu locuteur anglophone ou le prétendu locuteur francophone reflétaient des différences de perception à l'endroit des deux langues concernées.

> Spoken language is an identifying feature of members of a national or cultural group and any listener's attitude toward members of a particular group should generalize to the language they use. Thus, when one hears a radio broadcast of an international meeting and encounters passages of a foreign language, one's evaluational reactions to the communication are attributable, in part, to the language used and likely reflect generalized attitudinal reactions to the group that uses it. (Lambert *et al.* 1960, 44)

---

60 Échelles qui reflètent le statut social ou le pouvoir d'un individu ou d'un groupe d'individus dans une communauté.
61 Échelles faisant référence à une solidarité intergroupe et à une loyauté linguistique, à un sentiment d'attachement, d'appartenance à un groupe.
62 Le terme *juge* est utilisé pour désigner les personnes qui évaluaient les enregistrements.

Laur (2008) formule à sa façon le fondement de l'idée des psychologues sociaux :

> De par leurs statuts juridiques et sociaux, les langues ne sont pas neutres, elles portent une association qui détient naturellement sur les personnes qui les parlent. Leur parler place les locuteurs dans un univers social qui est symboliquement et culturellement codé. Les locuteurs portent le prestige ou le stigmate que leur idiome leur procure. Ces associations qu'une langue porte en elle se basent sur une histoire plus ou moins récente d'un peuple qui parle ou qui parlait cette langue. Ainsi, ce n'est pas tant la langue en tant que telle, c'est-à-dire son système linguistique interne, qui lui procure un statut plus ou moins élevé. Il s'agit plutôt d'associations historiques et sociales portées sur les locuteurs d'une langue qui confèrent à cette dernière un certain degré de prestige. (Laur 2008, 14)

Les résultats de l'expérience ont dévoilé trois choses :
1) Les répondants anglophones ont évalué plus favorablement les voix en anglais que les voix en français dans le cas de 7 échelles : ambitieux, caractère, digne de confiance, intelligent, taille, attrayant physiquement et bon. Les répondants anglophones ont évalué plus favorablement les voix en français que les voix en anglais pour une seule échelle, à savoir le sens de l'humour.
2) Les répondants francophones ont évalué aussi plus favorablement les voix en anglais dans le cas de 10 échelles : ambitieux, apte à diriger, caractère, confiant en soi, digne de confiance, intelligent, taille, attrayant physiquement, sociable et sympathique. Les répondants francophones ont évalué plus favorablement les voix en français dans le cas de 2 échelles seulement : bon et pieux.
3) L'étude qualitative des résultats a montré que les répondants anglophones ont évalué plus favorablement les voix en français que les répondants francophones ne l'ont fait eux-mêmes, et ce, sur 9 des 14 échelles. Autrement dit, même si les répondants anglophones ont mieux coté les voix en anglais, ils ont tout de même, dans le cadre de l'expérimentation, mieux coté les voix en français que les répondants francophones ne l'ont fait. Les répondants francophones ont donc, pour ainsi dire, moins bien évalué les locuteurs masqués à propos de plusieurs aspects de la personnalité quand ils parlaient français.

Pour les auteurs, cette différence d'évaluation à l'égard des deux langues parlées doit être interprétée comme le reflet d'une influence de stéréotypes largement répandus à propos de ceux qui les parlent; dans le cas présent, que les locuteurs de l'anglais, contrairement à ceux du français, ont les qualités considérées nécessaires pour expliquer leur statut socioéconomique dominant à Montréal, par exemple être apte à diriger, intelligent, ambitieux. Ce stéréotype porte sur les personnes parlant anglais ou français. Mais, par extension, ce stéréotype pourrait valoir pour les langues elles-mêmes : la langue anglaise, plus que la langue française, est le véhicule de la réussite socioéconomique.

Quelle était la situation du français et de l'anglais dans le Montréal des années 1960 qui pouvait rendre plausible une association entre langue anglaise et réussite sociale et économique? Pendant les années 1960, nous dit Laur (2008), les deux langues avaient une connotation nettement différente quant à leur attrait socioéconomique. Dans le Montréal de cette époque, les Anglo-Québécois avaient des occupations élevées dans la hiérarchie et les salaires importants qui les accompagnaient, comme cela a été révélé par la Commission Laurendeau-Dunton (v. Chapitre 5) ; ils occupaient aussi les quartiers les plus cossus. La majorité des francophones avait des occupations de statut inférieur et des salaires moins élevés, et ils habitaient des quartiers plus modestes. Toute la communauté montréalaise le savait, s'entendait sur cette réalité, sur ce clivage : cette situation existait déjà depuis plus de cent ans. Dans le Montréal des années 1950 et 1960, la langue anglaise était perçue par les Québécois comme celle des dominants, des conquérants, de ceux qui dirigeaient la province de Québec; la langue française, comme celle des dominés.

4.3.2 La méthode de Lambert *et al.* quelques décennies plus tard

Trois décennies après les recherches de Lambert, une étudiante de l'Université McGill a refait la même recherche en suivant la même méthodologie. Entre-temps, il y a eu les lois linguistiques Loi 22 (1974) et Loi 101 (1977) qui ont fait du français la langue officielle du Québec, dont un des objectifs a été d'en rehausser le statut social (v. Chapitre 5). Les résultats de cette étudiante, présentés par Genesee et Holobow (1989), allaient dans le même sens que ceux obtenus par Lambert *et al.* (1960). Pourtant, le statut de l'anglais comme langue universelle des affaires et des communications n'avait pas encore totalement atteint celui qu'il a aujourd'hui.

Pour ce qui est des échelles en lien avec le statut social (ambition, apte à diriger, intelligent, confiance en soi), les répondants anglophones et francophones ont de nouveau moins bien coté les voix françaises. En revanche, les répondants francophones ont jugé les voix françaises un peu plus favorablement qu'auparavant, pour les échelles en rapport avec la solidarité : attrayant physiquement, sympathique, sociable, sens de l'humour, bon.

Plus récemment, Kircher (2010, 2014) a réalisé une recherche impliquant 177 étudiants montréalais francophones, anglophones et allophones, qui avait comme objectif d'examiner leurs attitudes envers l'anglais et le français. Pour mettre en rapport ses recherches avec les précédentes, elle a utilisé deux méthodologies : un questionnaire ainsi que le test du locuteur masqué. Voici ce qu'elle observe :

Tab. 3 : Les attitudes de 117 étudiants montréalais envers l'anglais et le français

	Statut	**Solidarité**
Questionnaire	*Français et anglais évalués positivement* par les répondants anglophones, francophones et allophones;	*Français évalué plus positivement* par les francophones;
	Scores plus élevés pour l'anglais	*Anglais évalué plus positivement* par les anglophones
	Le français ~ anglais est adapté à la vie moderne; ouvre le marché de l'emploi; accroît les chances de réussite dans la vie	Le français ~ anglais permet bien l'expression des sentiments; la connaissance du français ~ anglais est un aspect significatif de la culture canadienne; la langue française ~ anglaise est une partie importante de mon identité
Test du locuteur masqué	*Anglais évalué plus positivement* par les répondants anglophones, francophones et allophones	*Anglais évalué plus positivement* par les répondants anglophones, francophones et allophones
	5 échelles de statut : ambitieux; apte à diriger; digne de confiance; instruit; intelligent	5 échelles de solidarité : bon; chaleureux; sens de l'humour; sociable; sympathique

Comme le tableau 3 le montre, les attitudes des Montréalais à l'égard du français comme langue de statut sont nettement positives. Kircher attribue ce rehaussement du prestige du français aux effets de la Loi 101 qui a fait du français la langue de travail (v. Chapitre 5). Cependant, si le français semble jouir d'un prestige apparent (*overt prestige*), l'anglais en a un plus grand, comme l'avaient déjà mis en évidence Lambert *et al.* (1960) et Genesee et Holobow (1989). Selon Kircher (2014), le statut social de l'anglais en Amérique du Nord et dans le monde n'est pas étranger à ce maintien du prestige de l'anglais en dépit des efforts des gouvernements québécois pour rehausser le statut social du français.

Concernant le facteur solidarité, les réponses au questionnaire ont révélé, sans surprise, que les francophones et les anglophones cotent mieux leurs langues maternelles respectives. En revanche, les scores au test du locuteur masqué montrent plutôt que les voix anglaises sont finalement un peu mieux évaluées.

Cette contradiction entre les réponses au questionnaire et celles au test du locuteur masqué pourrait résulter du mode même d'obtention des attitudes, obtenues directement dans le cas du premier, indirectement dans le cas du second. Kircher suggère que la méthode directe pourrait avoir entraîné des jugements reposant sur une forme de désirabilité sociale, en rapport avec le discours ambiant, tenu par les gouvernements et la société en général, voulant faire du français la langue commune de tous les Québécois. En revanche, le but de la méthode indirecte est de faire émerger des jugements plus spontanés, résultant moins de réflexions. Les scores au test du locuteur masqué s'expliqueraient de cette façon.

Comment expliquer ces scores en faveur de l'anglais, notamment ceux du facteur solidarité qui peuvent surprendre ? Kircher se demande si ce résultat serait attribuable à l'émergence d'une nouvelle identité « montréalaise » qui aurait l'anglais comme langue intergroupe (incluant même les francophones dits de souche). Elle se demande si l'anglais, à Montréal comme ailleurs dans d'autres grandes villes du monde, devient une langue identitaire, celle de la jeunesse. L'auteure évoque quelques études réalisées en Europe qui suggèrent cela (Preisler 1999 ; Cheshire 2000).

En résumé, les perceptions des Québécois à l'égard du français ont évolué depuis les études de Lambert *et al.* : le statut du français comme langue de la réussite sociale et économique est certes meilleur qu'il ne l'a été auparavant dans les perceptions des Québécois de toutes origines. On doit sans doute attribuer ce changement dans les perceptions aux diverses lois linguistiques québécoises qui ont favorisé un certain épanouissement économique des francophones et qui ont contribué à faire disparaître certains stéréotypes qui n'associaient la réussite socioéconomique qu'à la maîtrise de la langue anglaise (v. Chapitre 5). Toutefois, les recherches récentes suggèrent en même temps que, dans les perceptions, l'anglais n'a pas pour autant perdu son importance. Une recherche par questionnaire conduite par Pagé et Olivier (2012) montre que, dans les perceptions des Québécois, quelle que soit leur langue maternelle, la connaissance de l'anglais demeure un attribut incontournable pour obtenir un bon emploi au Québec.

4.4 Attitudes des Québécois à l'égard des variétés de français

4.4.1 Les années 1970-1980 : le malaise des Québécois par rapport à leur français

Qu'en est-il des perceptions des Québécois par rapport à leur variété de français ?

À la suite des travaux de Lambert *et al.* (1960), d'autres recherches s'inspirant de la méthode du locuteur masqué, dont nous allons présenter brièvement les plus importantes, ont été menées pour étudier les attitudes des Québécois par rapport à leur variété de français.

Le premier à reprendre la même technique pour connaître les différences d'attitudes à l'égard du FQ et du FF a été Preston (1963). Les traits à évaluer étaient pour l'essentiel les mêmes que ceux utilisés dans l'étude de Lambert. L'étude a mis en évidence que les juges francophones évaluaient plus favorablement les voix françaises de France, et moins favorablement les voix françaises ayant un accent québécois. On ne sait pas, toutefois, quelle variété de FQ parlaient les locuteurs masqués. En demeurant prudent, donc en tenant compte des problèmes méthodologiques, on peut tout de même conclure qu'à travers ces jugements portés sur les voix, c'étaient des jugements sur les variétés qui ont été portés. Les juges francophones avaient donc des perceptions plus positives par rapport au statut social des personnes parlant le français européen et, s'il est permis de faire le lien, des perceptions plus positives à l'égard de cette variété.

Dans les années 1960-1970, les recherches sur les attitudes des Québécois concernant les variétés du français se sont multipliées (p. ex. Laberge/Chiasson-Lavoie 1971; d'Anglejan/Tucker 1973; Méar-Crine/Leclerc 1976; Noël 1980; Lappin 1982). Cet intérêt s'explique par l'émergence de la sociolinguistique en tant que nouvelle (sous)discipline et par le contexte social de la Révolution tranquille (v. Chapitre 1). Inspirées par la sociolinguistique labovienne (Labov 1972), ces recherches tenaient de plus en plus compte de la variation sociale et stylistique de la langue et des différences en rapport avec le statut socioéconomique des juges, des aspects qui avaient été négligés dans les premières études avec la technique du locuteur masqué.

Laberge et Chiasson-Lavoie (1971) ont étudié les attitudes de 176 adolescents montréalais en modifiant quelque peu la méthode du locuteur masqué et en la combinant avec d'autres méthodes, tel le questionnaire à choix multiples. Il en est ressorti que les différents groupes sociaux ne portaient pas les mêmes jugements sur leur propre façon de parler et sur certaines idées reçues concernant la langue : les Québécois plus favorisés socialement et économiquement ont porté un regard plus sévère sur le français parlé à Montréal par les autres groupes moins favorisés, et ils étaient assez à l'aise avec leur propre façon de le parler[63]. Tous les groupes de juges ont établi cependant une association nette entre le type de français parlé et la position sur l'échelle sociale, et tous ont exprimé un désir de correction, sans évoquer explicitement pour autant le français de Paris comme modèle de référence.

L'étude d'Anglejan et Tucker (1973) s'est inscrite également dans ce courant inspiré de la méthode du locuteur masqué, avec un questionnaire à choix multiples en plus. Ils ont étudié les attitudes de 243 répondants, des étudiants et des enseignants de l'école secondaire et des ouvriers résidant dans trois villes québécoises (Montréal, Alma et Québec), par rapport à des conversations spontanées de huit Montréalais appartenant à deux groupes socioéconomiques différents et de quatre Européens. Les chercheurs ont constaté que les sujets étaient tous conscients de la variation linguistique, qu'elle ait été sociale, régionale ou situationnelle, et qu'ils percevaient

---

[63] L'étude de Noël (1980) sur les attitudes d'adolescents de la ville de Québec va dans le même sens : les adolescents de Sainte-Foy, quartier favorisé, démontrent une attitude plutôt positive à l'égard de leur propre façon de parler, contrairement à ceux de Saint-Sauveur, quartier défavorisé.

une corrélation entre le type de français et l'éducation, l'occupation et la mobilité sociale. Par contre, même s'ils rejetaient explicitement le cliché selon lequel le français parisien serait meilleur, ils classaient les quatre locuteurs européens comme étant plus intelligents, plus éduqués, plus sympathiques et plus ambitieux. De plus, ils exprimaient la nécessité d'améliorer la qualité du français parlé au Québec et considéraient le français européen comme un modèle, notamment en matière de prononciation et de vocabulaire. Dans le cas du questionnaire, les sujets ont mentionné la variété de français parlé de la Société Radio-Canada comme étant celle de prestige. Ce jugement va dans le même sens que les résultats obtenus avec la technique du locuteur masqué, si l'on convient que la variété de Radio Canada était, à cette époque, très proche du FR (Dubuc 1990). À la lumière de leurs observations, d'Anglejan et Tucker ont conclu que, globalement, les Québécois ressentaient un certain malaise par rapport à leur variété de français parlé.

Méar-Crine et Leclerc (1976) ont réalisé elles aussi une étude inspirée de la méthodologie conçue par Lambert *et al.* (1960). Elles ont étudié les attitudes de 101 adolescents masculins par rapport au FQ et au français qu'elles ont dit « académique ». Dans le cadre de leur étude, le premier référait au français parlé par les Québécois moins favorisés; le second renvoyait au français enseigné à l'école, souvent entendu chez les gens instruits s'exprimant dans des situations de communication à caractère formel. L'étude a fait apparaître que les locuteurs étaient jugés plus favorablement lorsqu'ils s'exprimaient en français académique; ainsi étaient-ils jugés plus gentils, plus sûrs d'eux, plus logiques, plus intelligents, plus sociables, etc.

Sans pouvoir entrer dans les détails des choix méthodologiques, il faut reconnaître que les résultats des études citées ne sont pas en tous points comparables. Par exemple, nombreuses sont les lacunes méthodologiques qui ont pu biaiser les résultats obtenus[64]. En revanche, toutes ces études ont eu le mérite de révéler le lien étroit entre le statut socioéconomique des locuteurs québécois et la variété de langue qu'ils parlent. Autrement dit, elles ont annoncé ce que Bourdieu a formulé plus tard de cette façon : « Une langue vaut ceux qui la parlent, c'est-à-dire le pouvoir et l'autorité dans les rapports de force économiques et culturels des détenteurs de la compétence correspondante. » (Bourdieu 1977, 102) Même si les variétés de langues se valent au niveau strictement linguistique, il semble en être tout autrement au niveau social : il existe toujours une variété et ses locuteurs qui jouissent d'un plus grand prestige que les autres.

La combinaison de la méthode du locuteur masqué avec d'autres méthodes a également permis de faire ressortir une certaine ambivalence dans l'attitude des Québécois par rapport aux variétés de français. Si les études ont dévoilé une certaine

---

[64] V. Lafontaine (1986) pour une revue critique de différentes études réalisées avec la technique du locuteur masqué.

inclination pour le FQs, elles ont cependant laissé dans l'ombre le contenu linguistique même des enregistrements que les juges ont eu à évaluer. Nous ne savons donc pas ce qui caractérisait sur le plan linguistique ce que Méar-Crine et Leclerc ont appelé « français académique ». Le contexte sociohistorique et des extraits que nous avons pu écouter nous permettent cependant de supposer que les échantillons ont dû être très proches du FR, voire presque identiques (v. 4.6.2.2 , où nous expliquons que la norme prescriptive de la Société Radio-Canada s'inspirait dans ses grandes lignes du FR). Les études pointent néanmoins toutes dans la même direction, à savoir que les Québécois de l'époque étaient mal à l'aise avec leur variété familière de français, et qu'ils reconnaissaient les valeurs sociales associées aux variantes de prononciation et de vocabulaire de leur langue.

4.4.2 À partir des années 1980 : valorisation timide du FQ

À partir des années 1980, les recherches sur les attitudes ont exploré d'autres voies méthodologiques. Une partie de ces recherches se voulaient plus linguistiques en ce qu'elles visaient à étudier les attitudes par rapport aux traits linguistiques eux-mêmes en fonction de leur valeur sociale. La distinction entre variété soutenue et variété familière du FQ que nous avons proposée au Chapitre 2 repose, en partie, sur ces recherches.

À titre d'exemple, Lappin (1982) s'est intéressée aux attitudes à l'endroit de prononciations du français parlé à Montréal, au lieu de se pencher sur des jugements globaux comme l'avaient fait ses prédécesseurs. Elle a cherché à déterminer quelles étaient les variantes phonétiques qui influençaient les attitudes des Québécois francophones, c'est-à-dire qui provoquaient des réactions positives ou négatives de leur part; quelles étaient les prononciations qui étaient acceptées, qui passaient pour correctes, et quelles étaient celles qui étaient critiquées, dévaluées. Pour atteindre son objectif, la chercheuse a enregistré 21 Montréalais qu'elle a subdivisés en trois groupes selon leur niveau d'instruction, leur emploi et leur milieu familial. Ces enregistrements ont été soumis à 60 répondants également classés en trois groupes selon les mêmes critères. Elle a démontré que certains traits phonétiques typiques du FQ ne suscitent pas de jugements défavorables, comme l'affrication des consonnes [t] et [d] devant [i] et [y] ou devant les semi-voyelles correspondantes [j] et [ɥ], ainsi que l'ouverture des voyelles [i], [y] et [u] (v. 2.2.2). Elle a montré en revanche que d'autres prononciations étaient critiquées sévèrement, notamment celles associées aux locuteurs de milieux moins favorisés. Enfin, en dépit des différences sociales qui existaient entre les répondants, elle a constaté une grande homogénéité dans les attitudes exprimées. Autrement dit, tous les répondants avaient des évaluations des prononciations qui allaient dans le même sens.

L'étude de Lappin s'inscrit tout à fait dans la perspective des recherches en sociolinguistique variationniste de tradition labovienne. Il s'agit en quelque sorte d'une des premières contributions à la description de la prononciation du FQs tenant compte des attitudes des Québécois eux-mêmes (v. Chapitre 2).

Les résultats de Lappin ont été validés par ceux de Tremblay (1990) qui a étudié les attitudes de 57 répondants en combinant un questionnaire avec un test d'écoute. Tremblay (1990) a démontré que tous les sujets étaient sensibles de la même façon aux variantes présentées, indépendamment de leur appartenance sociale. Elle en a déduit qu'il y a un consensus autour de certaines variantes phonétiques québécoises à favoriser dans des situations formelles de communication, c'est-à-dire autour de ce qui est socialement valorisé au Québec. Bien qu'elle ait interprété cette observation comme étant un indice de l'existence d'un modèle québécois de prononciation doté d'un prestige, les résultats du questionnaire l'ont forcée à nuancer son propos : interrogés directement, une majorité de ses répondants se sont encore exprimés en faveur du FF et estimaient toujours que les Québécois prononçaient mal. Elle a remarqué que les jugements les plus sévères ont été portés par les répondants appartenant à la classe sociale intermédiaire. Cette tendance à valoriser et à dévaloriser en même temps le français parlé au Québec est, selon elle, l'expression d'une double allégeance, tant envers un modèle québécois qu'à l'endroit d'un modèle français, ce dernier constituant un témoignage de l'histoire normative de la langue française. Selon elle, cette ambivalence pourrait aussi annoncer un changement d'attitudes en cours chez les Québécois.

Reinke (2000) s'est également intéressée aux attitudes des Québécois à l'égard de certaines variantes sociophonétiques ainsi qu'aux attitudes plus générales par rapport au FQ. Elle a combiné, d'une part, un test de perception et un test de production afin d'étudier les évaluations que les répondants portaient sur des prononciations avec, d'autre part, un questionnaire. Soixante-huit répondants résidant à Trois-Rivières ont participé au test de perception; de ces répondants, 48 ont réalisé le test de production. Les résultats ont suggéré que le FQ comportait bel et bien des prononciations sinon de prestige, au moins socialement neutres, p. ex. l'affrication de [t] et de [d]. Bien que les réponses n'aient pas été homogènes dans le cas de toutes les prononciations testées, les résultats du questionnaire indiquent clairement, en revanche, des attitudes positives par rapport au FQ. Ainsi, une majorité (86 %) a pu désigner des personnes ou des groupes de personnes constituant des modèles de bonne prononciation au Québec (lecteurs de nouvelles, personnes cultivées, représentants de la classe moyenne). Ces résultats ont donc confirmé ce que Tremblay avait observé 10 ans plus tôt, à savoir l'existence d'un changement méliratif dans les attitudes.

D'après ces études, les prononciations reconnues comme prestigieuses sont (v. Chapitre 2) :

- voyelles [a] et [ɑ], comme dans *Canada*, au lieu de [ɔ];
- non-diphtongaison de la voyelle [ɛː], comme dans *fête*, au lieu de la diphtongaison [aᵉ];
- voyelle complexe [wa], comme dans *moi*, au lieu de [we];
- voyelle complexe longue [wɑː], comme dans *boîte*, au lieu de la diphtongaison [waᵋ].

D'autres prononciations typiques, remarquées par les Français et perçues comme étant des caractéristiques de l'« accent » québécois, passent inaperçues chez une majorité de Québécois qui n'en ont tout simplement pas conscience. Autrement dit, pour les Québécois, elles sont neutres, considérées comme la façon normale de prononcer, du moins au Québec, et ne constituent pas des éléments d'une mauvaise qualité de langue orale (v. Chapitre 2) :
- ouverture des voyelles [i], [y], [u], comme dans *ville*, *lune*, *soupe*;
- affrication des consonnes [t] et [d] suivies des voyelles [i] et [y] ou de leurs semi-voyelles correspondantes [j] et [ɥ], comme dans *tu*, *du*, *tiers* et *tuer*;
- voyelles nasales *an* et *in* en syllabe ouverte accentuée prononcées [ã], comme dans *grand* et *temps*, et [ẽ], comme dans *pain* et *rien*, au lieu de [ɑ̃] et [ɛ̃], plus près de celles des locuteurs parisiens;
- légère diphtongaison des voyelles longues ou allongées par *R*;
- diphtongaison de la voyelle longue [oː], comme dans *côte*, *sauce* et *Claude* prononcés [kɔᵘt], [sɔᵘs] et [klɔᵘd].

Mentionnons également l'étude réalisée par Laur (2001) visant à étudier la perception de 352 Montréalais au moyen d'un questionnaire. Bien qu'elle ait observé que la plupart des informateurs associaient le français parlé au Québec à des situations informelles, une portion non négligeable de personnes lui conférait aussi un certain prestige. Elle a interprété ces données comme un accroissement des attitudes positives à l'égard du FQ. De plus, elle a pu constater que le FF n'était plus nécessairement associé à un niveau de langue soigné.

Enfin, Remysen (2004) a étudié les attitudes des Québécois à l'aide de deux questionnaires, l'un écrit et l'autre oral, administrés auprès de 25 étudiants et de 5 enseignants. Toutes les personnes interrogées se sont montrées conscientes de la variation sociale, situationnelle et stylistique. Quatre-vingts pour cent des informateurs désignent les médias, notamment les chefs d'antenne, comme étant des exemples d'un modèle de langue parlée. Les résultats suggèrent une émancipation linguistique des participants qui s'exprime par une autoévaluation positive et une revendication du droit à la différence. Par contre, la confrontation des résultats issus des deux questionnaires fait apparaître que leur attitude est tout de même caractérisée par des ambivalences et des contradictions. L'idée que le bon usage est avant tout un usage français demeure très présente dans l'imaginaire des Québécois. Certes, aucun répondant n'affirme explicitement vouloir parler comme les Français, mais les réponses laissent sous-entendre que le FF serait, en dernière analyse, supérieur, p. ex. lorsque les informateurs croient que les Français disposent d'un vocabulaire plus riche et varié (*ibid.*, 31).

Toutes ces études font entrevoir une amélioration des attitudes des Québécois à l'égard de leur français et une certaine émancipation par rapport au FF. Elles démontrent cependant qu'un certain malaise persiste. La contradiction entre les résultats obtenus par les méthodes directes et indirectes indique non seulement l'existence d'une ambivalence dans les attitudes, mais suggère aussi que les répondants de ces études s'alignent sur ce qu'ils croient être socialement admis lorsqu'ils s'expriment moins spontanément. Force est de constater que le prestige social et culturel du FR n'a pas diminué autant que certains le voudraient. Néanmoins, le FQ semble désormais jouir d'un prestige latent (Pöll 2005, 187).

4.4.3 La qualité de la langue

Bien des recherches sur les attitudes et les représentations des Québécois par rapport à leur variété de français font allusion à la *qualité de la langue*[65], notamment dans le discours public. Vouloir donner un aperçu de ce qui a été écrit sur ce sujet pourrait, en raison du volume d'études important, remplir un livre seul. Comme l'exprime si justement Laforest (1997, 9) « [...] le véritable sport national des Québécois consiste à parler de langue. » Par contre, il faut admettre, à l'instar de Laforest, que « rien ne ressemble plus à un livre paru sur la langue qu'un autre livre sur la langue ».

La notion de *qualité de la langue* est une expression utilisée souvent par les citoyens non spécialistes, notamment dans le discours public. Elle signifie 'langue française de qualité', c'est-à-dire une langue réputée belle, efficace et claire parce qu'elle respecte le modèle de norme prescriptive en vigueur (v. 4.6). Elle renvoie donc à la perception qu'a une population de ce qui est socialement acceptable et de ce qui ne l'est pas en matière d'usage de la langue. Cette perception est soutenue par l'existence, dans l'espace public, d'un modèle de langue tenu pour idéal, c'est-à-dire une norme, qui fait l'objet d'un relatif consensus social. Il s'ensuit qu'une langue peut être qualifiée de bonne qualité si elle correspond à ce modèle idéal, ou de mauvaise qualité si elle contrevient en tout ou en partie aux caractéristiques de ce modèle.

Le concept de qualité de la langue est à la fois subjectif et relatif (Laporte 1995). Subjectif, parce qu'il relève en partie de l'idéologie des sociétés qui parlent cette

---

[65] Cette préoccupation de la qualité de la langue remonte déjà au milieu du XIXe siècle lorsque les Québécois ont pris conscience de l'écart qui s'était creusé entre le français parlé au Québec et celui parlé en France (v. Chapitre 3).

langue, dès lors qu'on va au-delà du seul critère mesurable qu'est la transmission efficace et sans obstacle du message. Pourquoi la prononciation [mwa] (moi) vaudrait-elle mieux que [mwe]? Relatif, parce que la qualité de la langue ne s'évalue qu'en fonction d'une norme (souvent celle qui est explicitement prescrite), d'un modèle idéal (v. 4.6.2). Or, on sait que le choix d'un modèle de norme, parmi toutes les variétés linguistiques qui coexistent dans une société donnée, relève avant tout du pouvoir que les groupes sociaux en présence possèdent ou non pour imposer leurs valeurs aux autres groupes.

Parmi les nombreuses études sur la qualité de la langue au Québec, il y a notamment celle de Cajolet-Laganière et Martel (1995, 17) visant à relever les opinions émises sur la qualité de la langue de 1960 à 1993 dans le journal *La Presse*, à l'intérieur de 1 071 articles de toutes sortes. Leur corpus est constitué en grande majorité et à parts égales d'opinions émises par des spécialistes (linguistes, écrivains, professeurs, etc.) et d'avis de lecteurs. Les chercheurs remarquent que moins de 10 % seulement avaient fait ressortir un aspect positif. Ils déplorent le manque de données objectives sur la qualité de la langue au Québec et soulignent la nécessité d'études objectives afin de pouvoir évaluer scientifiquement la qualité de la langue. Notons que, depuis, de telles études ont été réalisées et démontrent, statistiques à l'appui, une amélioration de la qualité de la langue dans la presse écrite (Kavanagh/Marcoux/Paré/Roy 2015).

D'autres enquêtes sur les opinions ont eu plutôt recours aux questionnaires. Parmi ces dernières, on compte celle de Maurais (2008) dont l'objectif a été de rendre compte de l'évolution des opinions sur la norme et sur la qualité de la langue. L'enquête téléphonique a été menée auprès de 2 200 Québécois francophones, anglophones et allophones. Dans son étude, Maurais a mis en lien les résultats qu'il a obtenus avec ceux de trois enquêtes effectuées dans le passé, soit ceux de la Commission d'enquête sur la situation linguistique au Québec, connue sous le nom de Commission Gendron (Boudreault 1973), et ceux d'Annette Paquot, non publiés, mais exploités plus tard par Bouchard et Maurais (1999, 2001). L'enquête comporte 87 questions dont certaines donnent lieu à deux, parfois trois sous-questions. Elles touchent divers aspects, entre autres :
– les représentations qu'ont les Québécois des différences entre leur français et celui des Européens;
– la langue enseignée à l'école ainsi que les dictionnaires qui devraient y être utilisés;
– le sentiment des Québécois à l'égard des québécismes, de la langue des humoristes et des enseignants, de la langue écrite et parlée des jeunes, de la langue des médias écrits et oraux et de celle de la publicité.

Dans l'ensemble, Maurais (2008) constate à son tour les attitudes ambivalentes des Québécois à l'égard de leur langue, mais il observe également que ces derniers acceptent mieux leurs différences linguistiques. Par rapport aux études antérieures, il remarque un plus grand souci de la qualité de la langue, notamment en ce qui concerne l'usage à la radio et à la télévision, ainsi qu'une volonté de valoriser le patrimoine linguistique québécois : plus rares sont désormais ceux qui disent vouloir parler comme les Français. En effet, bien des gens croient que les québécismes sont une richesse à conserver. Par contre, malgré ce constat positif, de nombreuses personnes jugent encore la qualité de la langue au Québec toujours moins bonne si on leur demande de la comparer avec la France.

Ostiguy (2008) a étudié les opinions qui ont été exprimées à l'endroit de la qualité de la langue au Québec dans plus de vingt journaux québécois d'expression française, et ce, de janvier 2002 à la fin de novembre 2007. Les sujets relatifs à la qualité de la langue qui ont été les plus discutés dans les tribunes des journaux, à savoir les éditoriaux, les chroniques et les reportages sont, dans l'ordre, la langue parlée à la télévision et à la radio, la langue écrite des élèves des niveaux primaire, secondaire et collégial, le projet de rectifications de l'orthographe déposé par l'Académie française en 1990, la langue parlée par la population en général, les performances à l'écrit des futurs enseignants et la question du modèle de norme linguistique à privilégier pour le Québec.

Même si le corpus ne fait pas entendre les opinions de tout le monde, les résultats dressent tout de même un portrait de ce que pensent les journalistes, ces faiseurs d'opinions. Parce qu'ils sont considérés par le lectorat comme des personnes bien informées, leurs avis finissent par éveiller l'attention de la population, voire par diriger l'opinion publique.

La grande majorité des textes dépouillés fait entendre des opinions qui sont des critiques à l'endroit de la qualité de la langue lue ou entendue au Québec; les signataires et les personnes citées manifestent, pour la majorité, de l'inquiétude par rapport à l'état de leur langue aujourd'hui.

Même s'il se dégage des données du corpus 2002–2007 une perception générale négative, il n'en demeure pas moins qu'il y a des points de vue exprimés qui diffèrent, et ce, pour presque tous les aspects de la qualité de la langue. En effet, il s'en trouve des nuancées, qui atténuent les critiques des uns et des autres en mettant en évidence des aspects de la question qui ont été peu considérés. Bien souvent, ces points de vue sont émis par des spécialistes de la langue ou par quelques journalistes chroniqueurs.

Alors que la langue parlée de la population en général et celle des jeunes ne soulèvent, au bout du compte, que peu de passion, peut-être à cause de leur caractère privé, celle des animateurs d'émissions d'infovariétés et de divertissement, des humoristes et des hommes politiques est vivement condamnée. Les Québécois craignent que cette langue parlée, laissant entendre des écarts aux règles de grammaire et de syntaxe, des jurons et des références à la sexualité, ne devienne un modèle pour la population, et plus particulièrement pour les jeunes.

Toutefois, la langue de l'information échappe à cette tendance, parce qu'elle est jugée relativement de qualité. C'est le cas aussi, dans une certaine mesure, de la langue des futurs enseignants et des enseignants, la première en raison peut-être du fait qu'elle n'est pas encore publique, la seconde parce qu'elle est jugée ou présumée relativement bonne.

Il ressort aussi une constante, soit que la population souhaite ardemment un redressement en matière de langue écrite : celle de ceux qui la transmettront ou la transmettent, c'est-à-dire les futurs enseignants et les enseignants, et celle qui est publique, c'est-à-dire la langue de l'affichage et des milieux professionnels. Seule la langue écrite de la population en général échappe à une critique généralisée, peut-être à cause, là encore, de son caractère plus privé et, surtout, moins apparent.

Ces observations vont dans le même sens que celles déjà présentées par Cajolet-Laganière et Martel (1995). La perception générale des Québécois semble donc ne pas avoir changé entre les travaux de ces derniers et ceux d'Ostiguy. On peut même penser que les exigences des Québécois en cette matière ont pu augmenter, notamment avec celles de la société. Le marché du travail a besoin aujourd'hui d'une proportion plus grande encore de personnes sachant bien lire et bien écrire, et les exigences des entreprises en matière de compétence linguistique ne cessent de croître.

La conscience des Québécois par rapport à cette dimension a pu aussi s'accroître. Il y a un plus grand nombre de Québécois diplômés, et les caractéristiques d'une langue de qualité ainsi que les enjeux liés à leur maîtrise sont clairs pour un nombre de plus en plus important de personnes. Avec la multiplication des moyens d'information, les Québécois sont aussi plus nombreux à avoir accès aux discussions sur la qualité de la langue qui sont menées publiquement.

On ne doit pas s'étonner, par ailleurs, que le regard jeté sur la qualité de la langue par ceux qui se sont donné la peine de prendre la plume, soit souvent négatif. Ce geste en est souvent un de réaction à l'égard d'une situation jugée insatisfaisante. De plus, pour les journalistes, notamment les reporters, il est plus facile, pour reprendre les termes de Cajolet-Laganière et Martel (1995, 32), « de faire la nouvelle avec une mauvaise nouvelle ».

4.5 L'insécurité linguistique des Québécois

Afin de conceptualiser les attitudes linguistiques autodépréciatives et ambivalentes des Québécois évoquées dans les paragraphes précédents, nous avons déjà utilisé le terme *insécurité linguistique*. Il faut savoir que certains des auteurs cités, tels que Lambert *et al.*, ne se sont pas servi de cette terminologie, même s'ils décrivaient le même phénomène. L'insécurité linguistique est particulièrement commune dans les pays francophones dont les locuteurs comparent souvent leur façon de parler à celle des Français, plus souvent celle des Parisiens[66].

Le terme a été utilisé pour la première fois par Labov (1972) dans ses travaux sur la stratification sociale de variables linguistiques à New York. Chez Labov, l'insécurité linguistique est analysée comme étant un phénomène quantifiable reflétant les conflits entre les classes sociales ; elle concerne donc la variation sociale de la langue. L'*indice d'insécurité linguistique* labovien mesure l'écart entre l'autoévaluation des locuteurs, c'est-à-dire ce qu'ils croient prononcer eux-mêmes, et leur perception de ce qui est socialement valorisé, c'est-à-dire ce qu'ils estiment être la prononciation correcte, de prestige. Cet écart serait le plus grand chez les membres de la petite bourgeoisie qui aspirent à monter dans la hiérarchie sociale et, en conséquence, qui souhaitent s'exprimer comme ceux des groupes de la société qui sont mieux nantis socialement et culturellement. Comme ils n'y parviennent qu'imparfaitement, leur discours est caractérisé par de nombreuses hypercorrections[67]. Labov (1972) ajoute comme indice d'insécurité linguistique l'hypersensibilité à des traits linguistiques stigmatisés, des réactions négatives à l'égard de sa propre façon de s'exprimer, et une perception fautive de son propre parler.

Dans le monde francophone, le concept a été élargi à des situations où plusieurs langues ou variétés géographiques d'une même langue entrent en conflit, comme c'est le cas de la Belgique, de la Suisse et du Québec. Sur le plan méthodologique, les chercheurs ne se limitent plus dorénavant à des études quantitatives, mais combinent ces dernières avec des études qualitatives telles que les entrevues, les opinions exprimées dans les médias, les constructions discursives dans des situations de communication particulières (v. 4.3.2).

Au centre de toutes les définitions du phénomène d'insécurité linguistique se trouve la notion de norme :

> On parle de sécurité linguistique lorsque, pour des raisons sociales variées, les locuteurs ne se sentent pas mis en question dans leur façon de parler, lorsqu'ils considèrent *leur* norme comme *la* norme. À l'inverse, il y a insécurité linguistique lorsque les locuteurs considèrent leur façon de parler comme peu valorisante et ont en tête un autre modèle, plus prestigieux, mais qu'ils ne pratiquent pas (Calvet 2005, 47).

> Il y a dès lors insécurité dès que l'on a une image assez nette de la norme, mais que l'on n'est pas sûr d'avoir la maîtrise de cette variété légitime. Il y a au contraire sécurité dans le cas où la production d'un usager est conforme à la norme qu'il reconnaît, et dans celui où son usage

---

66 V. Bavoux (1996), Robillard et Beniamino (1996) ainsi que Pöll (2001, 2005) pour une discussion menée dans d'autres régions francophones du monde telles que la Belgique, la Suisse et certains pays d'Afrique.

67 En voulant imiter une forme socialement valorisée, prestigieuse, les locuteurs vont au-delà de ce que la norme du bon usage prescrit, p. ex. ils peuvent produire une liaison consonantique très peu courante ou carrément inattendue (v. Chapitre 2) ou utiliser le mode subjonctif là où il n'est pas requis.

n'est pas légitime, mais sans qu'il ait une conscience nette de la non-conformité (Klinkenberg 1993, 185).

Les locuteurs ont donc un sentiment d'illégitimité envers leur propre façon de parler par rapport à un modèle plus prestigieux, idéalisé[68]. Cette langue ou cette variété légitime (Bourdieu, 1982) peut être celle d'une classe sociale supérieure ou celle d'une autre communauté linguistique. Nous avons vu que la prise de conscience de l'écart entre le français parlé au Québec et celui parlé en France est à l'origine de l'insécurité linguistique des Québécois par rapport au français parlé en France (v. 3.3)[69]. Ce type d'insécurité découle moins de la relation entre les groupes sociaux de la société québécoise que de la relation entre cette dernière et la société française. Les études citées dans la section 4.4 confirment l'omniprésence du modèle français dans la représentation que les gens ont de la langue. Même certains lexicographes québécois n'échappent pas à la domination de ce modèle lorsque, par exemple, ils présentent un mot comme étant un *archaïsme*, tout en sachant qu'il est bien vivant et fonctionnel au Québec; en réalité, il n'est qu'un archaïsme vu de France où il est sorti de l'usage (v. 2.3.1.1.1).

Comment expliquer que, en dépit de l'existence d'une langue ou d'une variété reconnue comme plus prestigieuse par la communauté linguistique, la variété moins valorisée, moins légitime, se maintient quand même dans l'usage?

Les études qui ont suivi celles de Lambert et ses collaborateurs ont mis en évidence que les variétés auxquelles est rattachée une valeur socioéconomique ou sociolinguistique reçoivent des appréciations plus favorables que les variétés non légitimes sous l'angle du statut (compétence : éduqué, intelligent, riche, réussit bien); en revanche, les variétés non légitimes sont mieux placées quant à certaines valeurs humaines telles que la solidarité (amical, bon, gentil, sincère) et la puissance (brave, individualiste, fort, actif, athlétique, agressif). L'existence de ces deux qualités principales, statut d'une part et solidarité/puissance d'autre part, expliquerait pourquoi, en dépit de la domination d'une variété sur l'autre, la variété moins prestigieuse persiste, se maintient (Ryan, 1979; Lafontaine, 1997)[70]. En d'autres termes, les qualités de solidarité/puissance accordées volontiers à la variété non prestigieuse sont davantage en relation avec le sentiment identitaire, d'appartenance culturelle et sociale. Ceci explique aussi pourquoi les variétés non légitimes sont souvent plus appropriées à des situations de communication informelles. Cette ambivalence dans les attitudes opère souvent au niveau inconscient et

---

[68] Notons que l'insécurité linguistique est fortement liée à la scolarisation. Dans nombre de cas, la scolarisation mène à la connaissance de la norme et à la conscience des enjeux associant sa maîtrise et la réussite sociale. On arrive donc à ce résultat paradoxal que l'école renforce l'insécurité linguistique.

[69] Bien sûr, il y existe également le type d'insécurité linguistique découlant des tensions sociales intérieures de la même société tel que décrit par Labov, comme nous avons vu dans la section 4.5.

[70] V. aussi Labov (1972) et Gueunier/Genouvrier/Khomsi (1978).

devient visible grâce à la combinaison de plusieurs méthodes d'enquête. Ainsi, elle s'observe, comme nous l'avons vu, dans la contradiction entre les attitudes déclarées explicitement et les attitudes découvertes au moyen de tests qui révèlent un prestige caché accordé aux variétés non légitimes. Labov (1972) parle de l'existence de normes voilées qui s'opposent à la norme prescriptive.

Pour comprendre comment, au cours des dernières années, une telle insécurité linguistique a pu naître chez les Québécois et ce qui a favorisé en même temps une plus grande acceptation du FQ, il faut tenir compte de la question de la norme linguistique.

4.6 La question de la norme linguistique au Québec

4.6.1 Les normes objectives du français parlé au Québec

4.6.1.1 Normes objectives et variation linguistique

Le français n'est pas parlé ou écrit de façon identique par tous les locuteurs ou par tous les scripteurs francophones (Chapitre 2). Cela dit, pourquoi les gens ne parlent-ils pas tous exactement de la même manière, en toutes situations et avec tout le monde? Pourquoi utilisent-ils de façon différente les ressources du français, tant les prononciations que les mots? Pourquoi ont-ils des préférences quand vient le temps de nommer les choses, de prononcer les mots, de mettre en mots les énoncés?

On convient généralement que l'usage de tels ou tels éléments ou de telles ou telles structures linguistiques chez les uns ou chez les autres est guidé, dans une certaine mesure, par des normes linguistiques qui dictent les comportements langagiers des personnes. En fait, la langue donne lieu à un ensemble de comportements, comme n'importe quelle activité sociale humaine. Elle fait donc partie intégrante de la culture. Appliqué à la langue, le terme *norme* désigne un modèle culturel de comportement linguistique (Corbeil 1980, 83).

Les normes de comportement linguistique sont transmises spontanément par la culture d'une communauté donnée. Elles sont transmises aux personnes durant leur vie de locuteur (production verbale) et d'interlocuteur (écoute des productions verbales des autres) à la faveur de multiples situations de communication (échanges verbaux avec les parents, avec les amis, échanges multiples réalisés durant le passage à l'école, échanges avec les collègues de travail, écoute de différents types d'émissions télévisées, etc.), bien souvent de façon relativement inconsciente. Ce sont ces normes qui guident les conduites linguistiques des gens en telle ou telle situation de communication.

Il existe des normes linguistiques que tous les Québécois partagent, et c'est pourquoi on distingue un Québécois d'un Français dès la première écoute. Il en est d'autres qui ne sont partagées que par des sous-groupes de la communauté québécoise, déterminées en partie par leur rapport avec la scolarisation, par leur appartenance à un groupe d'âge, par leur appartenance sexuelle ou par une combinaison de ces facteurs. Comme on constate que ces normes peuvent différer selon les sous-groupes, Québécois/Français, Québécois scolarisés/Québécois moins scolarisés, Québécois âgés/Québécois jeunes, Québécois/Québécoises, etc., on est donc amené à parler de normes objectives, et non pas d'une norme objective.

4.6.1.2 Normes objectives et description linguistique

Ces façons de se conduire linguistiquement ne sont pas toujours explicites, formulées sur papier; elles ont été transmises par la culture. Par exemple, les Québécois qui, contrairement à bien des francophones dans le monde, affriquent les consonnes *t* et *d* devant [i] et [y] et les semi-voyelles correspondantes [j] et [ɥ] (v. Chapitre 2) se conforment à une règle de prononciation, non explicitement formulée, qui appartient au modèle de norme objective qui régit les usages linguistiques réels de la majorité des Québécois francophones. À l'intérieur de la communauté québécoise, un certain nombre de Québécois ne diphtonguent pas ou diphtonguent peu les voyelles longues; c'est le cas notamment des personnes scolarisées habituées à prendre la parole en public, dont les personnalités des médias d'information (Reinke 2004, 2005). Ils se conforment ainsi à une règle, pas toujours explicitement formulée, qui appartient au modèle de norme objective qui régit les usages linguistiques de leur sous-groupe professionnel. Les règles des normes objectives sont ainsi transmises par les usages qui prévalent dans le ou les milieux dans lesquels évoluent les locuteurs.

L'acquisition/apprentissage des règles des normes objectives s'effectue bien souvent de façon relativement inconsciente, à la faveur de multiples situations de communication et d'écoute, qui se présentent dès la naissance avec les parents et les amis, et qui se poursuivent toute la vie, avec les collègues de travail et les nouveaux amis. L'individu, sans en avoir conscience, apprend ainsi les codes, les normes qui régissent les usages linguistiques de son milieu familial, de son cercle d'amis et de son sous-groupe social ou professionnel. Il apprend ainsi à se conduire normalement avec la langue, en fonction de ces derniers.

Si d'aucuns transgressent ces modèles de comportement linguistique, soit en s'adressant impoliment à une personne âgée, en utilisant une langue familière en situation d'entrevue pour un travail ou en utilisant une langue trop soignée avec des amis ou avec la famille, les risques d'être critiqués et de se faire remettre à l'ordre s'accroissent. La violation de ces normes est donc sanctionnée. Ce qu'on appelle normes objectives, ce sont donc ces modèles linguistiques transmis par la culture et qui guident les comportements linguistiques des membres d'une communauté.

Certaines personnes peuvent volontairement endosser les comportements linguistiques spontanés d'autres groupes sociaux que le leur, comme c'est le cas pour celles qui, au cours de leur vie, changent de milieu social.

Pour le sociolinguiste, décrire une norme objective consiste à supprimer ce qu'a de personnel le comportement linguistique de chaque individu observé et à dégager les comportements stables chez les individus des sous-groupes qu'il observe dans une communauté, idéalement en termes statistiques. Le sociolinguiste observe donc comment parlent réellement les membres d'une communauté ou d'un sous-groupe de cette communauté en telle ou telle situation. Ainsi, les chercheurs ont identifié un ensemble de comportements relativement stables dans la communauté québécoise élargie, entre autres la tendance chez une majorité de locuteurs à porter une attention à leur manière de s'exprimer en situation formelle. De même, ils ont observé des comportements caractérisant plutôt des fractions de la communauté québécoise, comme la tendance générale chez les hommes à utiliser spontanément une langue un peu plus familière que leurs vis-à-vis féminins; celle chez les adolescents à s'exprimer comme les autres adolescents, notamment pour s'intégrer au groupe; celle chez les personnes scolarisées à faire usage d'un niveau de langue plus soutenu.

Les sociolinguistes ont constaté ainsi que, en dépit d'une certaine liberté face à leur langue, les Québécois, comme les locuteurs d'autres communautés linguistiques, n'utilisent pas les éléments de la langue (phonétiques, lexicaux, morphologiques ou syntaxiques) au hasard, mais sont plutôt guidés par les modèles de norme de leurs sous-groupes respectifs.

4.6.1.3 Normes objectives en fonction de facteurs géographiques, sociaux et situationnels

Les normes objectives diffèrent donc selon la provenance géographique, le degré de scolarisation, l'appartenance sexuelle, l'âge et le degré de formalité. Cette variation linguistique a déjà été abordée dans le Chapitre 2. Nous ajoutons ici quelques exemples :

- Québec/France

    - Tutoiement fréquent chez les Québécois avec des interlocuteurs perçus comme étant plus jeunes ou du même âge; en revanche, vouvoiement avec les personnes plus âgées;
    - Vouvoiement plus fréquent chez les Français quel que soit l'âge de l'interlocuteur.

- Régions du Québec

    - Usage de québécismes régionaux (lexique, prononciation) lorsque les résidents d'une région se retrouvent entre eux;

- Usage plus important d'anglicismes directs chez les locuteurs de l'Outaouais lorsqu'ils communiquent entre eux, même en pleine connaissance des mots français[71].

- Scolarisation

  - Usage plus important d'éléments linguistiques du FQf chez les personnes âgées ou moins scolarisées;
  - Usage moins fréquent d'éléments linguistiques du FQf chez les personnes scolarisées.

- Appartenance sexuelle

  - Prononciation plus fréquente chez les femmes de la variante soutenue [ɑ] à la finale des prénoms, comme Mari*a*, Alexandr*a*, Jessic*a*, Nicol*as*, plutôt que de la variante familière [ɔ], (v. 2.3.2.2);
  - Usage du FQf plus fréquent chez les hommes.

- Âge

  - Usage plus important chez les adolescents d'expressions et de mots nouveaux, voire créés, et articulation des voyelles et des consonnes tendant à être plus relâchée.

Ces comportements réels, évoqués dans des études, constituent des normes objectives de ces groupes sociaux.

4.6.1.4 La hiérarchisation des normes objectives

Tous les usages de la langue sont bons en soi, à condition d'être pratiqués dans un groupe homogène de personnes. Au Québec, on ne reproche jamais à des amis d'utiliser des anglicismes, puisque tout le monde est réuni autour d'une norme objective qui autorise cet usage. Toutefois, avec d'autres personnes, cela peut arriver. Si ces personnes peuvent critiquer la façon dont une autre personne s'exprime parce qu'elle utilise beaucoup d'anglicismes, c'est qu'elles ne pratiquent pas cet usage ou que, dans la situation de communication donnée, il est convenu d'utiliser une autre façon de dire les choses. Il est donc possible de violer le modèle normatif de ce groupe de personnes.

Même si, en soi, il n'y a pas de bons ou de mauvais usages, il reste que, société hiérarchisée oblige, tous les modèles de norme ne sont pas considérés égaux. En

---

71 Il est remarquable de constater comment les Québécois produisent moins d'anglicismes dès que le registre devient plus soutenu ou qu'ils se retrouvent avec des francophones d'ailleurs. Il faut donc convenir que l'usage d'anglicismes tient plus à des normes objectives qu'à l'ignorance des mots français. C'est à cette conclusion qu'arrivent Poplack *et al.* (1988) pour la communauté francophone de Hull-Ottawa.

effet, l'un d'entre eux est valorisé socialement par rapport à tous les autres et joue un rôle dominant au sein de l'organisation sociale. C'est ainsi que la norme objective des individus scolarisés (leurs usages réels) est le modèle valorisé dans notre société. Comme on l'a dit plus tôt, on qualifie alors cette variété ou cette langue de *légitime*.

Le sociologue français Pierre Bourdieu (1982) utilise des métaphores économiques pour expliquer pourquoi une variété linguistique peut s'imposer en tant que variété légitime. La langue ne sert pas seulement à communiquer : elle reflète également les rapports de forces dans une société, qui expliquent l'idéalisation d'une variété de langue qui devient la variété légitime, *la* norme. Les lois du marché déterminent la valeur d'un produit langagier qui se traduit par le prestige et la reconnaissance sociale. Les gens qui possèdent le « capital » culturel et linguistique sont en mesure de fixer les « prix » sur le marché. Le « profit » sur ce marché linguistique est un « profit de distinction » (*ibid.*, 43), c'est-à-dire qu'il permet à un locuteur donné de se démarquer de manière positive des autres.

Ceci n'exclut pas l'existence, au sein de la même communauté, d'autres marchés linguistiques : en effet, chaque situation de communication constitue un marché sur lequel les locuteurs offrent leurs produits. De plus, il y a une certaine tension entre les différents marchés qui dépend du « degré d'officialité de la situation » (*ibid.*, 79) et de la distance sociale entre les interlocuteurs. Plus le marché est officiel, plus il exige des produits qui correspondent à la variété légitime, à la norme prescriptive. Qui ne satisfait pas aux exigences du marché doit s'attendre à des sanctions. Nous retrouvons donc ici, formulée autrement, l'idée de l'existence de plusieurs normes objectives dont une jouit d'un plus grand prestige social.

La métaphore économique illustre le fait que la position privilégiée de la variété légitime est la conséquence des conditions sociohistoriques ayant favorisé son imposition. En général, la variété légitime est la variété parlée par le groupe politiquement et économiquement dominant et qui devient alors l'objet d'une prescription : « Celle-ci n'est donc au départ qu'une variété sociale (ou régionale) dont la première chance a été d'être parlée et promue par un groupe devenu socialement dominant » (Leclerc 1986, 356). Mais il y a aussi des facteurs qui influencent inconsciemment le comportement des individus et qui contribuent à imposer cette variété. Bourdieu appelle ces mécanismes « habitus » : il s'agit de schémas de perception, d'action et de réflexion que les gens acquièrent automatiquement durant leur socialisation. Au bout du compte, la langue légitime devient le modèle à suivre, *la* norme, reconnue par tous les membres d'une communauté. Le groupe dominant est en mesure de la prescrire comme seule variété légitime dans la communication publique, les écoles, les médias, l'administration et les activités socioéconomiques, et elle devient l'objet d'une codification dans les grammaires, dictionnaires et ouvrages correctifs. On peut supposer que les membres de l'élite intellectuelle qui maîtrisent pleinement la variété légitime la défendent de crainte de perdre ce symbole de distinction sociale, comme le suggère aussi Muhr (2013, 13). Leclerc (1986 : 362) écrit à ce propos que « la variété standardisée connaît une seconde chance, celle de subir un processus de codification, c'est-à-dire l'élaboration d'un appareil de référence des usages prescrits par le corps des spécialistes investis de l'autorité et de la légitimité en matière de langue ».

Aborder la question de la norme conduit donc inévitablement à aborder celle que la plupart des gens considèrent comme la seule norme véritable, le bon usage : celle qui est prescrite, ouvertement dictée, exposée dans les traités de prononciation du FR, dans les dictionnaires usuels souvent élaborés en France, ainsi que dans les grammaires.

4.6.2 La norme prescriptive au Québec

4.6.2.1 Les composantes de la norme prescriptive

En gros, la norme prescriptive repose sur l'idée d'un modèle de langue idéal, dont l'usage des règles est recommandé. Pour le français, il correspond au français standard, au français soutenu ou au FR. C'est celui-là qui est enseigné. Ceux qui ne respectent pas ce code sont souvent considérés comme des personnes parlant et écrivant mal leur langue. La coercition est telle que ceux ne maîtrisant pas ce modèle idéal peuvent être tenus à l'écart de plusieurs occupations. On peut établir trois composantes de la norme prescriptive (Aléong 1983) :

1) Elle repose sur l'idée qu'il existe un bon usage et un mauvais usage;
2) La norme prescriptive renvoie à un appareil de référence : locuteurs investis d'une autorité et d'un prestige en matière de langue (journalistes, professeurs, écrivains), organismes publics dont le rôle est de diffuser le bon usage (Office québécois de la langue française, Académie de la langue française, ministère de l'Éducation), écrits de toutes sortes où est codifié et consigné le bon langage (grammaires, dictionnaires, traités de prononciation, etc.);
3) La norme prescriptive est diffusée et imposée à tout moment dans des lieux stratégiques grâce à son rôle de référence légitime. Mentionnons notamment l'école, la presse écrite ou électronique et l'administration publique.

Cette norme prescriptive peut, sous certains de ses aspects (mot, construction de phrase), être suivie plus attentivement par certains membres de la communauté. C'est le cas des personnes scolarisées : entre autres, les journalistes et les communicateurs en général, les professeurs. Conscientes des formes linguistiques prescrites par le truchement de l'école qu'elles ont fréquentée longtemps, elles les adoptent. Ces mots, ces prononciations et ces tournures phrastiques, désormais intégrés à leur usage quotidien, caractérisent leur sociolecte et deviendront leur norme objective. Il y aura ainsi une plus grande correspondance entre le modèle prescrit et leur usage réel. C'est pour cela que, souvent, les gens diront d'elles qu'elles s'expriment bien. Cependant, ce ne sont pas seulement les personnes appartenant aux groupes sociaux scolarisés ou supérieurs qui s'approchent de la norme prescriptive, mais également celles pour qui la maîtrise de la langue légitime a une importance primordiale dans l'exercice de leur profession (réceptionniste, secrétaire, etc.). Ces personnes possèdent un plus haut *indice de participation au marché linguistique* (Sankoff/Laberge 1978).

4.6.2.2 La norme linguistique de la Société Radio-Canada (SRC)

La Société Radio-Canada (SRC) est la première chaîne publique nationale. En 1960, le Comité de linguistique de Radio-Canada a été créé, avec les mandats d'améliorer la langue à l'antenne et celle de la gestion interne, de servir d'organisme consultatif en matière de langue et de recueillir les matériaux nécessaires à la compilation de la terminologie de la production (radio et télévision) et de la gestion (Dubuc 1990, 136). À cette époque, divers bulletins mentionnant les problèmes de langue les plus fréquents ont été publiés. Ces documents, qui font autorité, ont été diffusés dans les services linguistiques d'entreprises et même dans le public. Avec les années, les interventions et les réflexions des agents linguistiques de Radio-Canada ont ainsi permis de préciser une norme de l'usage à son antenne, qui sert généralement de norme en matière de langue publique.

La SRC a élaboré une norme prescriptive pour ses chefs d'antenne et ses animateurs qui figure dans divers documents : un document plus ancien, à savoir le volume XVIII, n° 4, de la publication *C'est-à-dire* du Comité de linguistique de Radio-Canada (Dubuc 1990), et deux datant des années 2000, *La politique linguistique de la Radio française de Radio-Canada* (SRC 2000) et *La qualité du français à Radio-Canada. Principes directeurs* (SRC 2004).

Le modèle des présentateurs de nouvelles de Radio-Canada est reconnu par une majorité de Québécois comme un modèle de référence, comme un exemple du bon usage de la langue parlée. Dans une recherche visant, entre autres, à connaître les orientations personnelles des Québécois en matière de norme linguistique, Bouchard et Maurais (2001) montrent que le modèle de référence pour 71 % des Québécois francophones est toujours celui des lecteurs de nouvelles de la SRC. La langue *telle qu'elle est parlée aux « nouvelles »* de la SRC serait donc encore perçue comme un modèle de langue (modèle idéal) pour les Québécois (v. aussi Maurais 2008 et 4.4.3).

Or, le modèle radio-canadien suit de près le modèle du *français international* (Bigot/Papen 2013, 118). Ainsi, on lit dans Dubuc (1990, 145) que la prononciation s'aligne au « modèle phonétique du français actuel, précisé notamment dans le *Dictionnaire de la Prononciation française* dans sa norme actuelle de Léon Warnant »; il s'agit là d'un dictionnaire traditionnel du bon usage parisien. La situation a peu changé depuis; d'un côté, on lit dans le document de la SRC (2004, 1) « Le français utilisé sur les ondes de la Radio et de la Télévision françaises ainsi que dans le site Internet de Radio-Canada est **le français correct en usage au Canada.** », de l'autre, il est écrit plus loin « Les prononciations utilisées à la Radio et à la Télévision françaises de Radio-Canada doivent **se rapprocher le plus possible des prononciations en usage dans le reste de la francophonie.** »[72] (*ibid.*, 4). Au niveau de la prescription, de ce qui est explicitement dit ou écrit, cette norme favorise donc plutôt le français international, qui correspond dans les faits au FR (v. la conception des « conservateurs » dans 4.6.2.3).

Ce qui ressort de la lecture de ces documents est une double position difficile à concilier. D'un côté, le comité linguistique reconnaît que les Québécois n'ont pas à renoncer, en ondes, à leurs particularités; de l'autre, il prend tout de même position en faveur d'un français devant se démarquer le moins possible du français utilisé généralement dans la francophonie. C'est peut-être ce conflit qui est à l'origine d'un changement dans la langue de Radio-Canada au cours des dernières années, notamment dans celle des émissions de divertissement ; cette langue se rapproche maintenant de plus en plus du FQ courant, quelquefois même familier (Rochette/Bédard 1984; Cajolet-Laganière/Martel 1995; Reinke 2004, 2005). Le pas, du reste, avait déjà été franchi par les médias privés (TVA, TQS).

Deux études permettent de constater que l'usage réel des professionnels de la parole se distingue effectivement de la norme prescriptive de Radio-Canada : celle de Cox (1998), qui cherche un modèle pancanadien, et celle de Reinke (2005), qui décrit la variation phonétique et morphologique du français dans différents types d'émissions de la télévision québécoise, plus précisément dans les bulletins d'information, les émissions d'affaires publiques et les émissions de divertissement (voir aussi la synthèse des deux études par Bigot et Papen, 2013).

Reinke (2005) a démontré que la langue des médias québécois autorise un certain niveau d'utilisation de variantes considérées comme familières, notamment dans les émissions plus ludiques (informelles). Or, ces variantes familières sont moins répandues à la télévision que dans la langue des Québécois quand ils s'expriment en situation formelle ou informelle. En ce sens, la télévision, si elle fait entendre les variantes du FQf, en fait moins entendre que l'usage ambiant. Par exemple, en fréquence, la population diphtongue plus que ce qu'il a été permis à Reinke d'entendre à la télévision.

Martel, Reinke, Deshaies, Ménard et Émond (2010) ont aussi observé une corrélation entre le degré de formalité d'une émission et la fréquence de variantes familières : plus le degré de formalité d'une émission diminue, plus la fréquence des variantes familières augmente. Les animateurs font donc un usage de la variation linguistique qui est approprié à la situation de communication en dosant la fréquence des variantes familières selon leurs valeurs sociostylistiques respectives. L'usage de certaines variantes familières contribue à simuler une relation authentique avec le public.

---

[72] Les caractères gras sont de nous.

Que nous apprennent, sur un plan sociolinguistique, ces observations? On peut penser que les variantes familières moins fréquentes dans la langue de ces personnalités de la télévision sont considérées par ces mêmes personnes comme des prononciations plus problématiques, plus caractéristiques d'une langue dévaluée socialement. Ces personnes, consciemment ou inconsciemment, éviteraient leur utilisation de crainte d'être jugées trop négativement. À l'inverse, les variantes familières plus utilisées ne seraient pas considérées par ces mêmes personnes comme des prononciations qui seraient franchement « mauvaises », à éviter absolument. Ces observations amènent Pöll (2005, 192) à concevoir la norme phonétique du FQ comme « une réalité mouvante qui se situe à l'intérieur d'une vaste zone de variation : certaines spécificités québécoises y ont leur place [...], d'autres, [...], sont fermement rejetées par les locuteurs [...] ».

Ce qu'on doit admettre aujourd'hui, c'est l'existence d'un certain nombre de particularités québécoises différentes des usages présentés comme appartenant au français international ou radio-canadien (FR). Elles sont utilisées de plus en plus couramment par les Québécois dans des communications à caractère formel (par exemple, dans le cadre d'émissions d'information publique à la télévision ou à la radio) et qui constituent dès lors de « bons usages » pour la population en général. Nous pouvons conclure que, malgré une plus grande tolérance à l'égard des variations linguistiques (et donc des normes objectives), la télévision québécoise, notamment les émissions d'information, représente une norme légitime qui n'est pas tout à fait décrite.

C'est ce qui a amené à la fin des années 1990 Martel et Cajolet-Laganière (1996) et Brent (1999, 120), entre autres, à déplorer la quasi-absence de norme prescriptive explicite endogène pour le Québec. Par exemple, Martel et Cajolet-Laganière (1996, 48) regrettaient qu'aucun ouvrage, qu'aucun dictionnaire ne livre une description complète, juste et fiable des usages et des bons usages de la langue française au Québec. La tâche qui resterait à faire serait de déterminer pour le Québec un référent plus ou moins stable par rapport auquel on pourrait juger de la valeur sociale et stylistique des mots et des prononciations (*ibid.*, 79). Entre-temps, le dictionnaire numérique *USITO*[73] a été mis en ligne et est en train de combler le vide, au moins pour ce qui est du vocabulaire.

4.6.2.3 Un débat sans fin : conception hexagonale contre conception endogène

Les ambiguïtés concernant la norme de référence à privilégier au Québec ne sont pas nouvelles. Rappelons que les chercheurs qui ont retracé l'histoire du français au

---

73 www.usito.com

Québec[74] ont mis en évidence l'existence de différentes conceptions de la norme de référence. Pendant cette période, deux conceptions de modèle de langue se sont affrontées : une conception puriste, celle du *français hexagonal*[75], et une conception plus régionaliste proche du français hexagonal, mais tolérant les conservatismes lexicaux (v. 3.2). Le modèle puriste a effectué un retour au tournant des années 1940 sous une forme un peu différente, appelé *français international*. Il a aussi été le modèle prôné par l'Office de la langue française (OLF) à sa naissance en 1960 (v. 4.6.2.6 et 5.5.1).

Une troisième conception s'est fait entendre au courant des années 1970 : elle remettait en question un modèle « tout français » suivi aveuglément et présentait comme normal que le français du Québec ne soit pas en tous points identique à celui qu'on parle ailleurs dans le monde, ait ses mots et ses tournures. Le nouveau modèle est celui du FQ « standard ». En 1977, l'Association québécoise des professeurs de français (AQPF) prenait parti pour le « français standard d'ici », le définissant comme « la variété socialement valorisée que la majorité des Québécois francophones tendent à utiliser dans les situations de communication formelle » (AQPF 1977, 11)[76]. À titre d'exemple, on souhaitait que les enseignants puissent s'exprimer davantage comme les chefs d'antenne de la SRC. Dans cette conception, on admet l'existence d'un FQ qui puisse être une langue de qualité, même s'il comporte un certain nombre de mots et, dans une moindre mesure, de prononciations doublant des usages du FR. Selon ses défenseurs, ce nouveau modèle de qualité linguistique pourrait valoir comme modèle linguistique de référence pour l'enseignement et les communications à caractère formel des Québécois. L'émergence de cette conception est intimement liée à l'émancipation politique du Québec suite à la Révolution tranquille et soutenue par les nouvelles connaissances en sociolinguistique montrant l'équivalence fonctionnelle des variétés et le caractère social du langage.

Pour l'heure, l'idée qu'il puisse y avoir un tel modèle de qualité linguistique, parallèle à celui du français international (FR), ne fait pas l'unanimité; même entre linguistes, il y a controverse à ce sujet.

Les positions des *conservateurs* ou *exogénistes* (les défenseurs d'une norme internationale) et des *aménagistes* ou *endogénistes* (les tenants d'une norme du FQs) semblent si contraires que le débat prend souvent l'allure d'une polémique parsemée d'attaques personnelles[77]. Bigot et Papen (2013, 115) constatent à juste titre

---

[74] V., entre autres, Bouthillier/Meynaud (1972), Beaudet (1991), Martel/Vincent/Cajolet-Laganière (1998), Poirier (2000), Bouchard (2002) et Verreault/Mercier/Lavoie (2006).
[75] Hexagonal, parce que les contours de la France prendraient plus ou moins la forme d'un hexagone.
[76] Des caractéristiques linguistiques de cette norme font l'objet de 2.2.
[77] V. notamment le ton agressif qu'adopte Meney (2010) pour critiquer le point de vue des endogénistes.

qu'au « 21ᵉ siècle, la question de la norme à adopter pour le Québec n'a certainement pas encore été réglée ». Langlois (2000, 437) écrit à ce propos :

> Quelles sont les thèses en présence ? Elles se résument à deux. La première s'appuie sur le postulat qu'il existe d'abord des langues nationales, des langues ancrées dans une tradition, une histoire, un territoire, par opposition à une langue standard qui imposerait ses normes considérées comme universelles. Dans cette perspective, le FQ se différencie du français de France et il apparaît comme une variété autonome du français qui en respecte les règles syntaxiques fondamentales.
>
> La deuxième thèse avance que la langue sert d'abord à communiquer avec les autres, et notamment avec les personnes des autres cultures qui ont le français en partage. Le français étant une langue internationale, les Québécois ne seraient pas libres de faire ce qu'ils veulent de leur langue puisqu'ils la partagent avec d'autres, sous peine de s'enfermer dans leurs différences si la distance devient trop grande.

Pöll (2008) offre une bonne synthèse des arguments des deux positions[78]. Les défenseurs d'une norme internationale font valoir, entre autres, le manque d'autonomie et d'originalité du FQ. Ils ont tendance à réduire le FQ à un ensemble de formes familières, à le dévaloriser ou à concevoir la situation sociolinguistique comme diglossique (entre autres, Meney 2010). L'idée d'une norme du FQs semble parfois même être interprétée comme la tentative de créer une nouvelle langue (Nemni 1998, 160). Une norme internationale serait donc de mise pour assurer l'intercompréhension entre tous les francophones. Pour les tenants de cette position, la norme réelle au Québec dans les situations formelles est le FR, et les quelques particularités québécoises ne justifient pas la création artificielle d'une nouvelle norme. En fait, le manque de descriptions de la norme du FQs est souvent vu comme la preuve de son inexistence (*ibid.*, 167). Certains suggèrent que les tentatives de décrire une norme du FQs est un projet des nationalistes (Paquot 1995, 35). Cet argument illustre particulièrement bien la dimension identitaire et politique du débat. En effet, quelques défenseurs de la norme internationale (FR) s'affichent comme étant des partisans de la fédération canadienne. En revanche, il faut reconnaître qu'un bon nombre de professionnels de la parole (tels animateurs et journalistes, traducteurs et interprètes) adhèrent aussi, sans partisannerie politique, à cette conception d'un français international.

Pour les endogénistes, une norme du FQs pourrait contribuer à réduire l'insécurité linguistique, puisque les locuteurs cesseraient, avec le temps, d'évaluer leur propre façon de parler par rapport à un modèle extérieur. Le fait que d'autres communautés d'autres langues à grande diffusion (anglais, espagnol et portugais) aient adopté des stratégies semblables conforte leur point de vue (v. 4.6.2.5). Il s'agit d'une position partagée par de nombreux sociolinguistes de ces communautés dites

---

78 V. aussi Schafroth (2009).

périphériques (Pöll 2001, 2005, 2008). Les défenseurs de cette position s'appuient sur les résultats des recherches sociolinguistiques qui ont démontré que la différence entre les variétés de langue réside plutôt dans leur valeur sociale que dans une quelconque « supériorité structurelle ». Ils font valoir qu'il serait faux de réduire le FQ au seul registre familier; que le FQ comporte bel et bien des variétés régionales, sociales et situationnelles au même titre que le FF; que même le registre formel du FQ, le FQs, comporte des particularités qui le distinguent du FR (v. Chapitre 2); et que le FF est tout aussi hétérogène et ne se limite pas à une seule variété soutenue.

Les endogénistes prennent acte également des études qui mettent en évidence les attitudes et les représentations ambivalentes des Québécois (norme évaluative) : étant donné que les choix en matière de langue sont toujours aussi des choix sociaux, ils reconnaissent le caractère conflictuel inévitable qui vient avec le processus d'élaboration d'une norme linguistique québécoise. Par exemple, on observe un certain désaccord au sein même des endogénistes, à savoir quels usages, parmi tous les usages des Québécois, considérer et présenter comme norme québécoise de référence : ceux des Québécois quand ils s'expriment dans des situations formelles, comme le suggère l'AQPF (1977, 11), ou ceux d'une élite intellectuelle, comme le suggèrent Martel et Cajolet-Laganière (1996, 95) ?

Pendant les vingt dernières années, les tentatives de décrire ce FQs ont porté leurs fruits. Marie-Éva de Villers a suggéré, dans le livre *Le vif désir de durer* (2005), qu'il existe, pour le FQ, un modèle de langue pour le lexique qui n'est pas totalement illustré dans des outils de référence, mais qu'il l'est en partie dans les usages réels des journalistes du journal *Le Devoir*. Ce modèle de langue écrite qu'incarnent ces journalistes, qui diffère un peu de celui du FR au niveau du lexique[79], est la norme objective des Québécois qui écrivent pour informer et divertir. Cette norme incarnée par les journalistes, ainsi que par d'autres Québécois qui écrivent des textes qui se situent à ce niveau de formalité, est dotée d'un certain prestige chez les Québécois, qui considèrent qu'il s'agit d'une langue de qualité. Toutefois, il faut reconnaître qu'elle entre un peu en conflit avec la norme prescriptive du FR. En effet, ces journalistes québécois utilisent spontanément des québécismes de création, de sens et d'emprunt.

Depuis les années 1980, il y a eu plusieurs tentatives d'offrir aux Québécois un dictionnaire qui tienne compte de l'ensemble des usages linguistiques entendus au Québec. Alors que le *Dictionnaire du français plus : À l'usage des francophones d'Amérique* (DFP 1988, sous la direction de Claude Poirier) a été plutôt prudent en ce qui concerne l'enregistrement des expressions et des mots familiers, le *Dictionnaire québécois d'aujourd'hui* (DQA 1992, sous la direction de Jean-Claude Boulanger) est allé beaucoup plus loin dans l'affirmation de l'autonomie du FQ, en marquant, par

---

[79] Dans son étude dont les résultats principaux sont évoqués dans la section 2.2, de Villers démontre que la norme lexicale réelle des journalistes du *Devoir* est largement celle du FR.

exemple, certains mots comme étant des « francismes » et en incluant un grand nombre de mots du FQf. Sans vouloir s'attarder sur les détails du débat entourant la lexicographie québécoise, on peut retenir qu'elle est le domaine où la description du FQs est bien avancée. Par contre, les choix des lexicographes suscitent constamment des critiques[80]. Chaque nouveau dictionnaire alimente à nouveau la controverse entre endogénistes et exogénistes. La raison en est peut-être le poids normatif d'un dictionnaire, car, pour beaucoup de ceux qui consultent un dictionnaire non spécialisé, un mot qui y figure est un mot « légitime ». Ainsi, le choix du DQA d'intégrer de nombreux mots familiers a heurté la sensibilité linguistique de bien des gens, et la marque d'usage « francisme » pour des mots typiques à la France a été interprétée comme une volonté de « séparatisme » linguistique (Paquot 1995).

Le plus récent résultat des descriptions du FQs qui s'inscrit dans cette conception est le *Dictionnaire USITO,* en ligne (connu sous le nom de *FRANQUS* avant sa parution officielle), dictionnaire du « français québécois standard en usage au Québec » regroupant des mots provenant du discours public et des écrits québécois associés à une langue de qualité (littéraires, journalistiques, scientifiques), et offrant des transcriptions phonétiques qui tiennent compte, dans les grandes lignes, de l'usage québécois. En ce qui concerne la description des ressources lexicales, la priorité a d'abord été donnée aux mots qui sont associés à l'usage formel, puis aux mots les plus courants du registre familier qui sont largement attestés à l'écrit et qui, employés dans ce registre, ne sont pas perçus négativement.

4.6.2.4 La diminution de l'écart entre FQs et FR

Un des arguments employés par les exogénistes pour défendre leur point de vue consiste à montrer que les usages du FR sont de plus en plus adoptés par les Québécois. Ceux qui militent en faveur du rattachement au français international voient là la preuve que le FR représente le modèle idéal pour les Québécois. En effet, depuis les années 1960, beaucoup de prononciations et de mots typiques du FQ ont progressivement disparu sous l'effet de la norme prescriptive diffusée par l'école et par les médias. Ce ne sont pas que des mots de la langue familière (archaïsmes, dialectalismes, anglicismes critiqués) qui ont été progressivement supplantés par des va-

---

[80] Les contraintes d'espace de cet ouvrage nous forcent, nous aussi, à faire des choix qui peuvent être critiqués. Le thème de la lexicographie nous a semblé trop complexe pour pouvoir être abordé dans toutes ses nuances, parce qu'il ne peut être traité sans entrer, par exemple, dans la typologie des dictionnaires, la macro- et microstructure des dictionnaires et la théorie des marques d'usage, ce qui dépasserait le cadre de ce livre. Mentionnons également les dictionnaires suivants : *Dictionnaire de la langue québécoise* (Léandre Bergeron 1980); *Multidictionnaire de la langue française* (Marie-Éva de Villers 1988); *Dictionnaire historique du français québécois* (Claude Poirier 1998); *Dictionaire québécois français* (Lionel Meney 1999). Voir Farina (2001) pour un aperçu détaillé de la production lexicographique au Québec.

riantes du FR, mais aussi de mots qui avaient déjà été largement utilisés dans la publicité et dans des textes à diffusion publique : c'est le cas, par exemple, du groupe nominal *âge d'or* (‹ ang. *golden years*), employé dans les syntagmes *personne de l'âge d'or* (personne âgée) ou *club de l'âge d'or*, et ce, au profit de *troisième âge*.

L'usage de formes linguistiques prescrites n'est pas seulement l'apanage des personnes scolarisées. La norme prescriptive finit, un jour ou l'autre, par toucher l'ensemble de la communauté selon un processus de standardisation en trois temps :
- Imposition par la norme prescriptive d'une variante jugée plus correcte et dont l'usage est recommandé, p. ex. *fontaine* 'fontaine d'eau potable installée dans des bureaux des établissements publics' ou *aller au cinéma*;
- Variation dans l'usage des membres de la communauté entre la nouvelle variante recommandée, *fontaine* ou *aller au cinéma*, et l'ancienne jugée désormais désuète et incorrecte, *abreuvoir* (appellation populaire pour *fontaine*) ou *aller aux vues*;
- Disparition progressive, avec les générations, de la variante non recommandée, *abreuvoir* ou *aller aux vues*.

Dans un premier temps, les formes linguistiques prescrites sont diffusées dans le public, par le biais de locuteurs investis d'un prestige en matière de langue (journalistes, écrivains, etc.), d'organismes diffusant le bon usage (OQLF, école) et d'écrits de toutes sortes où est consignée la norme.

Dans un second temps, certaines des formes linguistiques prescrites s'introduisent dans l'usage des individus en amenant, chez eux, une variation entre ces nouvelles formes et celles qu'ils ont l'habitude d'utiliser, ces dernières senties désormais comme moins correctes. Cette introduction d'une variante prescrite qui entre en concurrence avec l'ancienne forme donne lieu à une variable sociolinguistique (deux ou trois variantes équivalentes pour le même sens, présentant une variation sociale et situationnelle ; Labov, 1972). Par exemple, il y a une vingtaine d'années, les jeunes Québécois, à la suite des nombreuses corrections venant de leurs enseignants, en sont venus à ne plus utiliser seulement le mot *abreuvoir*, mais à utiliser aussi, à l'occasion (à l'écrit, en parlant avec l'institutrice, etc.), le mot prescrit *fontaine* (mais également *buvette*). D'un usage unique, soit *abreuvoir*, ils se sont mis à montrer une variation linguistique.

Les formes linguistiques prescrites, quand elles sont adoptées, semblent, au début, être plus souvent utilisées à l'écrit et, pour ce qui est de la langue parlée, en situation formelle (variation situationnelle). De plus, au début de ce processus, elles semblent être utilisées davantage par les personnes un peu plus scolarisées (variation sociale), plus attentives aux prescriptions.

Dans un troisième temps, certaines formes linguistiques prescrites s'imposent comme seuls usages.

Anciens usages	Formes prescrites	Usage aujourd'hui
abreuvoir	buvette, fontaine	abreuvoir ~ buvette ~ fontaine
brassière	soutien-gorge	brassière ~ soutien-gorge
calorifère	radiateur	calorifère ~ radiateur
champlure	robinet	champlure ~ robinet
dépense	garde-manger	garde-manger
frigidaire	réfrigérateur	frigidaire ~ réfrigérateur
garde-malade	infirmière	infirmière
poêle	cuisinière	poêle ~ cuisinière
sacoche	bourse ~ sac à main	sacoche ~ bourse ~ sac à main

Le processus de standardisation peut cependant être lent, comme on le constate avec la variation dans l'usage des Québécois, jeunes et plus âgés, entre les formes *j'vas* et *j'vais*. Vaugelas (1647, 54), à la cour même du jeune Louis XIV, recommandait déjà l'usage de *je vais*.

Ce processus s'inscrit parfaitement dans le modèle labovien du changement linguistique (Labov 1972). L'observation de différences d'âge permet de rendre compte du changement à partir de données synchroniques. Un changement qui est en train de se produire se manifeste souvent par des différences de comportement entre les diverses générations. C'est le *temps apparent* par opposition au *temps réel*, ce dernier étant observable si l'on compare la production des mêmes locuteurs à travers le temps.

Quoi qu'il en soit, on peut dire que l'écart entre le français parlé des Québécois et des Français cultivés est beaucoup moins grand qu'il ne l'était il y a cinquante ans, et que le FQ se rapproche de plus en plus du FR (Cajolet-Laganière/Martel 1995, 69).

Toutefois, il faut se garder de croire que la variation linguistique peut disparaître un jour au profit d'une langue tout à fait homogène. Tant qu'il existe, au sein d'une société, des groupes de personnes à la recherche d'une distinction, d'une identité, il y a de la variation : une forme émerge dans l'usage et entre en variation avec l'autre. Les mots *petit-déjeuner*, *week-end* et *moufles*, associés au FF, sont maintenant en variation avec les québécismes *déjeuner*, *fin de semaine* et *mitaine*, du moins dans l'usage d'une classe de jeunes Québécois. Ces variations vont-elles se répandre à tous les autres groupes de la communauté québécoise ? Est-ce que les variantes lexicales *petit-déjeuner*, *week-end* et *moufles* vont, un jour, supplanter *déjeuner*, *fin de semaine* et *mitaine* ? Peut-être.

4.6.2.5 Une conception pluricentrique des normes

La concurrence de différentes conceptions de la norme prescriptive ne se pose pas seulement au Québec. Dans le cas d'autres langues à grande diffusion (français, anglais, espagnol et portugais), il arrive également que deux normes entrent en concurrence et se hiérarchisent à leur tour, comme la norme portugaise et brésilienne, américaine et anglaise, française et québécoise (*ibid.*, 75). Elles sont le résultat de la colonisation et décolonisation ou d'évènements politiques qui donnent lieu à la naissance de nouvelles nations; dans les deux cas, un moyen pour affirmer la nouvelle identité est la langue (Muhr 2013, 12).

Il y a donc hiérarchie des normes prescriptives, parmi lesquelles on distingue, d'une part, la norme exogène, également appelée *supranorme*, qui est, à l'échelle de la francophonie, le français dit standard décrit dans les documents de référence français comme *Le Petit Robert, Larousse, Le Littré*, etc., et, d'autre part, la norme endogène, également appelée l'*infranorme*, qui est le modèle linguistique de prestige des Québécois, illustré en partie par l'Office québécois de la langue française, par le dictionnaire *USITO*, par le *Multidictionnaire* et par les journalistes du journal *Le Devoir*.

Pour rendre compte d'une telle réalité valorisant les variétés périphériques, les sociolinguistes parlent de langues pluricentriques (Muhr 2013; Pöll 2001, 2005). Il s'agit de variétés nationales non dominantes qui se distinguent du centre (détenteur traditionnel de la norme prescriptive) et qui aspirent à affirmer leur légitimité par rapport à ces dernières :

> [...] on entend par *langue pluricentrique* une langue qui n'a pas qu'un seul centre dont émanent les normes de la langue standard. Un centre normatif peut se concevoir comme un groupe de locuteurs ayant en commun certaines variables socioculturelles, puis dans un premier pas d'extension leur région, celle-ci coïncidant dans la pratique très souvent avec un état indépendant. (Pöll 2005, 19)

Bien que la relation entre les périphéries et le centre soit habituellement asymétrique, on observe tout de même des différences notables selon les langues (Murh 2013). Cette asymétrie est plus accentuée dans le cas du français, pour au moins deux raisons. Premièrement, le prestige culturel de la France et son poids démographique dans la francophonie ont favorisé le FF plutôt que les variétés de français périphériques. Deuxièmement, en raison du purisme linguistique que la France a vécu ces trois derniers siècles, le FF s'est imposé à tous comme étant la variété « pure », légitime. Il reste que, au sein de la francophonie, le Québec semble être le plus avancé dans sa quête d'une norme légitime qui lui serait propre (*ibid.*, 18).

4.6.2.6 Les recommandations terminologiques de l'OLF

Le concept de norme pluricentrique, notamment la concurrence entre la norme endogène du FQs et la norme exogène du FR, est particulièrement bien illustré par les interventions terminologiques de l'OLF, aujourd'hui nommé OQLF (v. Chapitre 5). En effet, une partie des caractéristiques qui font partie de la norme prescriptive du FQs découle du travail des terminologues de l'OLF. Ces interventions font partie des mesures d'aménagement linguistique du gouvernement québécois touchant le corpus (v. Chapitre 5). Elles visaient notamment à franciser le vocabulaire dans les domaines d'usage où l'influence de l'anglais était omniprésente à cause du statut dominant de cette langue jusqu'aux années 1960. De plus, c'est grâce aux recommandations de l'OLF que le Québec a été le premier pays de la francophonie à systématiquement féminiser les noms de métiers, de fonctions, de grades et de titres.

La francisation du lexique a eu comme première cible le vocabulaire spécialisé, notamment les terminologies techniques et le vocabulaire administratif; elle a été orientée en fonction de la langue de travail, du commerce et des finances (Maurais 1984, 1987; Dubuc 2001). Les termes normalisés par l'OLF sont devenus obligatoires dans les textes officiels (textes administratifs, manuels scolaires, affichage public). En ce qui concerne la langue générale, elle a été également touchée par les interventions de l'OLF, mais de façon incitative. Les locuteurs ont tout de même intégré un grand nombre de ces recommandations dans leur usage; de plus, leurs attitudes ont évolué, si bien que beaucoup évitent d'utiliser des emprunts directs à l'anglais et recherchent spontanément des équivalents français (de Villers 2001, 33; Reinke 2006, 472). Les interventions de l'OLF ont eu pour but principal de (de Villers 2001, 31) :

- proposer un terme pour dénommer une réalité nouvelle (néologie lexicale), p.ex. *courriel* (*email*), *dépanneur* (*convenience store*);
- proposer un équivalent français à un mot anglais, p.ex. *décrocheur/décrocheuse* (*drop-out*), *sortie* (*exit*);
- légitimer un québécisme déjà présent dans l'usage, p.ex. *traversier* 'bateau qui fait la navette entre deux rives, transportant des passagers ou des voitures', *cédrière* 'peuplement, plantation de thuya occidental';
- corriger des usages « fautifs », p.ex. *boisson gazeuse* pour remplacer *liqueur douce* (*soft drink*), *année scolaire* pour remplacer *année académique* (*academic year*), *centre commercial* pour remplacer *centre d'achat* (*shopping center*).

Le *GDT*[81], accessible gratuitement en ligne depuis 2000, témoigne de ces efforts de francisation. Cette banque de données met à la disposition des usagers des milliers de fiches terminologiques sur des concepts assortis des termes qui les désignent en français, en anglais et, parfois, dans d'autres langues[82]. D'autres guides et ouvrages de référence ont également contribué à l'enrichissement de la langue française, comme *Le français au bureau*, dont la 7e édition est parue en 2014.

Si, dans sa première publication relative à la norme intitulée *Norme du français écrit et parlé au Québec* (Ministère des affaires culturelles du Québec, 1965), l'Office prônait un alignement presque inconditionnel sur la norme exogène, on observe aujourd'hui une ouverture aux particularités lexicales du FQ (Turcotte 2014, 134-135). Ainsi, l'OLF n'acceptait que des québécismes qui ne doublaient pas un mot du

---

81 Appelé d'abord *Banque de terminologie du Québec* (*BTQ*).
82 www.granddictionnaire.com

français international et qui désignaient des réalités nord-américaines. Aujourd'hui, il admet l'idée que l'usage québécois puisse différer de l'usage français ; par contre, si un terme est connu dans les deux régions de la francophonie, le mot connu partout figure en premier lieu dans le *GDT* et les autres usages sont répertoriés comme synonymes.

L'émancipation du FQ a été plus percutante lorsque le Québec a pris le parti de féminiser les noms de métiers, de fonctions et de grades. Le mouvement féministe en Amérique du Nord a favorisé plus tôt qu'ailleurs dans la francophonie les prises de position officielles à cet égard : pour valoriser le statut des femmes et assurer l'égalité des sexes, le Québec a rendu le tout visible dans la langue « selon le principe que ce qui n'est pas nommé n'existe pas » (Larrivée 2009, 165). En effet, les changements sociaux des années 1970 ont eu comme conséquence que les femmes ont pu accéder à des fonctions auparavant réservées aux hommes. La préoccupation pour l'égalité des sexes s'est parfaitement inscrite dans l'esprit de l'époque où les mesures d'aménagement linguistique ont été mises en place pour assurer l'égalité des chances entre les francophones et anglophones (v. Chapitre 5).

Certes, aujourd'hui, la féminisation ne surprend plus personne, et elle se retrouve dans toutes les variétés de français. Mais, au Québec, les formes choisies pour marquer le genre féminin sont parfois différentes de celles favorisées dans d'autres régions de la francophonie (Elmiger 2011 ; Larrivée 2009 ; de Villers 2000 ; Schafroth 1992). L'intervention officielle concernant la féminisation a débuté en 1979 lorsque l'OLF a proposé, dans un avis de recommandation dans *La Gazette officielle*, l'usage des formes féminines des titres de fonctions (de Villers 2000, 385)[83]. On peut identifier les processus de féminisation suivants :

- Utilisation de formes composées à l'aide du mot *femme* (p.ex. *femme-ingénieur*, *médecin femme*) ; ces formes sont devenues rares (Elmiger 2011, 77).
- Utilisation de l'article féminin avec un nom épicène[84] (*une architecte, une ministre*). Cette solution permet, par exemple, d'éviter l'homonymie qu'on obtiendrait par une formation régulière comme ce serait le cas de *médecin* qui donnerait lieu à *médecine*, homonyme du même mot qui désigne le domaine de la médecine (Schafroth 1992, 112).
- Création d'un néologisme selon des processus morphologiques réguliers comme :

    - Redoublement de la consonne finale du masculin (p.ex. *une chirurgienne*)
    - Ajout d'un *-e* final (p. ex. *une avocate*) ou d'un accent (p.ex. *une couturière*)
    - Addition ou modification d'un suffixe (p.ex. *un maire > une mairesse, un ambassadeur > une ambassadrice*)

---

[83] Voici quelques publications de l'OLF concernant la féminisation : *Titres et fonctions au féminin : essai d'orientation de l'usage* (1986), *Au féminin* (1991), *À juste titre* (1994).
[84] Ces mots ont la même forme au masculin et au féminin.

On observe encore une certaine concurrence entre les suffixes *-euse* et *- eure*, le dernier semblant se répandre davantage dans l'usage en raison de la connotation péjorative que le suffixe *-euse* aurait pour certains locuteurs. C'est ainsi qu'on trouve de plus en plus souvent des doubles emplois tels que *chercheuse-chercheure* (Guilloton/Vachon-Heureux s.d.).

Les différentes solutions adoptées dans diverses régions de la francophonie ont suscité des débats parfois polémiques. On a pu vérifier une fois de plus que l'Académie française considère la France comme seul propriétaire de la langue française lorsqu'elle a réaffirmé qu'il lui revenait à elle seule le droit de la modifier (Larrivée 2009, 173). Non seulement l'Académie française a-t-elle affiché des attitudes négatives et conservatrices à l'égard de la féminisation, mais elle a également sévèrement critiqué, voire ridiculisé, les mesures québécoises. Ainsi, le secrétaire perpétuel honoraire de l'Académie, Maurice Druon, a remis en question l'utilisation du *-e* final pour marquer le féminin :

> Que les Québécois fassent ce qu'ils veulent, mais nous sommes chargés de garder la correction de la langue française, a ajouté l'académicien. Nous n'acceptons pas d'atteintes à la grammaire. Nous n'acceptons pas que de mettre un *e* au bout des mots, comme *professeure* ou *recteure*, soit du bon français. (Maurice Druon cité dans Larrivée 2009, 174)

On dira donc au Québec *une auteure*; en France *une auteur* ou, plus rarement, *une autrice*. Selon Elmiger (2011, 77), les formes en *-eure* sont aujourd'hui admises en France à côté des formes épicènes.

En résumé, même si les formes favorisées ne sont pas toujours les mêmes dans les aires de la francophonie, on s'entend sur le principe de base, c'est-à-dire sur la nécessité de donner une visibilité linguistique aux femmes en exploitant ce que la langue française a à offrir. Les formes québécoises ont été immédiatement acceptées par les locuteurs québécois et elles font aujourd'hui partie de la norme endogène du FQs, qui ne concorde pas toujours avec la norme exogène du FR.

4.6.2.7 La langue du doublage des films étrangers au Québec : un français idéal fabriqué au Québec

La question de la langue des films étrangers doublés au Québec (Reinke/Ostiguy 2012; Ostiguy/Reinke 2015) constitue un cas intéressant qui, pour être bien interprété, mobilise bien des concepts qui ont été présentés dans ce chapitre.

Cette question a été étudiée dans le cadre d'un projet plus vaste s'inscrivant dans le champ de la traductologie, à savoir le double doublage de films étrangers dans deux variétés géographiques d'une même langue. On observe ce phénomène particulier également dans le monde hispanophone, lusophone et anglophone. Pour ce qui est du monde francophone, il se voit au Québec et en France.

Nous avons montré que l'industrie du doublage au Québec, contrairement à ce qu'on a pu voir dans les doublages faits en France, favorise peu l'équivalence des registres de langue entre la version originale d'un film et la version doublée. Autrement dit, ce qui est dit en registre familier dans la version originale (VO) est plutôt formulé en français relativement corrigé dans la version québécoise (VQ). Qui plus est, et c'est là l'originalité de la situation, la variété de français utilisée dans les doublages québécois consiste en une langue délocalisée, dérégionalisée, neutre, gommant les traits typiques de prononciation du FQ, même ceux qui sont tout à fait acceptés par les Québécois (v. 2.2.2).

Dans Reinke et Ostiguy (2012), nous nous sommes ainsi intéressés à la langue des films doublés au Québec en prenant comme exemple le film américain *Knocked up*, comédie légère destinée aux jeunes adultes, dont les acteurs s'expriment en anglais familier, et ses doublages québécois et français titrés respectivement *Grossesse surprise* et *En cloque. Mode d'emploi*.

Le premier objectif a été de décrire la langue du doublage québécois et d'en trouver les caractéristiques en regard des usages réels des Québécois et par rapport à la langue des doublages français. Pour ce faire, nous avons procédé à l'analyse linguistique fine d'extraits de la VO ainsi que des deux versions doublées. Nous avons constaté que la langue de la VQ est largement alignée sur ce que l'Union des Artistes (UDA) nomme *français international*, et se trouve donc passablement éloignée des usages réels des Québécois, tout en mélangeant subtilement des caractéristiques du FQ et du FF. Les doubleurs s'alignent donc sur une norme fantasmée qui n'est ni ancrée dans la réalité linguistique des Québécois, ni dans celle des Français ou d'autres francophones. En revanche, la version française (VF) s'approche du français de registre familier parlé dans la grande région parisienne, notamment par les nombreux mots issus de l'argot[85], et correspondrait, dans l'esprit, plus largement à la VO.

Le second objectif a été d'expliquer pourquoi le doublage québécois de *Knocked up* et, de façon plus générale, les doublages faits au Québec sont réalisés dans une langue différente de celle des Québécois et de comprendre comment un tel usage a pu se constituer au début et, surtout, se maintenir.

L'UDA invoque la diffusion commerciale de ses produits pour justifier le recours à un français délocalisé; il serait une réponse à la commande de certains clients, entre autres les propriétaires des studios, les producteurs ou les distributeurs, qui souhaitent que les DVD des films doublés au Québec puissent être vendus en France et dans les autres pays francophones (Reinke/Émond/Ostiguy, à paraître). Quant au

---

85 Nous entendons par *mots issus de l'argot* des unités lexicales qui sont ou qui ont été associées aux français marginaux et non légitimés à fonction cryptoludique, conniventielle et identitaire (Goudailler 2002), comme le sont l'argot traditionnel, le verlan et, de façon plus générale, la langue des cités, ou argot des banlieues. Évidemment, les mots issus de l'argot qui s'entendent dans les doublages sont depuis longtemps connus d'une partie du public français et, pour beaucoup, bien intégrés dans sa langue familière. Toutefois, beaucoup n'ont toujours pas d'entrée lexicographique dans les dictionnaires de langue généraux. Ce faisant, ils sont peu connus des autres francophones.

vocabulaire et aux expressions, prononciations et registres de langue privilégiés, c'est souvent le goût des représentants québécois des clients commandant les doublages qui conditionnent ces choix esthétiques.

L'usage d'une variété délocalisée pour le doublage est né aussi du souci de correction linguistique qui se manifestait dans plusieurs lieux de la société québécoise pendant les années 1960 et 1970. Ce souci de correction, qui existe toujours, porte les réviseurs des traductions à corriger les usages jugés trop québécois ou incorrects au regard de la norme prescriptive du FR, c'est-à-dire de la norme exogène. Des maisons de production remettent même aux doubleurs des listes de mots québécois à éviter (von Flotow 2009, 92). De plus, les comédiens doubleurs, par formation et par tradition, évitent les prononciations typiques du FQ. Cette tradition a fatalement implanté des habitudes d'écoute dans la population.

Selon nous, l'usage de ce français dérégionalisé dans le doublage répond aussi à une volonté de tous les protagonistes (traducteurs, comédiens doubleurs, maisons de production) de ne pas heurter la sensibilité linguistique d'une partie de la population québécoise qui n'est toujours pas prête à entendre les acteurs étrangers parler comme elle. Nous avons ainsi suggéré l'idée qu'il s'agissait là d'une manifestation d'*attitudes négatives* que les Québécois entretiennent envers leur variété de français, voire d'une manifestation d'une forme d'*insécurité linguistique*. Même si les Québécois présentent un réel attachement envers leur variété de français, au point de produire des films et des séries réalisés en FQ de tous registres et d'en justifier l'emploi, ils la jugeraient moins adéquate pour être entendue sur les lèvres d'actrices et d'acteurs étrangers.

Nous avons fait valoir également dans Ostiguy et Reinke (2015) que les doublages faits en France ne plaisaient guère plus aux Québécois, qui disaient ne pas vraiment se reconnaître, notamment par rapport à certains aspects linguistiques que les doubleurs français utilisent pour assurer l'équivalence avec la langue de la VO : les mots d'argot, entre autres. Autrement dit, si les Québécois jugent peu légitimes leurs usages réels dans ce contexte, ils jugent aussi peu légitimes ceux des Français auxquels ils reprochent d'être trop locaux et incompréhensibles, pas assez internationaux, voire incorrects au regard de la norme.

Pour les Québécois, le doublage n'est donc pas le lieu pour faire entendre ni un FQ qui les mettrait mal à l'aise lorsqu'il se retrouve dans la bouche d'actrices et d'acteurs non québécois, ni un FF qui viole ce qu'ils se représentent comme un français idéal.

Nous nous sommes donc demandé si les attitudes positives des Québécois à l'égard d'un français dérégionalisé dans les films doublés ne pouvaient pas être interprétées comme l'expression paradoxale d'une volonté de s'affirmer linguistiquement devant le FF, devant une langue française qui est de moins en moins perçue par les Québécois comme le modèle à suivre depuis la multiplication sur les écrans des mots issus de l'argot, légitimés par le souci de réalisme des réalisateurs de films et la recherche d'équivalence stylistique des traducteurs français. Les Québécois, en fabriquant un français « idéal » pour leur industrie du doublage, y trouveraient-ils une façon d'affirmer leur différence, leur identité linguistique, tout en ménageant leur malaise? Aussi avons-nous fait l'hypothèse que le doublage des films étrangers est un lieu où la communauté québécoise laisse entendre son insécurité linguistique en même temps qu'un peu du conflit, déjà ancien, qu'elle vit avec le FF. Le cas du doublage québécois montre donc que le débat autour de la norme linguistique est loin d'être clos et que le conflit entre la norme endogène et la norme exogène n'est pas réglé non plus.

4.7 Questions

1) Qu'est-ce qu'une attitude sur la langue?
2) Quelle information sur les attitudes linguistiques des individus les psychologues sociaux croient-ils obtenir de façon indirecte avec l'utilisation de la technique du locuteur masqué?
3) Quels résultats Lambert obtient-il pour ce qui est des attitudes des « juges » francophones par rapport à l'anglais et au français? Que pourraient signifier ces résultats?
4) Comment expliquer que, en dépit de l'existence d'une langue ou d'une variété reconnue comme plus prestigieuse par la communauté linguistique, la variété moins prestigieuse se maintient quand même dans l'usage?
5) En quoi pourrait-on dire que les Québécois, en général, sont en situation d'insécurité linguistique, par rapport aux Français par exemple?
6) En quoi les études de Lappin, de Tremblay et de Reinke portant sur les attitudes des Québécois par rapport aux prononciations nous informent-elles sur ce qui constitue le FQs?
7) Quelles sont les variantes de prononciation entendues au Québec jugées moins correctes par les Québécois eux-mêmes? Connaissez-vous dans votre communauté linguistique des prononciations jugées moins correctes que d'autres? N'hésitez pas à faire votre enquête auprès de votre entourage pour les déterminer.
8) Qu'est-ce qu'une norme linguistique objective? Donnez des exemples qui concernent le Québec. Essayez maintenant de trouver des normes linguistiques pour d'autres langues, telles que l'allemand, ou pour d'autres variétés de langue, telles que le FF.
9) Pourquoi le modèle prescriptif semble-t-il avoir plus d'emprise sur les individus scolarisés occupant divers types d'emplois pour lesquels les communications « officielles » sont fréquentes?
10) Expliquez le processus par lequel des formes linguistiques prescrites (formes dont l'usage est recommandé) finissent par entrer un jour dans les pratiques linguistiques quotidiennes des locuteurs d'une communauté donnée.

5 Aménagement linguistique du statut du français au Québec

Plusieurs facteurs ont contribué à assurer la survie du français au Québec. D'un point de vue historique, il faut mentionner l'isolement des Canadiens français après la Conquête, leur fécondité élevée ainsi que des évènements politiques ayant poussé les dirigeants anglophones à faire certaines concessions en faveur des francophones (v. Chapitre 1). Toutefois, le Québec contemporain ne serait pas ce qu'il est aujourd'hui sans les mesures d'aménagement linguistique implantées depuis la Révolution tranquille, qui ont permis à la langue française de s'épanouir et de conquérir des domaines d'usage qui lui étaient inaccessibles auparavant. Grâce à ces mesures, Fishman (1991, cité dans Laur 2012) peut affirmer : « Quebec remains a success story of language planning for reversing language shift ».

Le terme *language planning* semble avoir été utilisé pour la première fois par le linguiste norvégien Einar Haugen, qui est souvent considéré comme le père fondateur du concept[86]; il l'a utilisé pour rendre compte de la situation sociolinguistique et des efforts de standardisation de la Norvège, qui avait obtenu son indépendance en 1814 après des siècles de domination danoise (Haugen 1959)[87]. Le terme a ensuite donné lieu à plusieurs traductions françaises, telles que *planification linguistique*, *aménagement linguistique*, *politique linguistique* et *glottopolitique*, qui ont entraîné des modifications de son sens initial[88]. Au Québec, c'est le terme *aménagement linguistique* qui s'est imposé pour traduire l'idée d'un effort délibéré de la part de l'État pour gérer la diversité linguistique et la concurrence entre les langues et les variétés de langue[89]. Il a été proposé dans les années 1970 par Jean-Claude Corbeil pour régler notamment l'inégalité du statut entre le français et l'anglais au Québec (Corbeil 2000, 306). Le succès de l'aménagement linguistique québécois a sans doute contribué à sa diffusion à travers le monde francophone où il coexiste avec celui de glottopolitique utilisé par Guespin et Marcellesi (1986).

Bien que toute activité d'aménagement linguistique s'inscrive dans un contexte sociopolitique particulier et comporte des aspects qui ne peuvent être généralisés,

---

[86] La pratique de l'aménagement linguistique est cependant plus vieille que sa théorisation et remonte, pour les langues occidentales, au Moyen Âge, où le processus de grammatisation et normalisation a été amorcé (Loubier 2008, 10).

[87] Selon Loubier (2008, 23), Uriel Weinreich l'aurait utilisé avant Haugen comme titre d'un séminaire en 1957.

[88] Voir Loubier (2008, 22-23) ainsi que Daoust et Maurais (1987) pour d'autres termes et leurs sens respectifs.

[89] Voir Loubier (2008) et Eloy (1997) pour une discussion théorique et plus nuancée du concept.

on distingue généralement deux volets de l'aménagement linguistique qui sont étroitement liés : celui du corpus et celui du statut (Kloss 1969, 81; Corbeil 2000, 306). L'aménagement du corpus concerne le système linguistique de la langue, notamment la standardisation ou la normalisation d'une langue, les réformes de l'orthographe, les prescriptions en matière de prononciation correcte (orthoépie) ou les créations lexicales des terminologues. L'aménagement du statut concerne le rôle des langues ou des variétés sur un territoire donné : il s'agit de modifier les règles du jeu quant à l'usage des langues selon les divers domaines, comme dans le cas des législations et des lois linguistiques. Ce volet concerne donc la relation entre les différents groupes d'une société. Or, comme le remarque Loubier (2008, 29), les deux volets sont interdépendants : agir sur le système linguistique implique souvent une action sur l'usage et sur le statut d'une langue, c'est-à-dire tant sur les pratiques langagières que sur les représentations que les locuteurs en ont.

Dans ce chapitre, nous nous intéressons au deuxième volet, autrement dit au statut, le premier ayant été évoqué dans le Chapitre 4, notamment dans la partie portant sur la norme prescriptive et pluricentrique (v. 4.6.2.6). Dans ce qui suit, nous présentons les plus importantes étapes de l'aménagement linguistique du statut de la langue française au Québec dont l'objectif a été d'en faire une langue officielle et de lui permettre de se réapproprier les fonctions sociales qu'elle avait perdues au profit de l'anglais. Nous commençons avec une brève présentation de quelques principes de base de l'aménagement linguistique (5.1). Ensuite, nous inscrivons les efforts entrepris par la province de Québec dans la politique fédérale du Canada (5.2), qui ne peuvent être dissociés du travail des commissions d'enquête et des lois linguistiques québécoises (5.3). La plus grande partie du chapitre est consacrée aux lois linguistiques successives qui ont abouti à la célèbre Charte de la langue française (Loi 101), encore en vigueur de nos jours, et aux organismes surveillant son application (5.3.4, 5.4 et 5.5).

5.1 Quelques principes de base de l'aménagement linguistique

En ce qui concerne la légitimité et la faisabilité des mesures d'aménagement du statut, il faut distinguer deux domaines d'usage des langues : l'usage privé et l'usage officiel (Loubier 2008; Termote 2014; Woehrling 2000, 2010). Il est tout à fait légitime pour un État d'imposer à la population une ou plusieurs langues pour ce qui est de l'usage officiel, mais ce geste l'est moins lorsqu'il s'agit de l'usage privé qui devrait être libre et exempt de toute intervention étatique[90]. Par contre, la fron-

---

90 Selon le droit constitutionnel des démocraties occidentales et selon le droit international des droits de la personne.

tière entre ces deux domaines n'est pas toujours facile à déterminer, par exemple en ce qui concerne la langue du travail et du commerce.

L'usage privé inclut tous les contextes de communication non officiels, comme ce peut être le cas tout autant avec un public (p. ex. publications, théâtre, cinéma, conférences, réunions politiques, vie commerciale et économique) que dans un cercle d'intimes. Ce qu'on qualifie de privé ne se limite donc pas à la communication « chez soi », mais s'applique plutôt à une grande diversité de situations. Par contre, cette liberté linguistique peut parfois être limitée de façon raisonnable ou justifiable. Woehrling (2005, 2010) distingue l'*usage privé interne* de l'*usage privé externe*[91].

L'usage privé interne renvoie à l'usage des langues en famille, entre amis, en société; la liberté linguistique devrait y être totale. L'usage privé externe concerne plutôt la langue utilisée en public ou lorsqu'on s'adresse au public, comme l'affichage commercial ou l'étiquetage des produits de consommation. L'État peut alors intervenir, par exemple, pour protéger les consommateurs ou une langue minoritaire, tout en respectant le principe de *proportionnalité*. Ce dernier a été élaboré par la Cour suprême du Canada et permet de déterminer quels objectifs gouvernementaux sont suffisamment importants pour justifier la suppression d'un droit ou d'une liberté garantis par la Charte canadienne des droits et libertés.

Usage privé interne	**Usage privé externe**
Rapports en famille, entre amis, en société; liberté linguistique absolue.	Rapports avec le public, p. ex. : affichage commercial ou étiquetage des produits de consommation (et, en principe, les raisons sociales des entreprises); liberté linguistique limitée pour des raisons valables

Pour ce qui est de l'usage officiel, il concerne l'exercice des fonctions de l'État et les relations entre l'État et les citoyens : langue des tribunaux, des lois et des règlements, de l'instruction publique et des services gouvernementaux. Dans ce domaine, l'État peut imposer l'usage d'une langue plutôt que d'une autre. C'est le cas de la Suisse dont les cantons sont ou unilingues allemand ou français, ou bilingues français et allemand, ou trilingues italien, allemand et romanche. Le citoyen doit faire usage de la ou des langues officielles avec l'administration de son canton. Sans de telles mesures d'aménagement linguistique, l'État devrait offrir ses services dans toutes les langues parlées sur son territoire; dans le cas de la Suisse, ce seraient les langues nationales et officielles (français, allemand, italien ou romanche) et même les langues non nationales (portugais, espagnol, turc, etc.), ce qui serait irréaliste.

---

91 Corbeil (2000, 307) fait une distinction à cet égard entre *communications individualisées* et *communications institutionnalisées*.

Il peut tout de même y avoir des dispositions particulières, c'est-à-dire des droits linguistiques spécifiques, qui assurent un certain droit de choisir la langue dans les rapports des individus avec l'État. C'est le cas des dispositions réglant l'usage de l'anglais et du français comme langues officielles au Canada. Or, de telles protections linguistiques ne concernent que des minorités nationales ou historiques présentes sur le territoire du pays depuis très longtemps, et non pas les immigrants.

En ce qui a trait à l'intervention de l'État au niveau de l'usage des langues dans les domaines officiels, on distingue généralement deux principes : le principe de territorialité et le principe de personnalité (Loubier 2008, 155; Woehrling 2010, 26).

Selon le principe de territorialité, la langue de la majorité est imposée à tous comme langue officielle. Ce principe garantit donc des droits collectifs. C'est le cas de la Suisse où le territoire géographique détermine quelle langue doit être utilisée. Dans une certaine mesure, c'est aussi le cas au Québec où la Charte de la langue française (Loi 101) a fait du français la seule langue officielle de la province, mais en respectant certaines restrictions (v. 5.4).

Selon le principe de personnalité, les citoyens peuvent avoir le choix entre deux ou plusieurs langues, ce qui implique que les services publics doivent être disponibles dans ces langues. Bruxelles, capitale de la Belgique, en est un exemple : les résidents ont le choix entre le néerlandais et le français. Au niveau fédéral, le Canada est géré selon ce principe, puisque le bilinguisme officiel garantit le choix de la langue dans la communication avec les instances publiques qui relèvent de ses compétences. Le principe de personnalité garantit donc des droits individuels. Comme on le verra plus tard, les deux principes ont été parfois en conflit. En effet, des groupes ou des personnes ont déjà fait appel à l'un ou à l'autre de ces principes pour défendre leurs droits lorsqu'une nouvelle loi a été proposée (Loubier 2008, 158). En fin de compte, il revient aux tribunaux de décider si une nouvelle loi est compatible avec les principes démocratiques des sociétés occidentales, où l'État s'abstient d'intervenir dans la vie privée des gens (v. 5.4).

À ces deux principes correspondent deux différents types de bilinguisme : le bilinguisme personnel, qui est individuel, et le bilinguisme officiel, qui est institutionnel ou fonctionnel (Corbeil 2000, 307). Le premier renvoie à la maîtrise de deux langues qu'une personne possède, sans précision de degré. Le deuxième réfère aux obligations qu'a un État bilingue de rendre ses services dans les deux langues officielles et de mettre à la disposition du public un personnel les maîtrisant. Nous verrons plus tard que cette distinction est fondamentale pour l'aménagement linguistique du Québec.

5.2 Les précurseurs de l'aménagement linguistique du Québec

L'aménagement linguistique du Québec s'inscrit dans le contexte plus large de la politique canadienne touchant le statut du français tant au niveau du gouvernement fédéral qu'au niveau des provinces. Dans la section qui suit, nous rappelons les faits les plus importants de l'histoire linguistique du Canada.

5.2.1 Le statut du français au Canada entre 1867 et 1969[92]

L'histoire des droits linguistiques des Canadiens commence avec l'Acte constitutionnel du Canada de 1867, plus spécifiquement avec l'article 133 du British North America Act (Acte de l'Amérique du Nord britannique), connu sous le terme officiel de Loi constitutionnelle de 1867 :

> Dans les chambres du Parlement du Canada et les chambres de la Législature de Québec, l'usage de la langue française ou de la langue anglaise, dans les débats, sera facultatif; mais, dans la rédaction des registres, procès-verbaux et journaux respectifs de ces chambres, l'usage de ces deux langues sera obligatoire. En outre, dans toute plaidoirie ou pièce de procédure devant les tribunaux du Canada établis sous l'autorité de la présente loi, ou émanant de ces tribunaux, et devant les tribunaux de Québec, ou émanant de ces derniers, il pourra être fait usage de l'une ou l'autre de ces langues. Les lois du Parlement du Canada et de la Législature de Québec devront être imprimées et publiées dans ces deux langues (cité dans Leclerc 2016e).

L'article 133 avait une portée limitée puisque seules les institutions parlementaires ainsi que les tribunaux fédéraux et du Québec étaient visés. Autrement dit, seul le Québec parmi les quatre provinces qui constituaient alors le Canada (Québec, Ontario, Nouvelle-Écosse et Nouveau-Brunswick) devait respecter le bilinguisme à l'assemblée législative et dans les tribunaux, bien que les trois autres provinces aient comporté des minorités francophones importantes. On ne pouvait donc pas parler, à cette époque, d'un bilinguisme officiel partout au Canada.

Il est maintenant admis que, depuis ses débuts, la politique linguistique du gouvernement fédéral a consisté à pratiquer un bilinguisme asymétrique au Parlement et à ne pas intervenir contre les lois adoptées par les provinces qui limitaient les droits des francophones à s'exprimer dans leur langue. En même temps, le gouvernemant fédéral s'est assuré que le bilinguisme législatif et judiciaire soit respecté au Québec.

Pendant toute cette période, les francophones des provinces anglophones n'ont jamais cessé de lutter pour leurs droits linguistiques en portant plainte auprès du gouvernement fédéral, qui ne faisait pas toujours ce qu'il aurait pu pour régler les problèmes (Martel/Pâquet 2010). Un enjeu important dans cette lutte était la langue de l'enseignement, comme le démontre le site Internet de Jacques Leclerc, qui consacre une grande rubrique aux lois scolaires au Canada (Leclerc 2016f).

Par exemple, le gouvernement de l'Ontario a commencé à restreindre l'usage du français dans les écoles dès les années 1880. En 1912, le Règlement 17 a imposé

---

[92] Le contenu de cette section repose dans une bonne mesure sur Leclerc (2016d et e).

l'abolition de l'école française publique. Depuis cette époque, les Franco-Ontariens n'ont jamais arrêté de se battre pour leurs droits linguistiques, notamment pour leur propre réseau scolaire. C'est seulement en 1998 que les Franco-Ontariens ont obtenu la pleine gestion de leurs écoles.

Au Nouveau-Brunswick et en Nouvelle-Écosse, le français n'a pas été reconnu pendant plus d'un siècle. À titre d'exemple, le Nouveau-Brunswick a fait adopter le Common Schools Act (Loi sur les écoles communes) en 1871, mettant fin aux écoles confessionnelles et à la scolarisation en français après la 3e année. Les Acadiens ont dû attendre 1966 pour que le gouvernement libéral de Louis Robichaud amende le *Common Schools Act* pour permettre aux francophones d'être scolarisés en français pendant tout le primaire. En 1969, le Nouveau-Brunswick a adopté la Loi sur les langues officielles du Nouveau-Brunswick, faisant du français l'une des deux langues officielles et assurant aux francophones une scolarisation complète dans cette langue.

Entre 1870 et 1949, six autres provinces sont entrées dans la fédération canadienne. Créé en 1870, le Manitoba a aboli le financement des écoles confessionnelles fréquentées par les catholiques francophones et a introduit en 1890 l'*Act to Provide that the English Language Shall Be The Official Language of the Province of Manitoba*, mieux connu sous le nom *Official Language Act*, qui a retiré au français son statut de langue officielle. Ce faisant, l'anglais est devenu la seule langue des lois et de la justice. Ce n'est qu'en 1979 que la Cour suprême du Canada a abrogé l'*Official Language Act* de 1890 et a remis en vigueur l'article 23 de la Loi de 1870 au Manitoba.

Quant à l'Alberta et à la Saskatchewan, érigées en province en 1905 à partir des Territoires du Nord-Ouest, elles ont abrogé unilatéralement l'article 110 de la Loi sur les Territoires du Nord-Ouest qui reconnaissait officiellement l'usage du français et de l'anglais au parlement et dans les tribunaux. À la suite d'un jugement de la Cour suprême du Canada, en février 1988, la Saskatchewan (par la Loi 2) et l'Alberta (par la Loi 60) ont adopté de nouvelles dispositions qui ont rendu possible l'usage du français devant certains tribunaux et à l'Assemblée et ont assuré l'accès à l'école de la minorité. La Colombie-Britannique a fait son entrée dans la fédération en 1871, l'Île-du-Prince-Édouard en 1873 et Terre-Neuve en 1949; aucune de ces provinces n'a légiféré en matière de langue et aucune n'a, par conséquent, reconnu le français sur son territoire. Aujourd'hui, ces provinces ne répondent qu'aux conditions minimales prévues dans la Constitution, soit l'accès à l'école de la minorité. En ce qui concerne le Québec, le gouvernement québécois a fait adopter, en 1910, la première loi linguistique québécoise, dite Loi Lavergne, rendant le bilinguisme obligatoire dans les services publics, telles les compagnies de transport, d'électricité et de gaz, afin de contrecarrer l'unilinguisme anglais qui avait été la règle jusque-là.

Le gouvernement fédéral, de son côté, ne s'est jamais servi de ses pouvoirs, qui lui avaient été conférés par la Constitution canadienne de 1867, pour bloquer les décisions des différents gouvernements provinciaux à l'égard des minorités francophones. Il est longtemps demeuré sourd aux revendications des francophones hors

Québec. De même, le gouvernement fédéral n'a pas assuré un minimum de services en français dans sa propre administration et il a plutôt limité ses services en français à la seule province de Québec. Les francophones du Canada ont dû attendre la seconde moitié du XXe siècle pour voir la politique fédérale de non-intervention se transformer en politique de bilinguisme officiel.

Pendant tout le XXe siècle, les francophones du Canada se sont battus pour leurs droits linguistiques. Ces luttes ont connu un tournant important dans les années 1960, à l'époque de la Révolution tranquille. Les débats linguistiques des années 1960 et 1970 se sont déroulés à la fois sur les scènes fédérale et provinciale, mais opposaient des objectifs distincts (Corbeil 1980).

D'un côté, l'objectif du gouvernement fédéral a été de rendre le Canada bilingue. Pour ce faire, le gouvernement du Canada a déposé la Loi sur les langues officielles du Canada (1969)[93] à la suite des travaux de la Commission royale d'enquête sur le bilinguisme et le multiculturalisme, dite Commission Laurendeau-Denton (1963). De l'autre côté, l'objectif du gouvernement québécois a été de franciser le Québec. Pour ce faire, les gouvernements du Québec ont déposé successivement trois lois que nous présentons dans la section 5.3.

5.2.2 La Commission Laurendeau-Dunton (1963)

Le statut menacé du français et l'infériorité des francophones partout dans le Canada ont poussé les Québécois, au début des années 1960, à réagir. C'est aussi à cette époque que le mouvement indépendantiste a commencé à s'organiser. En 1962, André Laurendeau, alors directeur du journal montréalais *Le Devoir*, s'interrogeait sur les causes du « séparatisme » en ces termes :

> Une partie importante de la génération nouvelle refuse de devoir s'angliciser pour servir son pays. Elle estime que cette obligation transforme l'État central en État étranger – et souvent en État hostile. [...] Il est intolérable qu'un État bilingue, c'est-à-dire anglo-français, soit pour les francophones l'un des principaux agents de dénationalisation. [...] Il est surtout intolérable qu'aucune réforme sérieuse ne soit seulement esquissée (cité dans Bouchard 2002, 234).

Laurendeau a demandé une enquête gouvernementale sur le bilinguisme au Canada, qui a reçu un écho favorable. Ainsi, en 1963, le gouvernement de Lester B. Pearson a mis sur pied la Commission royale d'enquête sur le bilinguisme et le biculturalisme; André Laurendeau et Davidson Dunton en ont été les commissaires. Il s'agissait de la première intervention importante d'un gouvernement fédéral en ce qui concerne les langues (Gémar 2000, 248).

---

[93] En 1988, le gouvernement a déposé une nouvelle version de cette loi qui a repris pour l'essentiel les articles de la précédente, mais en allant plus loin pour ce qui est du bilinguisme des institutions fédérales et des moyens pour les faire appliquer.

La Commission Laurendeau-Dunton a eu comme mandat d'examiner les griefs des Canadiens français, et en particulier ceux des Québécois, qui se disaient victimes d'inégalités sociales au Canada. La question linguistique a été, selon les griefs exprimés, un des éléments essentiels de la crise que traversait le Canada (Corbeil 1980, 41). La Commission Laurendeau-Dunton a ainsi reçu le mandat explicite suivant :

> Faire enquête et rapport de l'état présent du bilinguisme et du biculturalisme au Canada et recommander des mesures à prendre pour que la Confédération canadienne se développe suivant le principe de l'égalité entre les deux peuples qui l'ont fondée, compte tenu de l'apport des autres groupes ethniques à l'enrichissement culturel du Canada, ainsi que les mesures à prendre pour sauvegarder cet apport (cité dans Leclerc 2016g).

La Commission a livré les résultats de son enquête en 1969 (6 volumes). Le premier apport de la Commission relativement à la place des francophones dans l'économie canadienne et québécoise a été celui de montrer, statistiques à l'appui, le peu d'importance des francophones dans l'économie du Canada et du Québec (Corbeil 1980, 43). Le tableau suivant illustre la place des francophones dans l'économie canadienne :

Tab. 4 : Revenu moyen du travail des salariés masculins selon l'origine ethnique, Québec, 1961[94]

Rang	Origines	Revenu annuel
	Toutes origines	3 469
1	**Britanniques**	**4 940**
2	Scandinaves	4 939
3	Hollandais	4 891
4	Juifs	4 851
5	Russes	4 828
6	Allemands	4 254
...	...	...
12	**Français**	**3 185**
13	Italiens	2 938
14	Amérindiens	2 112

Plus précisément, les commissaires ont constaté cinq choses (Corbeil 1980, 43-44)[95] :
1) Nette prédominance des Britanniques et des « Juifs » dans les postes et les secteurs influents et rentables, dans les postes de cadre; situation s'accentuant depuis 1930 et ayant comme corollaire que la place des francophones dans ce type de poste se dégradait.

---
[94] Source : Commission royale d'enquête sur le bilinguisme et multiculturalisme, *Rapport*, livre III, *Le Monde du travail*, Ottawa, Imprimeur de la reine, 1969, p. 23. Ce tableau est une version modifiée de celui qu'on trouve dans Martel/Pâquet (2010, 152).
[95] V. aussi le chapitre 4 de Martel et Pâquet (2010) pour plus de détails.

2) Écart encore plus grand entre francophones et anglophones pour ce qui est des postes de commande dans les secteurs influents et rentables au Québec et à Montréal par rapport au reste du Canada.
3) L'anglais était la langue du commerce et des affaires au Canada et au Québec, à un tel point qu'il n'y avait nul besoin de parler français pour gagner sa vie à Montréal : 86 % des anglophones qui gagnaient plus de 5 000 $ étaient unilingues.
4) Pour ce qui est du revenu, il était inférieur pour les Canadiens français au Canada ainsi que pour ceux du Québec pour qui la situation était pire. Les Canadiens français de tout le Canada avaient un revenu moyen de 20 % inférieur à celui des Canadiens anglais; au Québec, les Canadiens français avaient un revenu moyen de 35 % inférieur à celui des Canadiens anglais. Sur l'échelle des revenus, les Canadiens français arrivaient au 12e rang, avant les Italo-Canadiens et les autochtones.
5) Le bilinguisme des francophones n'avait pas une forte influence sur les revenus. Il n'y avait qu'un très faible avantage financier pour les Canadiens français bilingues, et cela était sans doute attribuable à leur scolarisation plus élevée.

La commission a reconnu que le Canada traversait la plus grande crise depuis la Confédération en raison du fait que les francophones ne voulaient plus tolérer les inégalités entre les deux peuples fondateurs du pays et les dénonçaient ouvertement et fermement. Pour établir l'« égalité des chances réelles » et pour protéger l'unité nationale, la commission recommandait au gouvernement fédéral que « l'anglais et le français soient formellement déclarés langues officielles du Parlement du Canada, des tribunaux fédéraux, du gouvernement fédéral et de l'administration fédérale » (cité dans Gémar 2000, 248-249). On peut donc considérer que le bilinguisme officiel est devenu un enjeu politique concret depuis la commission Laurendeau-Dunton, mais on doit rappeler que le bienfondé de ce bilinguisme ne faisait pas l'unanimité au sein du Canada (Martel/Pâquet 2010, 145).

5.2.3 Le bilinguisme au Canada et la Loi sur les langues officielles au Canada (1969)

Une institution qui se dit bilingue (bilinguisme institutionnel) ne signifie pas nécessairement que les individus qu'elle dessert sont bilingues. Par exemple, aujourd'hui, moins d'un Canadien anglophone sur 10 se dit capable de parler français (Jedwab 2011, 155). Toutefois, l'organisme dit bilingue a l'obligation de dispenser ses services dans les deux langues, ce qui requiert du personnel bilingue pour donner ses services. Les politiques du gouvernement fédéral n'ont jamais eu comme objectif d'obliger les Canadiens à apprendre le français ou l'anglais; leurs objectifs étaient plutôt de permettre aux Canadiens de fréquenter une école publique dans la langue officielle de leur choix et d'utiliser la langue officielle de leur choix dans leurs échanges avec le gouvernement fédéral et les organismes fournissant des services là où le nombre justifie la prestation de services dans la langue de la minorité (Trudeau 1969, cité dans Hayday 2011, 132).

Pour ce qui est du bilinguisme personnel, il s'agit de la connaissance qu'un citoyen a d'une autre langue (et pas nécessairement l'anglais ou le français), et ce bilinguisme pourrait exister dans un pays unilingue. On peut donc fonctionner en une seule langue dans un pays dit bilingue, dans la mesure où l'État répond à ses citoyens dans l'une ou l'autre langue officielle.

Or, la Commission avait constaté que, en raison du statut de l'anglais, le bilinguisme personnel était, au Canada et au Québec, une situation asymétrique entre francophones et anglophones. Le bilinguisme était un choix pour les Canadiens d'origine anglaise qui, même au Québec, pouvaient ne pas connaître le français, mais une contrainte pour les francophones qui devaient souvent connaître l'anglais pour travailler (Corbeil 1980, 46). Les francophones du Canada et du Québec, dont la langue possédait un statut social de peu d'importance, étaient donc plus nombreux à être bilingues. Le statut inégal des deux langues a favorisé, d'une certaine manière, l'unilinguisme des anglophones (Leclerc 2016g). De plus, le bilinguisme faisait du français une langue de traduction, ce qui n'était pas sans conséquence pour la structure de la langue elle-même (interférences, emprunts; v. 3.2).

La Commission a donc recommandé au gouvernement fédéral la déclaration du français et de l'anglais comme langues officielles du Canada et de ses institutions (Corbeil 1980, 46). Comme le gouvernement fédéral n'a pas de pouvoir sur la législation linguistique, qui est essentiellement de compétence provinciale, la Commission a été dans l'obligation de s'adresser également aux provinces. Elle a proposé au Nouveau-Brunswick et à l'Ontario, ayant de fortes minorités francophones, de déclarer d'elles-mêmes le français et l'anglais langues officielles et d'en appliquer les conséquences (Corbeil 2000, 112). Le Nouveau-Brunswick l'a fait en 1969; elle est aujourd'hui la seule province officiellement bilingue. Aux autres provinces, elle a recommandé de faire de même dès que la minorité officielle atteindra ou dépassera 10 %[96]. Pour les services publics provinciaux (commissions ~ conseils scolaires ou municipalités), la Commission a suggéré la création de districts bilingues où le français et l'anglais seraient utilisés dès que la minorité atteindrait 10 %.

La Commission n'a pas eu à déposer la même requête auprès du Québec, simplement parce que c'était déjà fait : l'anglais et le français avaient, à cette époque, un statut comparable.

Les résultats de l'enquête Laurendeau-Dunton ont débouché sur la Loi sur les langues officielles du Canada déposée en 1969 par le gouvernement de Pierre-Elliot

---

96 Livre I du rapport de la Commission, paragraphe 303, cité dans Corbeil (2000, 114).

Trudeau, qui a fait de l'anglais et du français les langues co-officielles du Canada pour tout ce qui relève du parlement et du gouvernement du Canada. Par contre, la loi n'a pas touché aux autres domaines de la vie publique de compétence provinciale, ce qui a eu comme effet que la loi n'a pas réglé l'usage des deux langues sur l'ensemble du territoire canadien (*ibid.*, 110). Il faut aussi admettre que 49,5 % des anglophones s'opposaient à la loi; certains ont même suggéré que d'autres langues, telles que l'ukrainien, le polonais et l'allemand, deviennent également des langues officielles (Martel/Pâquet 2010, 175). Selon les opposants, la loi risquait d'affaiblir l'unité nationale, d'engendrer des dépenses élevées et d'être discriminatoire puisqu'elle défavorisait les anglophones, plus souvent unilingues (*ibid.*, 176).

Toutefois, il semble que, encore en 1979, cette loi n'avait pas changé grand-chose à la situation, selon Corbeil (1980, 47). Apparemment, personne n'avait eu le pouvoir de faire appliquer la loi : aucun organisme central n'était responsable de son application; la volonté politique de l'appliquer aurait varié d'un ministère à un autre, d'un service à l'autre. Cette situation a changé en 1988 avec la nouvelle version de la Loi sur les langues officielles du Canada; depuis, un commissaire aux langues officielles surveille l'application de la loi et réagit aux plaintes déposées par les citoyens.

Plus récemment, Corbeil (2007, 110) a reconnu que la situation avait un peu changé : le gouvernement favorise plus qu'avant le bilinguisme partout dans le pays, et la connaissance des deux langues est devenue un atout important pour qui veut faire carrière dans la fonction publique fédérale. C'est aussi, dans les grandes lignes, l'idée défendue par les auteurs d'un ouvrage collectif qui présente un bilan nuancé à l'occasion des 40 ans après l'adoption de la loi. Toutefois, les directeurs admettent que « l'égalité linguistique n'a pas encore été atteinte » (Jedwab/Landry 2011, 15).

Si l'on se fie aux deux derniers rapports faits en 2011 et en 2013 par le commissaire aux langues officielles de l'époque, Graham Fraser, la situation était cependant toujours problématique, comme l'a fait valoir Bourgault-Côté (2010, A3) :

> Ottawa — *Same old, same old*. Après 40 ans d'application, la Loi sur les langues officielles est toujours largement bafouée et incomprise, affirme le commissaire aux langues officielles dans un rapport annuel qui distribue plusieurs notes d'échec. La fonction publique, la cérémonie d'ouverture des Jeux olympiques et la fin du recensement long obligatoire, entre autres, sont pointées.

> Les constats désolants n'ont pas manqué pour Graham Fraser cette année encore : sur les 16 institutions passées au peigne fin des langues officielles, 10 ont obtenu une note « D » ou « E » en matière de promotion de l'utilisation du français ou de l'anglais dans tout le Canada. Conclusions du commissaire : les institutions fédérales ne comprennent pas clairement leurs obligations et ne tiennent pas compte des communautés linguistiques minoritaires.

Trois ans plus tard, la situation n'avait guère changé, selon Buzzetti (2013, A5) :

Ottawa — Le commissaire aux langues officielles, Graham Fraser, a déposé jeudi un septième rapport annuel qui arrive à une conclusion similaire aux précédents : le bilinguisme subit une « érosion subtile » au pays et ce sont une fois de plus les francophones qui en font en grande partie les frais.

Les grands pôles d'insatisfaction restent les mêmes : les services dans les aéroports ne sont pas offerts en français en dehors du Québec, l'accueil des services gouvernementaux, lorsqu'en personne, n'est pas bilingue dans la trop grande majorité des cas, et les fonctionnaires fédéraux francophones sont beaucoup moins en mesure que leurs collègues anglophones de travailler dans leur langue maternelle.

Quoi qu'il en soit, c'est tout le contraire qui s'est passé au Québec, dont les lois se sont accompagnées de mesures d'application.

En résumé, on peut considérer que la Commission Laurendeau-Dunton et la Loi sur les langues officielles du Canada, nées de la nécessité d'intervenir dans l'usage de l'anglais et du français, ont été, en quelque sorte, les actions précurseures de l'aménagement linguistique du Québec.

5.3 Les interventions gouvernementales du Québec

Plusieurs observations expliquent pourquoi les gouvernements québécois successifs ont été contraints d'adopter des lois linguistiques pour sauvegarder l'avenir du français au Québec (d'Anglejan 1984; Bourhis/Lepicq 1988, 11; Maurais 1987, 363; Lepicq/Bourhis 1994, 411) :
– Le déclin démographique des francophones dans tout le Canada et l'assimilation rapide des minorités francophones dans les provinces anglaises, même là où elles étaient concentrées géographiquement, comme dans l'est de l'Ontario ou au Nouveau-Brunswick. Le Québec craignait qu'il puisse lui arriver la même chose.
– La prise de conscience par les francophones du Québec de l'effet de la domination de l'économie de la province par les Anglo-Québécois sur le piètre statut social du français. Les résultats de la Commission Laurendeau-Dunton et, quelques années plus tard, de la Commission Gendron ont fourni des statistiques incontestables à cet égard.
– L'affaiblissement démographique de la population francophone du Québec à la suite de la baisse des naissances et de l'arrivée massive d'immigrants (v. Chapitre 1 pour les taux de locuteurs francophones, anglophones et allophones).
– La liberté du choix de la langue d'enseignement dans les écoles du Québec avant 1977, qui a eu pour effet que les enfants des immigrants (« néo-Québécois ») se sont assimilés à la communauté anglo-québécoise plutôt qu'à la majorité francophone. Durant les années 1960 et 1970, la population des Anglo-Québécois de souche britannique décroissait, mais le nombre de personnes qui

disaient avoir l'anglais comme langue d'usage augmentait. C'est que les immigrants adoptaient, en bloc, l'anglais. La forte attraction de l'anglais s'expliquait à la fois par la perspective de mobilité qu'elle offrait dans une Amérique du Nord anglophone et par son statut incontestable de langue des affaires et, donc, de succès économique.

Le problème de la langue d'instruction a éclaté au moment de la Crise de Saint-Léonard en 1968, qui est considérée comme le déclencheur de l'aménagement linguistique du Québec. Une bataille scolaire sans précédent s'est livrée dans cette banlieue montréalaise à majorité francophone. Les immigrants italiens, bien implantés dans ce secteur, ont réclamé pour leurs enfants une part de plus en plus importante d'enseignement en anglais. Cette demande a choqué les parents francophones qui se sont sentis trahis et qui ont voté un règlement proclamant l'enseignement unilingue français dans toutes les écoles de la commission scolaire de Saint-Léonard. Ce règlement a été perçu comme une provocation par les anglophones et les immigrants du Grand Montréal. La crise politique qui a suivi a fait prendre conscience aux Québécois francophones que la survie du français passait par sa protection; cette prise de conscience a débouché sur la Loi 63.

5.3.1 La Loi 63, Loi pour promouvoir la langue française (1969)

Dans la foulée des résultats du rapport de la Commission Laurendeau-Denton, le gouvernement du Québec, dirigé à cette époque par Jean-Jacques Bertrand, chef intérimaire de l'Union nationale, a fait adopter, en 1969, la Loi 63, première loi linguistique d'importance du Québec (Gosselin 2003, 15). Elle a proposé des mesures incitatives pour promouvoir l'usage du français dans la société. Par exemple, pour ce qui est de la langue d'enseignement, cette loi a obligé les commissions scolaires à offrir des cours en français aux anglophones et aux allophones. Mais, en même temps, elle a reconnu le droit des parents au libre choix de la langue d'enseignement, rendant ainsi caduques les décisions de la commission scolaire de Saint-Léonard. Cette loi, que beaucoup ont considérée comme timide, a été vivement contestée dans les milieux nationalistes québécois ainsi qu'à l'Assemblée nationale du Québec. Cette agitation a contribué à la défaite du gouvernement (Corbeil 2007, 145) qui, avant d'adopter la Loi 63, aurait dû attendre les résultats du rapport de la Commission Gendron qu'il avait pourtant commandé lui-même.

5.3.2 La Commission Gendron (1968)

La commission d'enquête sur la situation de la langue française et sur les droits linguistiques au Québec a été mise sur pied par le Gouvernement du Québec le 9 décembre 1968 en pleine crise de Saint-Léonard. Jean-Denis Gendron, linguiste de l'Université Laval, en a été le président, d'où le nom Commission Gendron. Le mandat de la Commission était de :

> Faire enquête et rapport sur la situation du français comme langue d'usage au Québec et de recommander les mesures propres à assurer : a) les droits linguistiques de la majorité aussi bien que la protection des droits de la minorité; b) le plein épanouissement et la diffusion de la langue française au Québec dans tous les secteurs d'activité, à la fois aux plans éducatif, culturel, social et économique[97].

Ce mandat a été précisé en 1970, après l'avènement au pouvoir du Parti libéral, dirigé à l'époque par Robert Bourassa, qui a demandé à la Commission de :

> [...] s'attaquer d'abord et en priorité aux questions du français langue de travail, de l'intégration des nouveaux Québécois à la communauté francophone et des droits linguistiques de nos concitoyens[98].

La grande conclusion du rapport de la commission, déposé en 1972, a mis en évidence la prédominance de l'anglais sur le marché du travail québécois dans les communications administratives et techniques des travailleurs, de même que dans les exigences linguistiques des fonctions. Cette situation avait comme conséquence que les non-francophones avaient peu besoin du français pour travailler, et que les francophones, dans les tâches importantes, devaient utiliser autant et parfois plus l'anglais que leur langue maternelle (Corbeil 1980, 53).

Cela a eu des effets sur la société : la situation a entraîné l'affichage en langue anglaise et l'anglicisation des francophones par la pratique quotidienne et nécessaire de l'anglais, notamment dans les vocabulaires spécialisés de tous les domaines de l'activité économique et industrielle. Cette situation a eu aussi pour effet que le français a été perçu comme peu prestigieux auprès des francophones eux-mêmes et auprès des immigrants. La première recommandation du rapport a dirigé les actions futures :

> Nous recommandons que le gouvernement du Québec se donne comme objectif général de faire du français la langue commune des Québécois, c'est-à-dire une langue qui, étant connue de tous, puisse servir d'instrument de communication dans les situations de contact entre Québécois francophones et non francophones (cité dans Leclerc 2016h).

La Commission s'est intéressée tout particulièrement au monde du travail qu'il importait, selon elle, de franciser, et a rappelé qu'un gouvernement provincial détient tous les pouvoirs pour légiférer en matière de langue d'enseignement.

---

[97] Arrêté en conseil du 9 décembre 1968, reproduit en page IV du tome I du rapport de la Commission Gendron, cité dans Corbeil (1980, 49).
[98] *Rapport Gendron*, tome I, La langue de travail, p. 3, cité dans Corbeil (1980, 49).

Toutefois, les recommandations sur la langue du travail n'ont été qu'incitatives. De plus, la Commission Gendron, tout en proposant de proclamer le français langue officielle, a suggéré que l'anglais ait le statut de « langue nationale », d'où l'ombre du bilinguisme officieux et institutionnel planant sur toutes les recommandations (Corbeil 1980, 55).

Pour ce qui est de la langue d'enseignement, la Commission a recommandé la fréquentation de l'école française pour tous les enfants des familles immigrantes, de toutes origines et indépendamment de leurs connaissances de l'anglais, mais n'a proposé aucune politique.

En conclusion, au moment où ces recommandations ont été faites, elles ne rejoignaient pas les aspirations de la population québécoise, ni francophone, ni anglophone. Le rapport de la commission est quand même considéré comme étant « le premier document substantiel établissant les fondements d'une politique linguistique sérieuse pour le gouvernement du Québec » (Gémar 2000, 250). Le gouvernement libéral qui a suivi a tenu compte de certaines des recommandations faites par la commission et a fait adopter une nouvelle loi linguistique dite Loi sur la langue officielle (Loi 22).

5.3.3 La Loi 22, Loi sur la langue officielle (1974)

S'inspirant du rapport Gendron, le gouvernement Bourassa a fait adopter, en 1974, le projet de loi 22. Selon Leclerc (2016h) il s'est agi du « premier effort véritable d'un gouvernement québécois en vue d'une intervention globale dans le domaine de la langue ». Cette loi a consacré le français comme la langue officielle du Québec (article 1) et a renoncé à l'idée de deux langues nationales au Québec. Par cette déclaration, le gouvernement a voulu assurer la primauté du français dans le monde du travail et dans plusieurs secteurs d'activité (administration, enseignement, services publics).

Pour assurer au français le rôle de langue de travail, la loi stipulait que les entreprises désirant obtenir des contrats gouvernementaux devaient, au préalable, se procurer des certificats de francisation. Ces certificats prouvaient que l'entreprise utilisait le français dans son fonctionnement interne :

> Outre les exigences de toute autre loi, les entreprises doivent posséder le certificat visé à l'article 26 pour avoir le droit de recevoir de l'administration publique [...] les primes, subventions, concessions ou avantages déterminés par les règlements, ou pour conclure avec le gouvernement les contrats d'achat, de service, de location ou de travaux publics [...] (article 28, cité dans Leclerc 2016i).

... et qu'elle comportait des francophones parmi ses cadres administratifs :

> Les programmes de francisation que doivent adopter et appliquer les entreprises désireuses d'obtenir le certificat susdit doivent [...] porter notamment sur : a) la connaissance de la langue officielle que doivent posséder les dirigeants et le personnel; b) la présence francophone dans l'administration; c) la langue des manuels, des catalogues [...] (article 29, cité dans Leclerc 2016i).

Le libre choix de la langue d'enseignement a été désormais limité : seuls les enfants pouvant témoigner de leur connaissance de l'anglais au moyen de tests avaient accès à l'école anglaise. Autrement dit, la Loi 22 a limité l'accès à l'enseignement en anglais à ceux qui le maîtrisaient déjà :

> Les élèves doivent connaître suffisamment la langue d'enseignement pour recevoir l'enseignement dans cette langue. Les élèves qui ne connaissent suffisamment aucune des langues d'enseignement reçoivent l'enseignement en langue française (article 41, cité dans Leclerc 2016i).
>
> Le ministre de l'Éducation peut cependant, conformément aux règlements, imposer des tests pour s'assurer que les élèves ont une connaissance suffisante de la langue d'enseignement pour recevoir l'enseignement dans cette langue (article 43, cité dans Leclerc 2016i).

Par cette mesure, on a voulu augmenter les inscriptions des enfants d'immigrants dans les écoles françaises et encourager leur intégration à la communauté francophone majoritaire (Bourhis/Lepicq 1988, 12).

Cette politique sur la langue d'enseignement a été fortement décriée par les Québécois anglophones, et elle l'est encore aujourd'hui. On peut certes comprendre leur déception, mais il faut se rappeler que l'enseignement est de compétence provinciale, donc complètement subventionné par la province; en raison de la liberté de choix de la langue d'enseignement, l'État québécois s'est trouvé, pendant plusieurs décennies, à payer l'école anglaise aux immigrants nouvellement débarqués. Autrement dit, les citoyens québécois (composés à cette époque de près de 80 % de francophones) se sont retrouvés à payer pour l'assimilation des immigrants à l'anglais, qui attirait spontanément la majorité des immigrants. Compte tenu de la situation du français en Amérique du Nord, une telle pratique signifiait sa disparition à moyen terme. Avec les lois 22 et 101, les choses ont changé : les immigrants ont été scolarisés dans les écoles françaises.

Évidemment, il est toujours possible pour un immigrant fraîchement établi au Québec d'être scolarisé en anglais, ou dans une autre langue, mais ce sera à ses frais dans une école privée non subventionnée. Par exemple, les immigrants d'origine allemande peuvent envoyer leurs enfants à l'École internationale allemande Alexander von Humboldt de Montréal (*Alexander von Humboldt Schule*), mais ils doivent en assurer les dépenses[99].

---

99 www.avh.montreal.qc.ca

Cette restriction ne touche pas les Anglo-Québécois (de souche britannique ou d'autres souches, mais maîtrisant déjà l'anglais avant l'application des lois), qui ont droit à un enseignement gratuit en anglais.

L'un des effets les plus visibles de la Loi 22 a été perceptible dans l'affichage public qui devait se faire en français, même si l'usage simultané d'une autre langue était permis :

> L'affichage public doit se faire en français, ou à la fois en français et dans une autre langue, sauf dans la mesure prévue par les règlements [...]. (article 35, cité dans Leclerc 2016i)

En quelques années, le visage de Montréal, jusque-là marqué par l'anglais, a été profondément transformé.

Toutefois, les groupes nationalistes ont reproché à la Loi 22 d'accorder trop de privilèges à l'anglais et de ne pas affirmer suffisamment les droits du français. En effet, la Loi 22 admettait la coexistence du français et de l'anglais dans divers domaines; plusieurs articles de loi ont été plus ou moins assortis de clauses dérogatoires à l'usage du français et, à maints endroits, le choix de la langue a été laissé à l'individu. Par exemple, la loi obligeait les employeurs à rédiger en français toute information transmise à leur personnel, mais permettait que la version française soit accompagnée d'une « version anglaise lorsque le personnel est en partie de langue anglaise » (article 24). De plus, les partisans de l'unilinguisme français ont crié au laxisme et ont accusé le gouvernement de ne pas avoir eu le courage de rendre l'école française obligatoire pour tous.

Pour toutes ces raisons, cette loi, bien que progressiste par rapport à la Loi 63, a été mal reçue de la part des francophones qui l'ont jugée trop ambivalente compte tenu du contexte (dénatalité des francophones, adoption de l'anglais par les immigrants).

Pour la seconde fois, en 1976, la question linguistique a contribué à la défaite d'un gouvernement : « À vouloir contenter à la fois les francophones et les anglophones, le gouvernement Bourassa a mécontenté tout le monde avec sa Loi 22 » (Corbeil 2007, 178). Le gouvernement du Parti québécois, dirigé par René Levesque, a été élu grâce à un vote majoritaire des francophones et une désaffectation des anglophones québécois qui, pour montrer leur opposition au gouvernement libéral, ont préféré l'Union nationale (d'Anglejan 1984, 40).

5.3.4 La Loi 101, Charte de la langue française (1977)

Les domaines ciblés par les mesures d'aménagement linguistique sont la langue du travail, de l'administration et des services publics, de l'affichage et de l'enseignement. Arrivé au pouvoir, le Parti québécois de René Lévesque a présenté à son tour, en 1977, sa solution. La Loi 101 allait plus loin que la Loi 22 dans l'affirmation de la primauté du français au travail et sur la place publique. Elle n'admettait plus la coexistence avec l'anglais dans plusieurs domaines que la Loi 22 rendait encore possible. Elle a restreint encore plus l'accès à l'école anglaise pour les immigrants. Cette loi a joui d'un solide appui dans l'opinion publique francophone, si bien que les gouvernements qui ont suivi, libéraux ou ceux du Parti québécois, ne l'ont pas vraiment remise en question. Par contre, il y a eu des modifications à la suite de jugements rendus par la Cour suprême du Canada. Nous les verrons plus loin (v. 5.4).

Malgré les dispositions de la Loi 101, la minorité anglophone du Québec est restée la plus avantagée des minorités canadiennes en matière de droits linguistiques, puisqu'elle a continué à gérer son propre système scolaire et qu'elle a bénéficié des services fédéraux, provinciaux et municipaux en anglais (Lepicq/Bourhis 1994, 412; Leclerc 2016g).

Les quatre principes essentiels sur lesquels le Parti québécois a fait reposer la Loi 101 sont les suivants (selon Corbeil 1980, 98-99) :

1) Le Québec est une nation dont la majorité est de langue française. En conséquence, le français doit devenir la langue officielle de cette nation.
2) Cette nation est composée d'une majorité francophone et de plusieurs minorités de langues différentes. Quant à la langue officielle, toutes les minorités doivent être traitées sur un pied d'égalité, dans le but de les intégrer à la nation, tout en leur offrant la possibilité de maintenir certains aspects de leur culture d'origine : leur langue (qu'ils pourront pratiquer dans leurs communications à titre individuel), leur religion, leurs institutions culturelles. En raison de son caractère historique, la communauté anglo-québécoise conserve cependant son réseau d'institutions scolaires.
3) Le bilinguisme (institutionnel) généralisé est rejeté puisqu'il est considéré comme étant une menace à la survie de la langue française au Québec.
4) La différenciation entre les communications officielles (institutionnalisées) et privées (individualisées) est reconnue (v. 5.1). Aussi la loi ne s'applique-t-elle que pour ce qui est des communications institutionnalisées, et non pas individualisées, pour lesquelles les Québécois utilisent la langue qu'ils souhaitent. De même est reconnue la différenciation entre communications à l'intérieur ou vers l'extérieur du Québec. En conséquence, pour ce qui est de l'administration de l'État ou des entreprises, la loi ne touche pas les communications en anglais avec le Canada ou avec les autres pays.

À partir du premier principe, le français est devenu la langue de la législation et de la justice ainsi que de l'administration publique et parapublique. Selon la première version de la loi, seuls les textes de loi en français étaient valables. À partir du même principe, l'affichage public et la publicité commerciale ont dû être rédigés uniquement en français, tant à l'intérieur qu'à l'extérieur des commerces, pour que le paysage linguistique du Québec soit visiblement français pour tous. Ces dispositions ont fait partie de celles qui ont subi des modifications depuis.

En ce qui concerne l'enseignement, il s'est agi d'un autre enjeu délicat qui fait encore la manchette de nos jours. La version de 1977 de la loi a prévu que les seuls groupes de personnes qui pouvaient être scolarisés dans leur langue maternelle étaient les Amérindiens, les Inuits ainsi que les anglophones du Québec (ainsi que tous ceux qui étaient déjà inscrits au moment de l'application de la loi). Selon ce qui a été appelé la « clause Québec », un ayant-droit anglophone était défini comme :
- celui dont l'un des parents a reçu l'enseignement primaire en anglais au Québec;
- celui fréquentant déjà l'école anglaise au moment de l'entrée en vigueur de la loi, ainsi que ses sœurs et ses frères cadets.

Cette clause a été contestée par la suite par le gouvernement canadien et modifiée à la suite d'un jugement de la Cour suprême du Canada qui l'a jugée anticonstitutionnelle.

Quant à la langue de travail, la loi a formulé les objectifs de francisation que devaient atteindre les entreprises de plus de 50 employés (Corbeil 1980, 103) :
- connaissance du français chez les cadres;
- augmentation à tous les niveaux du nombre de personnes ayant une bonne connaissance de la langue française;
- utilisation du français comme langue du travail et des communications internes (documents de travail, manuels et catalogues);
- utilisation du français avec la clientèle, les fournisseurs et le public;
- utilisation d'une terminologie française;
- usage du français dans la publicité;
- politique d'embauche, de promotion et de mutation appropriée.

Les entreprises qui ne se sont pas pliées aux dispositions concernant la langue de travail ont dû parfois payer des amendes pouvant aller de 100 $ à 2 000 $ par jour (Bourhis/Lepicq 1988, 13).

En 2008, un comité de travail commandé par le gouvernement libéral de l'époque a été mis sur pied pour élaborer un plan d'action non coercitif visant les petites entreprises, c'est-à-dire celles comportant de 11 à 49 employés et moins. Le gouvernement a souhaité que l'engagement des dirigeants de ces petites entreprises à faire progresser le français soit sur une base volontaire (Bouchard 2008).

Par ailleurs, la Loi 101 a prévu, et prévoit toujours, des dispositions à l'intention des minorités du Québec relativement à la protection du consommateur et à son accès aux services (Corbeil 1980, 103) :
- les services de santé, les services sociaux, les ordres professionnels, etc. peuvent offrir leurs services dans n'importe quelle langue, pourvu qu'ils puissent le faire aussi en français;

- les pièces de procédures émanant des tribunaux, les jugements, l'affichage et la dénomination des organismes municipaux ou scolaires, des services de santé et des services sociaux peuvent être publiés dans une autre langue, en même temps que le français ;
- les messages publicitaires ou communiqués de l'administration et des organismes parapublics ainsi que la publicité commerciale lorsqu'il s'agit d'un organe d'information et de la langue de ce même organe peuvent également être publiés dans une autre langue que le français ;
- la loi prévoit une version anglaise des projets de loi, des lois et des règlements et la possibilité pour les personnes morales d'utiliser l'anglais devant les tribunaux ;
- la loi assure le droit d'affichage en d'autres langues que le français pour ce qui est des inscriptions sur un produit, sur son contenant ou sur son emballage et sur un document ou un objet accompagnant ce produit, p. ex. modes d'emploi, certificats de garantie.

La Charte de la langue française (1977) a été bien reçue par les Québécois francophones puisqu'elle donnait à l'aménagement linguistique du Québec une orientation très claire (Gémar 2000, 250). En effet, elle « ne représente plus un simple projet de loi, mais bien un projet de société de langue française » (*ibid.*, 253). Rocher (2000, 283) parle même d'une « deuxième Révolution tranquille », puisqu'elle a profondément changé les rapports de pouvoir dans la société. Comme on peut facilement se l'imaginer, les anglophones ont plutôt mal réagi devant cette affirmation des francophones qui se sont affichés désormais comme étant un groupe majoritaire, en faisant indirectement des anglophones un groupe minoritaire (Bourhis/Lepicq 1988, 14). Des entreprises et des particuliers de la communauté anglophone ont alors déménagé dans d'autres provinces ; d'autres se sont attachés à contester la Charte auprès des grands tribunaux, ce qui a mené à quelques modifications, comme cela a déjà été évoqué (affichage unilingue, « Clause Québec ») (*ibid.*).

5.4 Modifications à la Loi 101 depuis 1977[100]

Bien que la Charte de la langue française soit toujours en vigueur, elle a subi plusieurs modifications au cours des décennies suivant son adoption. Ces modifications ont été exigées en raison de conflits entre la Charte et d'autres instruments législatifs fédéraux et provinciaux auxquels elle est subordonnée.

---

[100] Le contenu de cette section repose dans une large mesure sur les écrits de Gosselin (2003) et Woehrling (2000, 2005, 2010).

5.4.1 La Loi 101 et les contraintes imposées par la politique

Selon le droit constitutionnel canadien et québécois, la Charte de la langue française (Loi 101) doit respecter, au niveau fédéral, la Constitution canadienne, notamment la Charte canadienne des droits et libertés, adoptée le 17 avril 1982 par le gouvernement Trudeau. Au niveau provincial, elle doit respecter la Charte québécoise des droits et libertés de la personne, adoptée le 27 juin 1975 par le gouvernement Bourassa.

La Constitution canadienne et la Charte canadienne des droits et libertés ont une certaine primauté sur la législation linguistique des provinces canadiennes. La Charte québécoise des droits et libertés de la personne, quant à elle, prévaut sur les autres lois québécoises. C'est ainsi que le statut du français comme seule langue officielle est aujourd'hui plutôt symbolique « puisqu'en vertu d'une disposition de la Constitution canadienne qui l'emporte sur les lois québécoises (l'article 133 de la Loi constitutionnelle de 1867), l'anglais et le français sont au Québec sur un pied d'égalité en matière de langue des lois, des règlements, des tribunaux et des travaux parlementaires. » (Woehrling 2010, 29) En conséquence, la Cour suprême peut invalider des dispositions de la Loi 101, comme elle l'a fait déjà en 1979 dans le cas d'articles en rapport avec la langue de la législation et de la justice (arrêt Blaikie). D'autres dispositions de la Loi 101 ont été invalidées ou modifiées puisqu'elles ont été jugées comme étant incompatibles avec la Charte québécoise des droits et libertés de la personne, comme cela a été le cas avec l'usage exclusif du français dans l'affichage public.

Cependant, certaines dispositions des deux chartes peuvent faire l'objet d'une dérogation. Par exemple, les arguments de la liberté d'expression ou du droit à l'égalité ont déjà été utilisés par les tribunaux canadiens pour abolir des dispositions linguistiques de la Loi 101. Par contre, ces dernières ont pu faire l'objet d'une dérogation, comme cela a été le cas en 1988, pour une période de 5 ans, concernant l'usage exclusif du français dans l'affichage à l'extérieur des commerces (Loi 178, v. 5.4.2).

Les droits et libertés garantis par les deux chartes peuvent donc être remis en question par une clause dérogatoire. Pour s'en prévaloir, le demandeur doit faire la démonstration devant la cour que la limitation d'un droit ou d'une liberté garantie par les chartes est raisonnable et justifiable, ce qui est le cas « si la mesure législative qui entraîne cette limitation poursuit un objectif social légitime et suffisamment important et si les moyens utilisés pour atteindre cet objectif respectent un critère de proportionnalité » (Woehrling 2005, 256)[101].

---

[101] Principes élaborés par la Cour suprême qui permettent de déterminer quels objectifs gouvernementaux sont suffisamment importants pour justifier la suppression d'un droit ou d'une liberté garantis par la Charte. Dès qu'il est possible de déterminer que l'intérêt du gouvernement est suffisamment important, il faut alors décider si les moyens choisis pour réaliser cet intérêt sont rai-

Deux catégories de droits et libertés sont importantes pour la politique et la législation linguistique québécoise :
1) Les droits linguistiques à proprement parler. Leur but est de protéger une ou plusieurs langues; c'est le cas de l'article 23 de la Charte canadienne qui assure les droits à l'instruction dans une langue minoritaire (v. 5.4.3).
2) Certains droits ou libertés assurant implicitement une certaine liberté linguistique. À titre d'exemple, la liberté d'expression a été interprétée comme étant la liberté d'utiliser la langue de son choix dans certaines situations.

Woehrling (2010, 30) évoque trois types de justifications qui peuvent être prises en compte pour restreindre la liberté dans l'usage des langues :
1) nécessité d'assurer la cohésion et l'intégration sociales et nationales grâce à une « langue commune »;
2) respect des droits linguistiques des personnes et des groupes;
3) défense des langues vulnérables et menacées.

À la base du premier type de justification, on retrouve l'idée de l'existence d'un lien étroit entre la construction d'une nation et l'unification linguistique. Le but de l'aménagement linguistique du Québec est donc d'assurer la cohésion et l'intégration sociales et nationales grâce au français, langue commune de tous les Québécois.

Le cas du Québec est particulièrement complexe en raison du fait que les francophones du Québec représentent aussi bien une minorité au niveau fédéral qu'une majorité au niveau provincial. En tant que minorité au Canada, ils peuvent exiger de la majorité anglophone le respect des droits de la personne garantis par la Charte canadienne. En tant que majorité au Québec, ils doivent eux-mêmes garantir les mêmes droits aux minorités résidant dans la province. Lorsque les intérêts des uns et des autres ainsi que plusieurs droits entrent en concurrence, la distinction entre droits individuels et droits collectifs est souvent invoquée pour trancher (*ibid.*, 32). À titre d'exemple, un immigrant allophone qui veut envoyer ses enfants à l'école anglaise fait appel à un droit individuel qui repose sur sa croyance que la réussite économique et sociale de son enfant est, au Canada, mieux assurée de cette manière. En revanche, le droit des francophones au maintien de leur langue est à la fois individuel et collectif, puisque tant l'individu que la communauté dont il fait partie ont un intérêt dans la conservation de la langue française. Étant donné que la plupart des droits ont les deux dimensions, il est souvent difficile de les hiérarchiser

---

sonnables. Pour reprendre l'expression de la Cour suprême, il faut mettre au point un critère de proportionnalité. Il faut en quelque sorte que le tribunal se demande si les moyens utilisés pour atteindre la fin recherchée permettent de le faire, en portant atteinte le moins possible au droit ou à la liberté en question.

(*ibid.*, 34). En fin de compte, il revient à la justice d'évaluer les revendications en faisant appel au principe de proportionnalité.

Le troisième type de justification est plus facile à évaluer. La Cour suprême a reconnu la vulnérabilité du français au Québec dans l'arrêt Ford c. Québec (1988). La présence du français dans l'affichage public et la publicité commerciale a donc été considérée comme étant justifiée pour cette raison, mais la vulnérabilité n'a pas été jugée suffisamment importante pour justifier l'interdiction des autres langues dans l'affichage. Selon Woehrling (2010, 36), les organes judiciaires ont tenté d'équilibrer les droits et les revendications en présence et ont plutôt essayé de concilier les deux positions, au lieu d'en laisser triompher une.

5.4.2 Loi 178 (1988)

La Loi 101 a fait du français la seule langue d'affichage public au Québec. Bien sûr, il y avait droit d'affichage en d'autres langues pour ce qui est des inscriptions sur un produit, sur son contenant ou sur son emballage et sur un document ou un objet accompagnant ce produit, p. ex. mode d'emploi, certificat de garantie.

La Cour suprême du Canada a considéré comme contraire à la Charte canadienne des droits et libertés l'usage exclusif du français dans l'affichage public, la publicité commerciale et les raisons sociales. Elle a donc invalidé les articles concernés en évoquant notamment la liberté d'expression.

La Cour a considéré comme justifié le fait d'exiger la présence du français, mais a également conclu que le fait d'exclure les autres langues constituait une restriction non justifiable des droits garantis par la Charte canadienne des droits et libertés et la Charte des droits et libertés de la personne du Québec, et ce, en vertu du critère de proportionnalité. La Cour suprême a alors suggéré au Québec l'affichage dans les deux langues avec prédominance du français, à l'intérieur comme à l'extérieur des commerces (Corbeil 2007, 256).

Une décision difficile à prendre pour le premier ministre du Québec de l'époque, à savoir Robert Bourassa (1970-1976), d'autant plus que le climat politique au Québec n'était pas très bon puisque les syndicats et les nationalistes s'inquiétaient des évènements en rapport avec la Loi 101. Pour assurer la paix sociale, Québec a plutôt décidé de faire voter la Loi 178 qui, tout en maintenant l'affichage extérieur exclusivement en français, permettait désormais l'affichage en français et dans une autre langue à l'intérieur des commerces. Pour ce faire, Bourassa avait dû demander une dérogation et invoquer la *clause nonobstant* (article 33 de la Loi constitutionnelle de 1982) qui permet à une province d'aller à l'encontre de la Charte canadienne des droits et libertés pour une période de cinq ans, quand cela est justifié.

La Loi 178 a déplu à la communauté anglophone, dont des membres ont porté plainte devant le Comité des droits de l'homme des Nations Unies en 1989 (Woehrling 2000; Corbeil 2007, 257). Le Comité a donné raison aux plaignants et le Québec a été contraint de proposer une nouvelle loi. C'est ce qu'il a fait avec la Loi 86.

5.4.3 Loi 86 (1993)

En ce qui concerne la langue de l'affichage, le Comité des droits de l'homme des Nations Unies a confirmé le 31 mars 1993, dans ses « constatations » en vertu de l'article 19 du Pacte international relatif aux droits civils et politiques, que la Loi 178 sur l'affichage violait encore la liberté d'expression (Woehrling 2000, 289). Après ces constatations du Comité des droits de l'homme des Nations Unies, le gouvernement du Québec a adopté la Loi 86 qui établissait un nouveau régime : affichage dans les deux langues, pourvu que le français soit dominant. C'était ce que les juges de la Cour suprême avaient suggéré au Québec un peu avant 1988.

Certains, dont Woehrling (2000, 289), prennent leurs distances par rapport aux décisions des tribunaux. Ils estiment que les juges ont donné préséance à des droits individuels plutôt qu'à un droit collectif, celui des Québécois francophones de prendre tous les moyens pour protéger le fait français au Canada. Loubier (2008, 158) confirme que les juges reconnaissent plus facilement les droits individuels que les droits collectifs, puisque la discrimination individuelle est plus facile à démontrer que la nécessité d'une protection collective.

Mais la Loi 86 a touché un autre pilier important de la Charte de la langue française : l'enseignement. On se rappelle que la Charte visait à intégrer les enfants d'immigrants dans les écoles françaises. Le moyen envisagé pour y parvenir a été de ne permettre qu'aux enfants de la minorité anglophone du Québec de recevoir l'instruction publique en anglais, d'où l'article 73 de la Charte, nommé « Clause Québec ». En clair, cette clause a limité l'enseignement en anglais aux enfants dont l'un des parents ou les frères et sœurs ont été scolarisés en anglais au Québec ou aux enfants des allophones qui avaient déjà fréquenté l'école publique anglaise au moment de l'entrée en vigueur de la Loi 101. La clausse impliquait donc que les portes des écoles anglaises étaient désormais fermées aux enfants des immigrants, même s'ils étaient de pays anglophones, de ceux des francophones, ainsi que de ceux des Canadiens des autres provinces. Cette dernière disposition « Canadiens d'autres provinces venant s'établir au Québec » a été rejetée par les autorités fédérales, sous prétexte qu'elle était incompatible avec le principe de libre circulation et de libre établissement qui est la base du régime fédéral. Pourtant, selon Woehrling (2000, 287; 2005, 265), rien dans la constitution canadienne de 1867 n'interdisait cette disposition de l'article 73 de la Charte. Rien ne l'interdisait, du moins jusqu'à l'avènement, en 1982, de l'article 23 de la Charte canadienne qui a été expressément conçu pour contrecarrer la Charte de la langue française.

Comment le Canada s'est-il muni de la Charte canadienne des droits et libertés ? Rappelons d'abord que Pierre-Élliot Trudeau, alors premier ministre du Canada

(1968-1979, puis 1980-1984), souhaitait rapatrier la Constitution d'où elle se trouvait, c'est-à-dire Londres, de façon à pouvoir la modifier, entre autres pour lui ajouter une Charte des droits et libertés. Ce rapatriement a été effectué sans le consentement du Québec qui a vu là une façon pour le fédéral de lui soustraire des droits et des compétences qui se trouvaient dans la première loi constitutionnelle de 1867[102].

En 1984, en raison de l'article 23 de la nouvelle Charte canadienne, la Cour suprême du Canada a déclaré la clause Québec de la Loi 101 inopérante. C'est ce qu'avait redouté René Lévesque, premier ministre du Québec à l'époque.

En 1993, le gouvernement du Québec a été contraint de modifier l'article 73 de la Loi 101 avec la Loi 86 qui insérait la « Clause Canada ». Les enfants dont le père ou la mère était citoyen canadien ont pu être alors scolarisés en anglais, à la condition qu'un de ces derniers ait reçu un enseignement primaire dans cette langue au Canada (et non plus seulement au Québec), et pourvu que cette scolarisation ait constitué la majeure partie de l'enseignement primaire reçu au Canada.

Pour ce qui est des enfants des nouveaux arrivants, quelle que soit leur provenance, ou ceux des Québécois francophones, ils sont invités à aller à l'école publique française.

5.4.4 Loi 104 (2002)

On a pu mesurer à l'époque l'impopularité de la loi auprès des immigrants et de la communauté anglophone par la suite des évènements. Des responsables d'écoles privées de langue anglaise ont proposé aux parents une forme d'échappatoire; les enfants (francophones ou allophones) qu'ils avaient admis ont pu poursuivre leurs études secondaires dans leurs sections *publiques*. Avec la Loi 104, le gouvernement québécois a pris des dispositions pour empêcher que ces enfants non admissibles à l'école anglaise en vertu de l'article 73 de la Loi 101 puissent, après un court passage dans une école anglaise privée et non subventionnée, recevoir leur éducation en anglais dans une école publique du réseau québécois.

Cette échappatoire avait été rendue possible par une lecture particulière de l'alinéa (2) de l'article 23 de la Charte canadienne des droits et libertés qui définit les conditions pour accéder à l'instruction dans la langue minoritaire, c'est-à-dire, dans le cas du Québec, à l'école publique anglaise[103] :

---

[102] Autrement dit, l'actuelle constitution canadienne n'a jamais été signée par le Québec.
[103] Repéré à http://laws-lois.justice.gc.ca/fra/const/page-15.html, consulté le 13 avril 2016.

> Alinéa 23(2) les citoyens canadiens dont un enfant *a reçu ou reçoit* son instruction, au niveau primaire ou secondaire, en français ou en anglais au Canada, ont le droit de faire instruire dans cette langue tous leurs autres enfants (clause « d'unité linguistique familiale »).[104]

L'indicatif présent « reçoit » a été interprété comme s'il permettait l'accès à l'école publique anglaise pour un enfant et ses frères et sœurs dès le moment où cet enfant était inscrit à une école anglaise. En effet, rien n'indiquait clairement qu'un enfant déjà scolarisé en anglais dans une école anglaise *privée*, quelle que soit la langue de scolarisation de ses parents, ne pouvait pas accéder à l'école publique en anglais.

La Cour suprême a confirmé par la suite que « l'application aveugle du paragraphe 23(2) pouvait effectivement engendrer des problèmes au Québec » (cité dans Woehrling 2005, 274). Elle a reconnu que le paragraphe 23(2) permettait de faire de l'école anglaise privée non subventionnée le passage vers l'école anglaise publique, et ce, même après une courte fréquentation.

La Loi 104 a mis un terme à cette échappatoire par laquelle quelque 7 500 enfants ont pu accéder à l'école anglaise publique depuis 1977 (Deslisle 2002). Il faut comprendre que le passage de cet enfant à l'école anglaise publique a entraîné automatiquement celui de ses frères et sœurs cadets ainsi que de tous leurs descendants en vertu d'une clause d'unité linguistique familiale comprise dans la Charte canadienne des droits et libertés, mais aussi dans la Loi 101 elle-même.

Après le dépôt de la Loi 104 en 2002, des parents ont été en appel et ont plaidé avec succès que la Loi 104 contrevenait à la Charte canadienne des droits et libertés. La Cour suprême a invalidé la Loi 104 dans un jugement rendu le 22 octobre 2009; la cour a reconnu la légitimité de la Loi 104, mais elle n'a pas été d'accord avec la proportionnalité des mesures adoptées. Le tribunal a suggéré au gouvernement québécois d'adopter plutôt une approche qualitative avec les enfants ayant été scolarisés en anglais pendant au moins un an dans une école non subventionnée et désireux d'accéder à l'école anglaise subventionnée, c'est-à-dire de vérifier si le cheminement scolaire de l'élève est « authentique », s'il n'y avait pas intention au départ de se diriger vers l'école publique anglaise (arrêt Solski). Toutefois, les juges se sont gardés d'expliquer comment ils s'y prendraient eux-mêmes pour déterminer si le cheminement est authentique.

5.4.5 Loi 115 (2010)

Afin de réagir au jugement de la Cour suprême du Canada, le gouvernement du Québec a fait voter le projet de Loi 115. L'une des modifications les plus importantes a été de déléguer au Conseil des ministres le soin de définir les modalités par lesquelles un enfant pourra accéder à l'école anglaise publique au Québec après un

---

[104] Les caractères italiques sont de nous.

court moment à l'école privée anglaise non subventionnée. Le gouvernement a annoncé que le principal critère pour l'accès à l'école anglaise sera la fréquentation d'un minimum de trois ans à l'école anglaise non subventionnée. Des fonctionnaires du ministère de l'Éducation devront, de plus, confirmer que ces élèves ont effectué un « parcours scolaire authentique ».

5.5 Organismes gouvernementaux québécois observant l'usage du français et sa situation

Dès leur dépôt, les gouvernements québécois successifs ont mis sur pied des mesures d'aménagement linguistique de façon à ce que les lois linguistiques soient appliquées : ces mesures ont pris la forme d'organismes responsables de l'application des dispositions. Ce sont sans doute les organismes créés avec la Loi 101 qui ont su en appliquer les dispositions avec le plus de rigueur. Cette action du gouvernement explique en partie le succès et la pérennité de la Charte de la langue française. Dans cette section, nous présentons brièvement les organismes gouvernementaux les plus importants responsables de cette intervention de l'État sur la langue française au Québec.

5.5.1 Office (québécois) de la langue française (OLF devenu OQLF)

Le premier organisme implanté par le gouvernement a été l'Office de la langue française (devenu aujourd'hui l'Office québécois de la langue française), qui est également l'organisme le mieux connu du public. Selon Bouchard (2002, 224), la fondation de l'OLF peut être vue comme la réponse de l'État québécois à une demande de la population déjà exprimée en 1937 lors du deuxième Congrès de la langue française. C'est à ce moment-là que la Société du parler français au Canada, constatant une détérioration de la langue, a recommandé la création d'un tel organisme destiné au redressement de la situation. L'OLF a donc vu le jour bien avant les lois 22 et 101 ; cependant, au moment de sa fondation, son mandat portait sur l'aménagement du corpus, de la langue elle-même (v. 4.6.2.6).

L'OLF a ainsi été créé en mars 1961 par la Loi instituant le ministère des Affaires culturelles ; il a été la première institution linguistique née dans le contexte de la Révolution tranquille (Bouchard 2002, 229). Son mandat général, à sa naissance, a été d'améliorer la qualité de la langue au Québec, plus précisément de « veiller, sous la direction du ministre, à la correction et l'enrichissement de la langue parlée et écrite »[105]. Le mot *correction* faisait référence au besoin de rectification de la langue des Québécois; le mot *enrichissement*, au besoin de dénomination des réalités nouvelles et au besoin de modernisation du lexique, notamment pour remplacer les nombreux emprunts à l'anglais utilisés par les Québécois tant dans la vie quotidienne qu'en situation de travail (Rousseau 2001, 65). Il a fait paraître, en 1969, la brochure *Canadianismes de bon aloi*.

En 1969, avec la Loi 63, l'OLF a reçu comme mandat de favoriser l'utilisation du français comme langue des affaires et du travail en concertation avec les entreprises. Son travail concernait désormais l'aménagement du statut. L'organisme a eu le pouvoir d'enquête et de recommandation; il devait ainsi assurer le passage de l'anglais au français comme langue de travail et de l'économie, faire la démonstration de l'efficacité du français comme langue des affaires et de la technique, et de produire et de diffuser des terminologies francisées pour les entreprises.

La Régie de la langue française a remplacé l'OLF en 1974; elle a reçu le mandat de veiller à l'application et au respect de la Loi 22. L'OLF est cependant revenu en 1977 avec la Loi 101, avec le mandat de « veiller à ce que le français devienne, le plus tôt possible, la langue des communications, du travail, du commerce et des affaires dans l'Administration et les entreprises »[106]. L'OLF a été ainsi responsable des programmes de francisation des entreprises, qu'il devait aider tout au long du processus. De plus, il a été chargé de mener des recherches terminologiques et sociolinguistiques en vue d'aider les entreprises à adopter des termes authentiquement français et des versions françaises de qualité (Rocher 2000, 282). En 2002, l'OLF a perdu son appellation, et son mandat a été confié au nouvel Office québécois de la langue française (OQLF).

En juin 2002, le gouvernement a fusionné l'OLF, la Commission de protection de la langue française et la Commission de toponymie pour ainsi créer l'OQLF, constitué désormais du Comité d'officialisation linguistique, du Comité d'officialisation toponymique et du Comité du suivi de la situation linguistique. Le mandat de l'OQLF en 2002 a été le suivant[107] :
- Définir et conduire la politique québécoise en matière d'officialisation linguistique et toponymique, de terminologie ainsi que de francisation de l'Administration et des entreprises.
- Surveiller l'évolution de la langue française au Québec en ce qui a trait à l'usage et au statut du français ainsi qu'aux comportements et attitudes des différents groupes linguistiques.

---

[105] Article 13 de la Loi instituant le ministère des Affaires culturelles (1961), cité dans Corbeil (2007, 81).
[106] Titre II de la Charte, cité dans Rocher (2000, 282).
[107] Articles 159-164, cités dans Corbeil (2007, 262).

– Assister et informer l'Administration, les organismes parapublics, les entreprises, les associations et les personnes physiques en ce qui concerne la correction et l'enrichissement de la langue française écrite et parlée au Québec[108].

5.5.2 Conseil (supérieur) de la langue française (CLF devenu CSLF), Comité du suivi de la situation linguistique

Le Conseil de la langue française a été créé en 1977 avec la Loi 101. Il a eu pour mission de « conseiller le ministre sur la politique québécoise de la langue française et sur toute question relative à l'interprétation et à l'application de la présente loi »[109], c'est-à-dire qu'il a été chargé d'examiner les problèmes inhérents à l'application de la Loi, surtout en ce qui a trait au statut, à l'utilisation et à la qualité de la langue. En 2002, le gouvernement a retiré à ce dernier le mandat de faire le suivi de la situation linguistique au Québec et l'a plutôt confié au Comité du suivi de la situation linguistique du nouvel OQLF.

Le Conseil a donc été l'organisme de réflexion et de recherche qui a suivi de près l'évolution de la situation sociolinguistique du français dans la société québécoise. Grâce au Conseil, on dispose aujourd'hui d'une vaste collection d'études et d'avis qui permettent de mesurer les progrès réalisés (Rocher 2000, 283).

Le Conseil de la langue française a été aboli en 2002, mais la même année le Conseil supérieur de la langue française a vu le jour. Il a eu pour mission de conseiller le ministre responsable sur toute question relative à la langue française au Québec ayant pu faire l'objet des travaux de l'OQLF. À ce titre, le Conseil a eu comme tâche de :
– donner un avis au ministre sur toute question que l'OQLF lui soumet;
– mettre le ministre au courant de toute question qui, selon lui, appelle l'attention du gouvernement[110].

5.5.3 Commission de surveillance de l'application de la Charte, Commission de protection de la langue française

La Commission de surveillance de l'application de la Charte a également été mise sur pied en 1977 avec le mandat de régler les cas d'infractions à la Loi 101 (dite « po-

---

[108] Le site internet de l'OQLF (**www.oqlf.gouv.qc.ca**) donne une bonne idée de la complexité de sa tâche et met à la disposition des utilisateurs un grand nombre d'informations et d'outils en matière de langue.
[109] Article 186, cité dans Leclerc (2016j).
[110] Nous invitons le lecteur à consulter la page internet du CSLF (**www.cslf.gouv.qc.ca**) pour plus de détails.

lice linguistique » par ses détracteurs). Elle a été abolie, rétablie et supprimée (Corbeil 2007, 246). À la suite du dépôt de la Loi 40 en septembre 1997, elle a été rebaptisée Commission de protection de la langue française.

La Commission faisait des enquêtes relatives à des infractions et faisait parvenir ces dossiers au procureur général. Selon Leclerc (2016j), environ 11 950 entreprises ont fait l'objet de plaintes pendant les cinq premières années qui ont suivi l'adoption de la Charte. Seulement 10 d'entre elles ont été condamnées à des amendes entre 25 $ et 500 $, les autres ayant rapidement réagi pour se conformer aux exigences de la loi. La plupart des plaintes concernaient l'affichage et la raison sociale des entreprises.

Depuis 2002, la Commission de protection de la langue française n'existe plus; ses fonctions sont désormais remplies par l'Office québécois de la langue française.

5.6 Les défis d'aujourd'hui pour le français au Québec

La Charte de la langue française a eu un impact considérable sur la société québécoise en ce qui concerne le statut et la valorisation du français. Même si certaines mesures de cette loi historique ont dû être modifiées à la suite de plaintes de citoyens, c'est grâce à elle que le paysage linguistique du Québec est aujourd'hui principalement français. De nos jours, les écarts de revenus entre les Québécois ne sont plus directement attribuables à la langue maternelle, mais plutôt au niveau de scolarité. Il faut reconnaître toutefois que les emplois bien rémunérés riment non seulement avec scolarité élevée, mais souvent aussi avec bilinguisme (Béland 2004, 13 ; Corbeil 2007, 278). En effet, au Québec, le bilinguisme reste malgré tout un facteur d'ascension socioéconomique, mais dans une nouvelle dynamique où l'anglais agit comme *lingua franca* au niveau international. Cette situation pourrait même évoluer vers un trilinguisme plus avantageux sur le plan des salaires en raison des ententes économiques entre les différents pays des Amériques (Fréchette 2005, 75).

Il ne faut tout de même pas oublier que le Québec constitue un îlot francophone dans un océan anglophone, ce qui crée une situation asymétrique toujours potentiellement menaçante pour la survie du français au Canada et en Amérique du Nord. De plus, le caractère francophone du Québec semble tenu pour acquis par la jeune génération, qui n'a pas connu les luttes politiques et linguistiques de la deuxième moitié du XXe siècle, comme le déplore Corbeil (2007). Il les appelle à être conscients de leur rôle en tant que locuteurs, consommateurs et électeurs (*ibid.*, 363). Corbeil fait aussi le point sur les forces et les faiblesses de l'aménagement linguistique du Québec et propose des pistes pour assurer le statut du français à l'avenir. À titre d'exemple, il constate que les certifications de francisation des entreprises plafonnent autour de 80 % et qu'on observe « une sorte de négligence ou même de résistance passive de la part des entreprises face au processus de certification » (*ibid.*, 269). Il exige d'appliquer la certification à des plus petites entreprises (*ibid.*, 279) et à être plus sévère en ce qui concerne les noms de commerces anglais (p. ex. Best Buy, Bikini Village, Body Shop, Burger King) (*ibid.*, 285). Toutefois, sur ce dernier point, le gouvernement québécois a annoncé, en mai 2016, qu'il entend respecter la valeur intrinsèque des marques de commerce. À défaut de franciser sa raison sociale, la société commerciale faisant affaire au Québec et ayant une marque de commerce enregistrée dans une autre langue que le français doit obligatoirement ajouter un message français à son affichage extérieur. Ce message peut prendre la forme d'une description de produits ou de services, d'un slogan ou d'un générique, et ce, dans le même champ de vision que la marque, et être illuminé si la marque l'est aussi. L'anglais ne sera accepté que dans la marque de commerce et non dans le slogan ou la phrase qui pourrait l'accompagner.

La place du français et de l'anglais se négocie notamment à Montréal qui est le centre névralgique de la province. C'est ici que la population est la plus diversifiée et multiethnique, composée de francophones, d'anglophones et d'allophones de diverses origines. C'est ici que les contacts entre le français et l'anglais et les conflits qui en découlent sont les plus fréquents. C'est également ici que plus de la moitié de la population québécoise réside. Montréal fait souvent la manchette lorsqu'il est question de l'avenir du français au Québec. Ainsi, on a pu lire en 2012 dans un quotidien :

> L'importance de la population ayant le français comme langue maternelle continue de diminuer sur l'île de Montréal. [...] Car les chiffres « linguistiques » du recensement dévoilés mercredi indiquent à la fois un recul du français au Québec... et une progression de sa présence à la table des familles allophones. [...] L'importance de la population ayant le français comme langue maternelle continue ainsi de diminuer sur l'île. Le seuil psychologique du 50 % avait été franchi pour la première fois lors du recensement de 2006. Cinq ans plus tard, ils sont désormais 48,5 %. L'anglais demeure relativement stable (17,8 %). Ce sont les « autres langues » qui s'imposent : les divers allophones composent 33,7 % des locuteurs des langues maternelles parlées à Montréal. Il y a dix ans, c'était 29,1 % (Bourgault-Côté 2012, A1).

La dénatalité, le vieillissement de la population, l'arrivée d'immigrants non francophones ainsi que l'exode des francophones vers les banlieues seront parmi les défis à affronter dans les années à venir (Termote 2014).

Il faut cependant cesser de concevoir l'avenir du français au Québec uniquement par rapport à la province, car il se joue aussi sur l'échiquier international. Le renforcement du statut d'une langue à l'échelle mondiale favorise la consolidation du statut de cette langue dans les États où elle est parlée. Ainsi, lorsque le français se fortifie à l'international, le français au Québec s'en porte mieux et s'avère moins fragile (Fréchette 2005, 44). Cependant, il serait faux de nier le rôle décroissant du français comme grande langue de communication dans le monde et son recul dans les organisations internationales. Par contre, Langlois (2000) est plutôt optimiste et évoque, entre autres, le prestige du français et sa place historique dans plusieurs pays ainsi que le maintien de bases démographiques et institutionnelles nécessaires pour continuer à exister comme langue de communication internationale. En effet, les institutions internationales francophones ont toujours un certain poids, mais il est vrai que la fonction de l'anglais comme *lingua franca* est présentement stable et incontestable. Enfin, Internet a introduit une tendance à la déterritorialisation de la culture et permet l'échange entre les francophones du monde, notamment le contact entre francophones minoritaires et majoritaires.

Les perspectives du français dans la francophonie ne sont donc pas aussi sombres qu'elles peuvent paraître à première vue. Il ne faut pas oublier non plus que la concurrence entre l'anglais et les langues nationales est aujourd'hui un enjeu mondial. Pour assurer le fait français au Québec, le Québec doit rester actif tant au niveau national qu'au niveau international et s'adapter aux nouvelles réalités mentionnées ci-dessus. Le Québec et les pays francophones auraient tort de s'isoler des préoccupations des autres langues nationales et doivent être partenaires dans leur combat contre la prédominance de l'anglais dans le monde par la promotion de la diversité culturelle et linguistique en renforçant le caractère multilingue des organismes internationaux. Ces alliances doivent se faire avec les représentants des autres grandes langues nationales, telles que l'allemand, l'italien, l'espagnol, le néerlandais et le portugais, qui subissent des pressions semblables à s'effacer devant l'anglais à titre de langue de travail, d'intervention dans les organisations internationales et d'usage dans Internet, de langue utilisée dans l'étiquetage des produits, respectée par les instances de normalisation et utilisée dans les communications spécialisées ou scientifiques. Ce sont ces langues que l'anglais supplante aussi dans les cours de langues étrangères enseignées dans les écoles secondaires partout dans le monde (Fréchette 2005, 42-43).

Sur le plan plus local, le Québec pourrait participer activement au sein de la francophonie interaméricaine et faire la promotion de la diversité linguistique et du multilinguisme au sein des Amériques (*ibid.*, 65). Ce serait, du même souffle, une façon d'affirmer la place du français dans ce grand espace d'échanges.

Le Québec est l'endroit où le bilinguisme individuel est le plus élevé au Canada et aux États-Unis; il est également l'endroit où le trilinguisme est le plus élevé en raison des nombreux immigrants qui maintiennent plus longtemps l'usage de leur langue d'origine. Ce plurilinguisme de la population pourrait sans doute jouer un rôle dans l'économie du Québec par une pénétration et une mise en valeur plus grande de ses entreprises sur les marchés internationaux; de façon indirecte, ces retombées économiques pourraient aider le Québec à se donner des moyens pour préserver sa culture et sa langue (*ibid.*, 75).

Maintenant que le français a acquis un statut juridique et, dans une certaine mesure, de langue de réussite sociale et économique, le Québec devrait-il ajouter, dans sa stratégie linguistique nationale, la promotion d'une certaine forme de plurilinguisme? Quelles que soient les stratégies utilisées en ce sens, elles devront reposer sur la volonté d'améliorer la connaissance du français chez les Québécois de toutes langues maternelles. Comme le dit Fréchette (ibid., 70) : « La langue d'usage public au Québec est le français, et toute politique de développement de la pluralité linguistique ne doit pas porter ombrage à cette donnée centrale ».

5.7 Questions

1) Quels faits expliquent pourquoi les gouvernements québécois successifs ont adopté des lois linguistiques (Loi 63, Loi 22, Loi 101) pour sauvegarder le français au Québec ?
2) En quoi la Loi 63 était-elle timide pour ce qui est de la langue d'enseignement ?
3) Quel a été le mandat de la Commission Laurendeau-Dunton ?
4) Quel constat la Commission Gendron a-t-elle fait concernant la place du français en milieu de travail au Québec ?
5) Quelle recommandation est venue affaiblir toutes les recommandations de la Commission Gendron ?
6) Quel a été l'apport de la Loi 22 par rapport à la Loi 63 concernant la langue officielle ?
7) Quel a été l'apport de la Loi 22 par rapport à la Loi 63 concernant la langue d'enseignement et de la langue d'affichage ?
8) Pourquoi a-t-on modifié à plusieurs reprises la Charte de la langue française ?
9) Quels ont été, depuis sa création, les mandats successifs de l'Office de la langue française, devenu l'Office québécois de la langue française ?
10) Un certain nombre de Québécois considèrent que l'usage de l'anglais dans divers secteurs de la vie publique québécoise peut constituer une certaine menace pour la survie du français au Québec. Faites enquête auprès de votre entourage pour connaître son opinion par rapport à la place qu'occupe maintenant l'anglais dans l'espace public de votre communauté ainsi que dans le monde. Compilez vos données en tenant compte de l'âge de vos répondants pour vérifier si ce facteur intervient dans les opinions.

Bibliographie

Aléong, S. (1983) : « Normes linguistiques, normes sociales, une perspective anthropologique », dans : Bédard, É./Maurais, J. (éds.), La norme linguistique. Québec, Conseil de la langue française, 255–280.

Ashby, W.J. (1980) : « Prefixed conjugation in Parisian French », dans : Izzo, H.J. (éd.), Italic and Romance : Linguistic studies in honor of Ernst Pulgram. Amsterdam, John Benjamins, 195–207.

Asselin, C./McLaughlin, A. (1994) : « Les immigrants en Nouvelle-France au XVIIe siècle parlaient-ils français? », dans : Mougeon, R./Béniak, É. (éds.), Les origines du français québécois. Sainte-Foy, Les Presses de l'Université Laval, 101–130.

Association Québécoise des Professeurs et Professeures de Français (AQPF) (1977) : « Le congrès du dixième anniversaire. Les résolutions de l'Assemblée générale », dans : Québec français 28, 10–12.

Auger, J./Villeneuve, A.-J. (2010) : « La double expression des sujets en français saguenéen », dans : Remysen, W./Vincent, D. (éds.), Hétérogénéité et homogénéité dans les pratiques langagières. Sainte-Foy, Les Presses de l'Université Laval, 67–85.

Barbaud, P. (1984) : Le choc des patois en Nouvelle-France. Essai sur l'histoire de la francisation au Canada. Québec, Les Presses de l'Université du Québec.

Barbaud, P. (1998) : « Tendances lourdes du français québécois », dans : Brasseur, P. (éd.), Français d'Amérique. Variation, créolisation, normalisation. Avignon, Centre d'études canadiennes, Université d'Avignon, 17–36.

Barbaud, P./Ducharme, C./Valois, D. (1982) : « D'un usage particulier du genre en canadien-français : la féminisation des noms à initiale vocalique », dans : La Revue canadienne de linguistique 27(2), 103–133.

Bauche, H. (1920) : Le français populaire. Grammaire, syntaxe et dictionnaire du français tel qu'on le parle dans le peuple de Paris avec tous les termes d'argot usuel. Paris, Payot.

Bavoux, C. (éd.) (1996) : Français régionaux et insécurité linguistique. Approches lexicographiques, interactionelles et textuelles. Actes de la deuxième table ronde du Moufia 23-25 septembre 1994. Hommage au professeur Pierre Cellier. Paris, L'Harmattan.

Beaudet, M.-A. (1991) : Langue et littérature au Québec 1895-1914. Montréal, l'Hexagone.

Beaudoin-Bégin, A.-M. (2012) : « Du fun, de mon chum et de la kiouteté de Jean Barbe », dans : En tout cas... Repéré à http://www.entouscas.ca/2012/08/du-fun-de-mon-chum-et-de-la-kioutete-de-jean-barbe/, consulté le 27 juin 2016.

Beauvois, C. (2002) : Ni d'Ève ni d'Adam, Études sociolinguistique de douze variables du français. Paris, L'Harmattan.

Bélisle, L.A. (1957) : Dictionnaire général de la langue française au Canada. Montréal, Beauchemin.

Bergeron, L. (1980) : Dictionnaire de la langue québécoise. Montréal, VLB Éditeur.

Bergeron, R. (1966) : Initiation à la phonétique. Québec, Éditions Pédagogia Inc.

Bideaux, M. (1986) : Les Relations de Jacques Cartier. Édition critique, réédition en 1999. Montréal, Les Presses de l'Université de Montréal.

Bigot, D. (2010) : « La norme grammaticale du français québécois oral : des questions, une réponse », dans : LeBlanc, C./Martineau, F./Frenette, Y. (éds.), Vues sur les français d'ici. Sainte-Foy, Les Presses de l'Université Laval, 9–30.

Bigot, D./Papen, R.A. (2013) : « Sur la 'norme' du français oral au Québec (et au Canada en général) », dans : Langage et société 146, 115–132.

Blondeau, H. (2011) : Cet « autres » qui nous distingue. Tendances communautaires et parcours individuels dans le système des pronoms en français québécois. Sainte-Foy, Les Presses de l'Université Laval.

Blondeau, H./Friesner, M. (2014) : « Manifestations phonétiques de la dynamique des attributions ethnolinguistiques à Montréal », dans : Revue canadienne de linguistique 59(1), 83–105.

Bombardier, D. (2014) : Dictionnaire amoureux du Québec. Paris, Plon.

Bories-Sawala, H. (2010) : Découvrir le Québec. Une Amérique qui parle français. Paderborn, Schöningh.

Bouchard, C. (2002²) : La langue et le nombril. Histoire d'une obsession québécoise. Montréal, Fidès.

Bouchard, C. (2012) : Méchante langue. La légitimité linguistique du français parlé au Québec. Montréal, Les Presses de l'Université de Montréal.

Bouchard, P. (2008) : Les entreprises de 11 à 49 employés. Portrait de leur réalité linguistique. Québec, Office québécois de la langue française.

Bouchard, P./Maurais, J. (1999) : « La norme et l'école. L'opinion des Québécois », dans : Terminogramme 91–92, 91–116.

Bouchard, P./Maurais, J. (2001) : « Norme et médias. Les opinions de la population québécoise », Terminogramme 87–98, 11–126.

Boucher-Belleville, J.-P. (1855) : Dictionnaire des barbarismes et des solécismes les plus ordinaires en ce pays, avec le mot propre ou leur signification. Montréal, Pierre Cérat.

Boudreau, A. (2009) : « La construction des représentations linguistiques : le cas de l'Acadie », dans : Revue canadienne de linguistique 54(3), 439–459.

Boudreault, M. (1968) : Rythme et mélodie de la phrase parlée en France et au Québec. Sainte-Foy/Paris, Les Presses de l'Université Laval/Librairie C. Klincksiek.

Boudreault, Marcel, (1973) : La qualité de la langue. Québec, Éditeur officiel du Québec.

Boulanger, A. (1986) : « Les parlers en [ɪz] », dans : Revue québécoise de linguistique théorique et appliquée 5(4), 129–143.

Boulanger, Jean-Claude (éd.) (1992) : *Dictionnaire québécois d'aujourd'hui.* Saint-Laurent : Dicorobert.

Bourdieu, P. (1977) : « L'économie des échanges linguistiques », dans : Langue française 34(1), 17–34.

Bourdieu, P. (1982) : Ce que parler veut dire. L'économie des échanges linguistiques. Paris, Fayard.

Bourgault-Côté, G. (2010) : « Langues officielles – La loi reste bafouée, dit Fraser », dans Le Devoir, Actualités, 3 novembre, A3.

Bourgault-Côté, G. (2012) : « Recensement – Montréal et Laval de moins en moins français », dans : Le Devoir, Politique, 25 octobre, A1.

Bourhis, R.Y./Lepick, D. (1988) : « Aménagement linguistique, statut et usage du français au Québec », dans : Présence francophone 33, 9–31.

Bouthillier, G./Meynaud, J. (1972) : Le choc des langues au Québec 1760-1970. Montréal, Les Presses de l'Université du Québec.

Brancaglion, C. (2014) : « La réflexion sur l'usage 'd'ici' dans les premiers recueils différentiels (Québec/Suisse) », dans : Remysen, W. (éd.), Les français d'ici : Du discours d'autorité à la description des normes et des usages. Sainte-Foy, Les Presses de l'Université Laval, 85–103.

Brasseur, A. (2006) : « La perception de marqueurs de l'accent québécois par les locuteurs natifs du français québécois », dans : Actes du Xe Colloque des étudiants en sciences du langage. Montréal, Université du Québec à Montréal, 41–60.

Brent, E. (1999) : « Vers l'élaboration de normes pédagogiques du français enseigné au Québec », dans : Ouellon, C. (éd.), Dossier La norme du français au Québec. Perspectives pédagogiques. Terminogramme 91–92, 117–130.

Brunot, F. (1905-1938) : Histoire de la langue française, des origines à nos jours, 15 tomes. Paris, Armand Colin.

Buies, A. (1888) : Anglicismes et canadianismes. Québec, Éditions Darveau, [Réimpression dans la collection Introuvables québécois. Montréal, Leméac et Paris, Éditions d'aujourd'hui].

Bulot, T./P. Blanchet (2013) : Une introduction à la sociolinguistique (pour l'étude des dynamiques de la langue française dans le monde). Paris, Editions des archives contemporaines.

Buzzetti, H. (2013) : « Commissaire aux langues officielles – Le français poursuit sa lente érosion au Canada », dans : Le Devoir, Actualités, 8 novembre, A5.

Bybee, J. (2005) : « La liaison : effets de fréquence et constructions », Langage 58, 24–37.

Cajolet-Laganière, H./Martel, P./Masson, C.-É. (éds.) (s.d.) : USITO, dictionnaire général de la langue française. Les Éditions Delisme, repéré en ligne http://www.usito.com/dictio, consulté le 27 juin 2016.

Cajolet-Laganière, H./Martel, P. (1995) : La qualité de la langue au Québec. Sainte-Foy, Les Presses de l'Université Laval.

Calvet, L.-J. (2005) : La sociolinguistique. Paris, Presses universitaires de France.

Canac-Marquis, S./Poirier, C. (2005) : « Origine commune des français d'Amérique du Nord : le témoignage du lexique », dans : Valdman, A./Auger, J./Piston-Hatlen, D. (éds.), Le français en Amérique du nord. État présent. Sainte-Foy, Les Presses de l'Université Laval, 517–537.

Caron, N. (1880) : Petit vocabulaire à l'usage des Canadiens français contenant les mots dont il faut répandre l'image et signalant les barbarismes qu'il faut éviter pour bien parler notre langue. Trois-Rivières, Journal des Trois-Rivières.

Caron-Leclerc, M.-F. (1998) : Les témoignages anciens sur le français du Canada (du XVIe au XIXe siècle) : édition critique et analyse. Thèse de doctorat inédite, Université Laval.

Castonguay, C. (2002) : « La francophonie canadienne : entre le mythe et la réalité », dans : Verreault, C./Mercier, L./Lavoie, T. (éds.), Le français, une langue à apprivoiser. Sainte-Foy, Les Presses de l'Université Laval, 19–40.

Charbonneau, H./Guillemette, A. (1994a) : « Les pionniers du Canada au XVIIe siècle », dans : Mougeon, R./Beniak, É. (éds.), Les origines du français québécois. Sainte-Foy, Les Presses de l'Université Laval, 59–78.

Charbonneau, H./Guillemette, A. (1994b) : « Provinces et habitats d'origine des pionniers de la vallée laurentienne », dans : Poirier, C. (éd.), Langue, espace et société. Les variétés du français en Amérique du Nord. Sainte-Foy, Les Presses de l'Université Laval, 157–183.

Charbonneau, R. (1971) : Études sur les voyelles nasales du français canadien. Sainte-Foy, Les Presses de l'Université Laval.

Chauveau, J.-P. (2009) : « Configurations géolinguistiques et histoire des français expatriés : quelques exemples de consonnes finales », dans : Baronian, L./Martineau, F. (éds.), Le français d'un continent à l'autre. Mélanges offerts à Yves-Charles Morin. Sainte-Foy, Les Presses de l'Université Laval, 77–92.

Chervel, A. (1977) : Et il fallut apprendre à écrire à tous les petits Français : Histoire de la grammaire scolaire.... Paris, Payot.

Cheshire, J. (2000) : « What we are and where we're going : Language and identities in the new Europe », dans : Gybbins, P./Holt, M. (éds.), Beyond boundaries : Language and identity in contemporary Europe. Clevedon (UK), Multilingual Matters, 19–34.

Clapin, S. (1894) : Dictionnaire canadien-français ou Lexique glossaire des mots, expressions et locutions ne se trouvant pas dans des dictionnaires courants et dont l'usage appartient surtout aux Canadiens-français. Montréal et Boston, C.O., Beauchemin & fils.

Commission royale d'enquête sur le bilinguisme et multiculturalisme (1967) : « Le monde du travail », dans : Rapport, Livre III. Ottawa.

Corbeil, J.-C. (1980) : L'aménagement linguistique du Québec. Montréal, Guérin.

Corbeil, J.-C. (2000) : « Une langue qui se planifie », dans : Plourde, M. (éd), Le français au Québec. 400 ans d'histoire et de vie. Québec, Fidès et Les Publications du Québec, Conseil de la langue française, 306-318.

Corbeil, J.-C. (2007) : L'embarras des langues. Origine, conception et évolution de la politique linguistique québécoise. Montréal, Éditions Québec Amérique.

Côté, M.-H. (2012) : « Laurentian French (Québec) : extra vowels, missing schwas and surprising liaison consonants », dans : Gess, R./Lyche, C./Meisenburg, T. (éds.), Phonological variation in French : illustrations from three continents. Amsterdam, John Benjamins, 235-274.

Côté, M.-H./Durand, J./Laks, B./Lyche, C. (éds.) (2004) : Projet international PFC (Phonologie du Français Contemporain). Repéré à http://www.projet-pfc.net/.

Côté, M-H./St-Amand-Lamy, H. (2012) : « D'un [r] à l'aut[ʁ]e : Contribution à l'étude de la chute du R apical au Québec », dans : 3e Congrès Mondial de Linguistique Française, sous la direction de Neveu, F./Toke, V.M./Blumenthal, P./Klingler, T./Ligas, P./Prévost, S./Teston-Bonnard, S. Paris, Institut de Linguistique Française, 1441-1453.

Courtemanche, G. (1997) : « Parle mal, mal, mal », dans : L'Actualité, septembre, 55-59.

Cox, T. (1998) : « Vers une norme pour un cours de phonétique française au Canada », dans : Revue canadienne des langues vivantes 54(2), 175-197.

D'Anglejan, A. (1984) : « Language planning in Quebec : An historical overview and future trends », dans : Bourhis, R. (éd.), Conflict and language planning in Quebec. Clevedon : Multilingual Matters, 29-52.

D'Anglejan, A./Tucker, R.G. (1973) : « Sociolinguistic correlates of speech style in Québec », dans : Shuy, R.W./Fasold, R.W. (éds.), Language attitudes : current trends and prospects. Washington, Georgetown University Press, 1-27.

Daoust, P. (1983) : Les jugements sur le joual (1959-1975) à la lumière de la linguistique et de la sociolinguistique. Thèse de doctorat, Université de Montréal.

Daoust, D./Maurais, J. (1987) : « L'aménagement linguistique », dans : Daoust, D./Maurais, J. (éds.), Politique et aménagement linguistiques. Québec, Conseil de la langue française, 7-46.

Deslisle, N. (2002) : « Le projet de loi 104 préoccupe les anglophones », dans : Presse Canadienne 16 mai 2002.

De Villers, M.-É. (2000) : « La féminisation des titres au Québec », dans : Plourde, M. (éd.), Le français au Québec. 400 ans d'histoire et de vie. Québec, Fidès et Les Publications du Québec, Conseil de la langue française, 284-285.

De Villers, M.-É. (2001) : « La contribution de l'Office de la langue française à l'élaboration d'une norme linguistique au Québec », dans : Terminogramme 101-102, 25-43.

De Villers, M.-É. (2005a) : « La norme réelle du français québécois », dans : Stefanescu, A./Georgeault, P. (éds.), Le français au Québec : les nouveaux défis. Québec, Les Publications du Québec, Conseil supérieur de la langue française, 399-420.

De Villers, M.-É. (2005b) : Le vif désir de durer. Montréal, Québec Amérique.

De Villers, M.-É. (2009[5]) : Multidictionnaire de la langue française. Québec, Québec Amérique.

Delattre, P. (1966) : Studies in French and comparative phonetics. La Haye, Mouton.

Delisle, J. (1984) : Au cœur du trialogue canadien. Croissance et évolution du Bureau des traductions du gouvernement canadien 1934-1984. Ottawa, Ministre des Services publics et de l'Approvisionnement Canada.

Deshaies, D. (1987) : « L'homogène et l'hétérogène dans le langage : analyse d'un corpus recueilli auprès d'adolescents et d'adultes francophones de la ville de Québec », dans : Bureau, C. (éd.), Cinq études sur la langue orale d'enfants, d'adolescents et d'adultes francophones de la région de Québec. Hamburg, Helmut Buske Verlag, 161-213.

Deshaies, D. (2010) : « L'homogène et l'hétérogène dans le langage : analyse d'un corpus recueilli auprès d'adolescents et d'adultes francophones de la ville de Québec », dans : Remysen,

W./Vincent, D. (éds.), Hétérogénéité et homogénéité dans les pratiques langagières. Sainte-Foy, Les Presses de l'Université Laval, 21–66.

Dickinson, J.A. (2000) : « L'anglicisation », dans : Plourde, M. (éd.), Le français au Québec. 400 ans d'histoire et de vie. Québec, Fidès et Les Publications du Québec, Conseil de la langue française, 80–90.

Dostie, G. (2006) : « Les marqueurs discursifs et la variation régionale. Approche lexico-sémantique », dans : Congrès annuel de l'Association of French Language Studies. Clifton Hill Hause, Bristol, UK.

Dörper, S. (1990) : « Recherches sur MA + Inf « Je vais » en français », dans : Revue québécoise de linguistique 19(1), 101–127.

Dubuc, R. (1990) : « Le Comité de linguistique de Radio-Canada », dans : Conseil de la langue française (éd.) : Dix études portant sur l'aménagement de la langue au Québec. Québec, Éditeur officiel du Québec, 140.

Dubuc, R. (2001) : « La francisation terminologique, le plus beau fleuron de l'Office de la langue française », dans : Terminogramme 101–102, 17–24.

Dumais, J. (1905) : « Parlons français » : petit traité de prononciation française, contenant quelques conseils pratiques sur l'émission des voyelles, l'articulation et un exposé des principaux défauts du parler canadien à l'usage de l'école et des familles. Montréal, s.n..

Dumas, D. (1974) : « La fusion vocalique en français québécois », dans : Recherches linguistiques à Montréal 2, 23–50.

Dumas, D. (1981) : « Structure de la diphtongaison québécoise », dans : Revue canadienne de linguistique 26, 1–61.

Dumas, D. (1987) : Nos façons de parler. Les prononciations en français québécois. Sainte-Foy, Les Presses de l'Université du Québec.

Dumont, M. (2000) : « Les filles du roi », dans : Plourde, M. (éd.), Le français au Québec. 400 ans d'histoire et de vie. Québec, Fidès et Les Publications du Québec, Conseil de la langue française, 31.

Dunn, O. (1880) : Glossaire franco-canadien et vocabulaire de locutions vicieuses usitées au Canada. Québec, Imprimerie A. Côté et Cie.

Durand, J./Laks, B./Calderone, B./Tchobanov, A. (2011) : « Que savons-nous de la liaison aujourd'hui? », dans : Langue française 169, 103–135.

Eloy, J.-M. (1997) : « 'Aménagement' ou 'politique' linguistique? », dans : Mots 52, 7–22.

Elmiger, D. (2011) : « Féminisation de la langue française : une brève histoire des positions politiques et du positionnement linguistique », dans : Duchêne, A./Moïse, C. (éds.), Langage, genre et sexualité. Québec, Nota Bene, 71–89.

Émond, C. (2005) : « L'analyse de l'antériorisation de la voyelle nasale 'an' chez les présentateurs de bulletins de nouvelles télévisuelles », dans : Bérubé, J./Gauvin, K./Remysen, W. (éds.), Actes des XVIIIe Journées de linguistique (JDL). Québec, Centre interdisciplinaire de recherches sur les activités langagières (CIRAL), 45–55. Repéré à http://www.er.uqam.ca/nobel/labophon/articles/Emond/Emond_2005_JDL-2004.pdf, consulté le 15 août 2016.

Encrevé, P. (1988) : La liaison avec et sans enchaînement. Phonologie tridimensionnelle et usage du français. Paris, Seuil.

Erfurt, J. (2005) : Frankophonie. Sprache - Diskurs - Politik. Tübingen, A. Francke.

Falkert, A. (2010) : Le français acadien des Îles-de-la-Madeleine. Études de la variation phonétique. Paris, L'Harmattan.

Faribault, M. (1993) : « L'emprunt aux langues amérindiennes », dans : Niederehe, H.-J./Wolf, L. (éds.), Français du Canada - Français de France. Actes du troisième Colloque international d'Augsbourg. Tübingen, Max Niemeyer Verlag, 199–216.

Faribault, M. (2000) : « Le français et les langues amérindiennes », dans : Plourde, M. (éd.), Le français au Québec. 400 ans d'histoire et de vie. Québec, Fidès et Les Publications du Québec, Conseil de la langue française, 19–21

Farina, A. (2001) : Dictionnaires de langue française du Canada : lexicographie et société au Canada. Paris, Champion.

Fattier, D. (2012) : « Le français d'Haïti (dans sa relation osmotique avec le créole) : remarques à propos des sources existantes », dans : Thibault, A, (éd.), Le français dans les Antilles : Études linguistiques. Paris, L'Harmattan, p. 315–338.

Fishman, J. (1991) : Reversing language shift. Bristol, Multilingual Matters.

Flotow, L. von (2009) : « Frenching the Feature Film Twice: Or le synchronien au débat », dans : Díaz Cintas, J. (éd.), New Trends in Audiovisual Translation. Clevedon, Multilingual Matters, 83–99.

Fréchette, C. (2005) : « Pour un changement de chapitre linguistique », dans : Stefanescu, A./Georgeault, P. (éds.), Le français au Québec : Les nouveaux défis. Québec, Les Publications du Québec, Conseil supérieur de la langue française, 31–90.

Friesner, M. (2010) : « Une prononciation « tsipéquement » québécoise? La diffusion de deux aspects stéréotypés du français canadien », dans : Revue canadienne de linguistique 55(1), 27–53.

Gadet, F. (1989) : Le français ordinaire. Paris, Armand Colin.

Gadet, F. (2003) : La variation sociale en français. Paris, Ophrys.

Gauthier, P. (2000) : « Le poitevin-saintongeais dans les parlers québécois et acadiens : aspects phonétiques », dans : Simoni-Aurembou, M.-R. (éd.), Français du Canada - Français de France. Actes du 5e Colloque international de Bellême (1997). Tübingen, Max Niemeyer Verlag, 117–134.

Gémar, J.-C. (2000) : « Les grandes commissions d'enquête et les premières lois linguistiques », dans : Plourde, M. (éd.), Le français au Québec. 400 ans d'histoire et de vie. Québec, Fidès et Les Publications du Québec, Conseil de la langue française, 247–253.

Gendron, J.-D. (1966) : Tendances phonétiques du français parlé au Canada. Québec/Paris, Les Presses de l'Université Laval/Librairie Klincksieck.

Gendron, J.-D. (2000) : « Le français des premiers Canadiens », dans Plourde, M. (éd.), Le français au Québec. 400 ans d'histoire et de vie. Québec, Fidès et Les Publications du Québec, Conseil de la langue française, 39–44.

Gendron, J.-D. (2007) : D'où vient l'accent des Québécois? Et celui des Parisiens? Sainte-Foy, Les Presses de l'Université Laval.

Gendron, J.-D. (2011) : « L'accent québécois révélateur du double style de prononciation pratiqué à Paris aux XVIIe et XVIIIe siècles et de l'origine de l'accent bourgeois du XIXe siècle », dans : Français moderne 2, 129–154.

Gendron, J.-D. (2014) : La modernisation de l'accent québécois. De l'accent traditionnel au nouvel accent : 1841-1960. Sainte-Foy, Les Presses de l'Université Laval.

Genesee, F./Holobow, N.E. (1989) : « Change and stability in intergroup perceptions », dans : Journal of Language and Social Psychology 8(1), 17–38.

Godin, J.-C/Mailhot, L. (1970) : Le Théâtre québécois. Introduction à dix dramaturges contemporains. Montréal, Hurtubise HMH.

Gosselin, J. (2003) : « L'évolution de la législation linguistique du Québec », dans : Revue d'aménagement linguistique 105, 9–51.

Goudailler, J.-P. (2002) : « De l'argot traditionnel au français contemporain des cités », dans : Linguistique 38(1), 5–24.

Gouvernement du Canada (s.d.) : Loi constitutionnelle de 1982. Repéré à http://laws-lois.justice.gc.ca/fra/const/page-15.html, consulté le 13 avril 2016.

Green, E. (2001) : La parole baroque. Paris, Desclée de Brower.

Guespin, L./Marcellesi, J.-B. (1986) : « Pour la glottopolitique », dans : Langages 83, 5–34.
Gueunier, N./Genouvrier, É./Khomsi, A. (1978) : Les français devant la norme. Contribution à une étude du français parlé. Paris, Champion.
Gueunier, N./Genouvrier, É./Khomsi, A. (1983) : « Les français devant la norme », dans : Bédard, É./Maurais, J. (éds.)., La norme linguistique, Québec, Conseil de la langue française, 763–787.
Gueunier, N. (2003) : « Attitudes and representations in sociolinguistics : Theories and practice », dans : International Journal of the Sociology of Language 160, 41–62.
Guilloton, N./Vachon-Heureux, P. (s.d.) : « La féminisation au Québec », dans : USITO, article thématique. Repéré à https://www-usito-com.res.banq.qc.ca/dictio/#/contenu/guilloton_vachon_1.the.xml, consulté le 27 avril 2016.
Hansen, A.-B. (2001) : « Les changements actuels des voyelles nasales du français parisien », dans : La linguistique 37 (2), 33–47.
Haugen, E. (1959) : « Planning for a standard language in modern Norway », dans : Anthropological Linguistics 1(3), 8–21.
Hausmann, F.-J. (1986) : « Les dictionnaires du français hors de France», dans : Boisvert, L./Poirier, C./Verreault, C. (éds.) : La lexicographique québécoise. Bilan et perspectives. Québec, Presses de l'Université Laval, 3–21.
Hayday, M. (2011) : « Finessing Federalism : The development of institutional and popular support for official language », dans : Jedwab, J./Landry, R. (éds.), Life after forty – Après quarante ans, les politiques de langue officielle au Canada. Kingston, Ont., School of Policy Studies, Queen's University, 131–153.
Hooper, J.B. (1972) : « The syllable in phonological theory », dans : Language 48(3), 625–640.
Hudon, T. (1931) : Manuel de prononciation française. Montréal, Imprimerie du Messager.
Hull, A. (1994) : « Des origines du français dans le Nouveau Monde », dans : Mougeon, R./Beniak, É. (éds.), Les origines du français québécois. Sainte-Foy, Les Presses de l'Université Laval, 183–198.
Institut de la Statistique Québec (2013): Tableau. Superficie en terre et totale, par province et territoire, Canada. Repéré à http://www.stat.gouv.qc.ca/statistiques/quebec_statistique/ter_ter/ter_ter_2.htm, consulté le 10 février 2015.
Jedwab, J./Landry, R. (2011) : « Introduction », dans : Jedwab, J./Landry, R. (éds.), Life after forty – Après quarante ans, les politiques de langue officielle au Canada. Kingston, Ont., School of Policy Studies, Queen's University, 9–15.
Jedwab, J. (2011) : « Is Canada bilingual? Perception and reality about knowledge of the two official languages », dans : Jedwab, J./Landry, R. (éds.), Life after forty – Après quarante ans, les politiques de langue officielle au Canada. Kingston, Ont., School of Policy Studies, Queen's University, 155–178.
Junker, M.-O./Vinet, M.-T. (1995) : « Les propriétés lexicales et syntaxiques de benben en français québécois », dans : Revue canadienne de linguistique 40(1), 77–97.
Juneau, M. (1972) : Contribution à l'histoire de la prononciation française au Québec. Étude des graphies des documents d'archives. Sainte-Foy, Les Presses de l'Université Laval.
Kavanagh, É./Marcoux, C./ Paré, I./Roy, R.-L. (2015) : Étude sur la qualité de la langue dans six quotidiens québécois publiés de 2010 à 2013. Québec, Conseil supérieur de la langue française.
Kemp, W. (1979) : « L'histoire récente de *ce que*, *qu'est-ce que* et *qu'osque* à Montréal: trois variables en interaction », dans : Thibault, P. (éd.), Le français parlé. Études sociolinguistiques. Edmonton, Linguistic Research, Inc., 53–75.
Kircher, R. (2010) : Language attitudes in Quebec : A contemporary perspective. Thèse de doctorat inédite, Queen Mary University of London.

Kircher, R. (2014) : « Thirty years after Bill 101 : A contemporary perspective on attitudes toward English and French in Montreal », dans : Revue canadienne de linguistique appliquée/Canadian Journal of Applied Linguistics 17(1), 20–50.

Klinkenberg, J.-M. (1993) : « Le français : une langue en crise? », dans : Études françaises 29 (1), 171–190.

Kloss, H. (1969) : Research possibilities on group bilinguism. Québec, CIRB (Centre international de recherche sur le bilinguisme), B–18.

Koch, P./Oesterreicher, W. (1990) : Gesprochene Sprache in der Romania. Französisch, Italienisch, Spanisch. Romanistische Arbeitshefte 31. Tübingen, Niemeyer Verlag.

Laberge, S./Chiasson-Lavoie, M. (1971) : « Attitudes face au français parlé à Montréal et degrés de conscience de variables linguistiques », dans : Darnell, R. (éd.), Linguistic diversity in Canadian society. Edmonton, Linguistic Research Inc., 89–126.

Labov, W. (1972) : Sociolinguistic Patterns. Philadelphia, University of Pennsylvania Press.

Labov, W. (1976) : Sociolinguistique. Paris, Minuit.

Lacoursière, J. (1997) : Histoire populaire du Québec. Des origines à 1960. 4 tomes. Sillery, Septentrion.

Lacoursière, J. (2005) : Une histoire du Québec racontée par Jacques Lacoursière. Sillery, Septentrion.

Lafontaine, D. (1986) : Le parti pris des mots. Normes et attitudes linguistiques. Mardaga, Bruxelles.

Lafontaine, D. (1997) : « Attitudes linguistiques », dans : Moreau, M.-L. (éd.), Sociolinguistique. Les concepts de base. Mardaga, Liège, 56–57.

Laforest, M. (1997) : États d'âme, états de langue. Essai sur le français parlé au Québec. Montréal, Nuit blanche éditeur.

Lagacé, P.-M. (1875) : Cours de lecture à haute voix ou leçons pratiques de lectures française et de prononciation, préparées spécialement pour les écoles canadiennes. Québec, Imprimerie A. Côté et Cie.

Laliberté, M. (1995) : La problématique de la traduction théâtrale et de l'adaptation au Québec, dans : Meta : journal des traducteurs / Meta : Translators' Journal 40(4), 519–528.

Lambert, W./Hodgson, R.C./Garder, R.C./Fillenbaum, S. (1960) : « Evaluational reactions to spoken languages », dans : Journal of Abnormal and Social Psychology 60(1), 44–51.

Landreau, G. (1927) : La phonétique française au Conservatoire Lassalle. Montréal, Bibliothèque de l'Action française.

Landreau, G. (1931) : Les éléments de phonétique française. Québec, Conseil de l'institution publique.

Langlois, S. (2000) : « L'avenir de la langue française », dans : Plourde, M. (éd.), Le français au Québec. 400 ans d'histoire et de vie, Québec, Fidès et Les Publications du Québec, Conseil de la langue française, 430–440.

Laporte, P.-É. (1995) : « Aspects historiques et politiques de la question de la qualité de la langue : Le cas du français québécois », dans : La qualité de la langue. Le cas du français. Paris, Honoré Champion, 205-222.

Lappin, K. (1982) : « Évaluation de la prononciation du français montréalais : étude sociolinguistique », dans : Revue québécoise de linguistique 11(2), 93–112.

Laur, E. (2001) : Perceptions linguistiques à Montréal. Thèse de doctorat, Université de Montréal, Repéré à http://www.collectionscanada.gc.ca/obj/s4/f2/dsk3/ftp05/NQ65360.pdf.

Laur, E. (2008) : « Contribution à l'étude des perceptions linguistiques. La méthodologie des faux-couples revisitée », dans : Langues et société 46, Note méthodologique. Québec, Office québécois de la langue française.

Laur, E. (2012) : « Les francophones au Québec : Une majorité minoritaire? », dans : Bories-Sawala, H./Schaffeld, N. (éds.), Wer spricht Kanadisch? Who speaks Canadian? Qui parle canadien? Bochum, Universitätverlag Dr. N. Brockmeyer, 77–102.

Laurence, J.-M. (1961) : Phonétique et diction. Montréal, Centre de Psychologie et de Pédagogie.

Larrivée, P. (2009) : Les Français, les Québécois et la langue de l'autre. Paris, L'Harmattan.

Laurence, J.-M. (1957) : Grammaire française : grammaire raisonnée et code grammatical. Montréal, Centre de psychologie et de pédagogie.

Laurendeau, P. (1983) : « Sur la systématique et la combinatoire du jonctuer *pi* en québécois », dans : Léard, J.-M. (éd.), Travaux de linguistique québécoise 4. Sainte-Foy, Les Presses de l'Université Laval, 13–58.

Léard, J.-M. (1983) : « Le statut de *fak* en québécois: un simple équivalent de *alors*? », dans : Léard, J.-M. (éd.), Travaux de linguistique québécoise 4. Sainte-Foy, Les Presses de l'Université Laval, 59–100.

Léard, J.-M. (1986) : « Les mots du discours dans le français du Québec : méthodologie et perspective d'analyse », dans : Présence Francophone 29, 43–60.

Leclerc, J. (1986) : Langue et société. Mondia Editeurs, Laval.

Leclerc, J. (2016a) : « Qu'est-ce que la Francophonie? », dans : L'aménagement linguistique dans le monde. Québec, CEFAN, Université Laval, http://www.axl.cefan.ulaval.ca/francophonie/francophonie.htm, consulté le 21 juin 2016.

Leclerc, J. (2016b) : « Population selon la langue maternelle », dans : L'aménagement linguistique dans le monde. Québec, CEFAN, Université Laval, http://www.axl.cefan.ulaval.ca/amnord/quebecdemotableau1.htm, consulté le 21 juin 2016.

Leclerc, J. (2016c) : « Données démolinguistiques. Recensement 2011 (par province) », dans : L'aménagement linguistique dans le monde. Québec, CEFAN, Université Laval, http://www.axl.cefan.ulaval.ca/amnord/cnddemo.htm, consulté le 21 juin 2016.

Leclerc, J. (2016d): « La politique des langues officielles du gouvernement fédéral » dans : L'aménagement linguistique dans le monde. Québec, CEFAN, Université Laval, http://www.axl.cefan.ulaval.ca/amnord/cndpollng.htm, consulté le 21 juin 2016.

Leclerc, J. (2016e): « Les dispositions linguistiques de la Constitution canadienne de 1867 », dans : L'aménagement linguistique dans le monde. Québec, CEFAN, Université Laval, http://www.axl.cefan.ulaval.ca/francophonie/Union_const-1867.htm, consulté le 21 juin 2016.

Leclerc, J (2016f) : « Les lois scolaires au Canada et leurs dispositions linguistiques », dans : L'aménagement linguistique dans le monde. Québec, CEFAN, Université Laval, http://www.axl.cefan.ulaval.ca/amnord/cnd_lois_scolaires.htm, consulté le 21 juin 2016.

Leclerc, J. (2016g) : « La modernisation du Québec (1960-1981). Le français, langue étatique », dans : L'aménagement linguistique dans le monde. Québec, CEFAN, Université Laval, http://www.axl.cefan.ulaval.ca/francophonie/HISTfrQC_s4_Modernisation.htm#2_Le_réveil_du_gouvernement_fédéral, consulté le 21 juin 2016.>

Leclerc, J. (2016h) : « Commission d'enquête (1968-1973) sur la situation de la langue française et des droits linguistiques au Québec », dans : L'aménagement linguistique dans le monde. Québec, CEFAN, Université Laval, http://www.axl.cefan.ulaval.ca/amnord/Qc-Gendron.htm, consulté le 21 juin 2016.

Leclerc, J. (2016i) : « Québec. Loi sur la langue officielle (loi 22). 1974 », dans : L'aménagement linguistique dans le monde. Québec, CEFAN, Université Laval, http://www.axl.cefan.ulaval.ca/amnord/quebec-loi-1974.htm, consulté le 21 juin 2016.

Leclerc, J. (2016j) : « La politique linguistique et la Charte de la langue française », dans : L'aménagement linguistique dans le monde. Québec, CEFAN, Université Laval, http://www.axl.cefan.ulaval.ca/amnord/Quebec-5Politique_lng.htm, consulté le 21 juin 2016.

Lepicq, D./Bourhis, R.Y. (1994) : « Psychologie sociale et aménagement linguistique : Le cas du Québec », dans : Martel, P./Maurais, J. (éds.), Langues et sociétés en contact. Tübingen, Max Niemeyer Verlag, 409–433.
Loubier, C. (2008) : Langues au pouvoir. Politique et symbolique. Paris, L'Harmattan.
Maguire, T. (1841) : Manuel des difficultés les plus communes de la langue française adapté au jeune âge et suivi d'un recueil de locutions vicieuses. Québec, Fréchette et Cie, imprimeur.
Martel, G./Reinke, K./Deshaies, D./Ménard, L./Émond, C. (2010) : « Variations sociodiscursives dans la mise en scène de l'information télévisée », dans : Remysen, W./Vincent, D. (éds.), Hétérogénéité et homogénéité dans les pratiques langagières : mélanges offerts à Denise Deshaies. Québec, Presses de l'Université Laval, 87–114.
Martel, M./Pâquet, M. (2010) : Langue et politique au Canada et au Québec. Une synthèse historique. Montréal, Boréal.
Martel, P./Cajolet-Laganière, H. (1996) : Le français québécois. Usages, standard et aménagement. Sainte-Foy, Les Presses de l'Université Laval.
Martel, P./Vincent, N./Cajolet-Laganière, H. (1998) : « Le français québécois et la légitimité de sa description », Revue québécoise de linguistique 26(2), 93–106.
Martineau, F. (2007) : « Variation in Canadian French usage from the 18th to the 19th Century », Multilingua 26, 203–227.
Martineau, F. (2009) : « Vers l'Ouest : Les variétés laurentiennes », dans : Baronian, L./Martineau, F. (éds.), Le français d'un continent à l'autre. Mélanges offerts à Yves-Charles Morin. Sainte-Foy, Les Presses de l'Université Laval, 291–326.
Martinet, A. (1969) : Le français sans fard. Paris, Presses universitaires de France.
Martinet, A./Walter, H. (1973) : Dictionnaire de la prononciation française dans son usage réel. Paris, France-Expansion.
Maurais, J. (1984) : Aspects de l'aménagement linguistique du Québec. Québec, Conseil de la langue française.
Maurais, J. (1987) : « L'expérience québécoise d'aménagement linguistique », dans : Daoust, D./Maurais, J. (éds.), Politique et aménagement linguistiques. Québec, Conseil de la langue française, 359–416.
Maurais, J. (2008) : Les québécois et la norme. L'évaluation par les Québécois de leurs usages linguistiques. Québec, Office québécois de la langue française.
Méar-Crine, A./Leclerc, T. (1976) : « Attitudes des adolescents Canadiens français vis-à-vis du joual et du français académique », dans : Cahiers de linguistique 6, 155–170.
Meney, L. (1999) : Dictionnaire québécois-français. Montréal, Guérin.
Meney, L. (2010) : Main basse sur la langue. Idéologie et interventionnisme linguistique au Québec. Montréal, Liber.
Mercier, L./Lanthier, P. (1997) : « Amérindianismes, variation formelle et dictionnaires », dans : Auger, J./Rose, Y. (éds.), Exploration du lexique. Québec, Faculté des lettres - CIRAL, Université Laval, 201–213.
Ministère de l'Énergie et des Ressources naturelles (2016) : Cartes du Québec. Repéré à https://www.mern.gouv.qc.ca/territoire/portrait/portrait-quebec.jsp, consulté le 27 juin 2016.
Ministère des affaires culturelles du Québec (1965) : Norme du français parlé et écrit au Québec, dans : Cahier de l'OLF 1. Québec, Office de la langue française, 6.
Molinari, C. (2014) : « Le français 'd'ici'... ou de 'là-bas' : représentations lexicographiques et enjeux sociolinguistiques », dans : Remysen, W. (éd.), Les français d'ici : du discours d'autorité à la description des normes et des usages. Sainte-Foy, Les Presses de l'Université Laval, 105–125.
Moreau, M.-L. (1997) : « Les types de normes », dans : Moreau, M.-L. (éd.), Sociolinguistique. Les concepts de base. Mardaga, Liège, 218–223.

Morin, Y.-C. (1982) : « De quelques [l] non étymologiques dans le français du Québec », dans : Revue québécoise de linguistique 11(2), 9–47.

Morin, Y.-C. (1996) : « The origin and development of pronunciation of French in Québec », dans : Nielsen, H.-F./Schøsler, L. (éds.), The origins and development of emigrant languages. Odense, Odense University Press, 243–275.

Morin, Y.-C. (2002) : « Les premiers immigrants et la prononciation du français au Québec », dans : Revue québécoise de linguistique 31(1), 39–78.

Morin, Y-C. (2005) : « La liaison relève-t-elle d'une tendance à éviter les hiatus? Réflexions sur son évolution historique », dans : Langage 158, 8–21.

Mougeon, R. (1996) : « Recherche sur les origines de la variation *vas*, *m'as*, *vais* en français québécois », dans : Lavoie, T. (éd.), Français du Canada – Français de France. Tübingen, Max Niemeyer Verlag, 60–77.

Mougeon, R. (2000) : « Le français s'impose en Nouvelle-France », dans : Plourde, M. (éd.), Le français au Québec. 400 ans d'histoire et de vie. Québec, Fidès et Les Publications du Québec, Conseil de la langue française, 33–38

Muhr, R. (2013) : « Codifying linguistic standards in non-dominant varieties of pluricentric languages – adopting dominant or native norms? », dans : Muhr, R./Negre, C.A./Juncal, C.F./Zimmermann, K./Prieto, E./Hernández, N. (éds.), Exploring linguistic standards in non-dominant varieties of pluricentric languages. Explorando estándares lingüísticos en variedades no dominantes de lenguas pluricéntricas. Frankfurt am Main, Peter Lang, 11–44.

Naud, C. (1999) : Dictionnaire des régionalismes du français parlé des îles de la Madeleine. L'Étang-du-Nord, Les Éditions Vignaud.

Nemni, Monique (1998) : « Le français au Québec : représentation et conséquences pédagogiques », dans : Revue québécoise de linguistique 26(2), 151–175.

Noël, D. (1980) : Le français parlé : Analyse des attitudes des adolescents de la ville de Québec selon les classes sociales. Québec, Centre international de recherche sur le biliguisme.

Office québécois de la langue française (2014) : Le français au bureau. Québec, Les Publications du Québec.

Office québécois de la langue française (s.d.) : Le grand dictionnaire terminologique (GDT). Repéré à gdt.oqlf.gouv.qc.ca.

Ostiguy, L. (2008) : La qualité de la langue française au Québec : les opinions des Québécois exprimées dans les journaux francophones de 2002 à 2007. Rapport de recherche remis à l'Office québécois de la langue française (non publié).

Ostiguy, L./Reinke, K. (2015) : « La langue du doublage québécois : un français idéal fabriqué au Québec », dans : Sarkowsky, K./Rainer-Olaf, S./Schwarze, S. (éds.), Migration, regionalisation, citizenship : Comparing Canada and Europe. Wiesbaden, VS/Springler, 231–252.

Ostiguy, L./Tousignant, C. (1996) : « La diphtongaison des voyelles accentuées [e] et [ẽ] en finale absolue en français de la Mauricie : un cas étonnant de labialisation et d'antériorisation », dans : Revue québécoise de linguistique théorique et appliquée 13, 203–224.

Ostiguy, L./Tousignant, C. (2008^2) : Les prononciations du français québécois. Normes et usages. Montréal, Guérin.

Overmann, M. (2009) : Histoire et abécédaire pédagogique du Québec avec des modules multimédia prêts à l'emploi. Stuttgart, ibidem-Verlag.

Pagé, M./Olivier, C.-É. (2012) : Importance et priorité du français pour la population québécoise : une étude exploratoire. Québec, Conseil supérieur de la langue française.

Papen, R. A./Bigot, D. (2010) : « Sontaient, ontvaient et fontsaient en français mitchif : variation et systématicité », dans : Leblanc, C./Martineau, F./Frenette, Y. (éds.), Vues sur le français d'ici. Québec, Les Presses de l'Université Laval, 201–226.

Paquot, A. (1995) : « 'Francismes', québécismes et… nationalisme », dans : Cité libre 23(5), 34–37.

Paradis, C. (1983) : « La diphtongaison : Stabilité et changement dans le système vocalique du français de Chicoutimi-Jonquière », dans : Protée 11(2), 43–53.

Paradis, C./Dolbec, V. (2008, dernière mise à jour) : PHONO : Les principales caractéristiques phonétiques du français parlé au Québec. Repéré à http://phono.uqac.ca/.

Patry, R. (1986) : « Le traitement de la durée vocalique dans l'évolution des emprunts lexicaux à l'anglais en français québécois historique », dans : Revue québécoise de linguistique théorique et appliquée 5(4), 145–178.

Picard, M. (1982) : « Deux règles universelles de démarcation syllabique », dans : Revue québécoise de linguistique 12(2), 69–101.

Picard, M. (1992) : « Aspects synchroniques et diachroniques du *tu* interrogatif en québécois », dans : Revue québécoise de linguistique 21(2), 65–75.

Plourde, É. (2000) : « La vision dédoublée », dans : Dire, 10(1), 26–27.

Poirier, C. (éd.), avec la collaboration de Shiaty, A.E./ Auger, P. et Beauchemin, N. (1988) : *Dictionnaire du français plus : À l'usage des francophones d'Amérique*. Montréal, CEC.

Poirier, C. (1994) : « La langue parlée en Nouvelle-France : vers une convergence des explications », dans : Mougeon, R./Béniak, É. (éds.), Les origines du français au Québec. Sainte-Foy, Les Presses de l'Université Laval, 237–273.

Poirier, C. (1995) : « Les variantes topolectales du lexique français : proposition de classement à partir d'exemples québécois », dans : Francard, M./Latin, D. (éds.), Le régionalisme lexical. Louvain-la-Neuve, Duculot, 13–56.

Poirier, C. (1998) : Dictionnaire historique du français québécois : Monographies lexicographiques de québécismes. Sainte-Foy, Presses de l'Université Laval.

Poirier, C. (2000) : « Une langue qui se définit dans l'adversité », dans : Plourde, M. (éd.), Le français au Québec. 400 ans d'histoire et de vie. Québec, Fidès et Les Publications du Québec, Conseil de la langue française, 111–122.

Poirier, C. (2008) : « Entre dépendance et affirmation : le parcours historique des lexicographes québécois », dans : Cormier, M.C./Boulanger, J.-C. (éds.), Les dictionnaires de la langue française au Québec. Montréal, Presses de l'Université de Montréal, 12–60.

Poirier, C. (2009) : « L'assibilation des occlusives /t/ et /d/ au Québec : le point sur la question », dans : Baronian, L./Martineau F. (éds.), Le français d'un continent à l'autre. Mélanges offert à Yves-Charles Morin. Sainte-Foy, Les Presses de l'Université Laval, 375–421.

Pöll, B. (2001) : Francophonies périphériques : histoire, statut et profil des principales variétés du français hors de France. Paris, L'Harmattan.

Pöll, B. (2005) : Le français langue pluricentrique? Études sur la variation diatopique d'une langue standard. Frankfurt am Main, Peter Lang.

Pöll, B. (2008) : « La querelle autour de la norme du FQ : quelques réflexions sur un débats de sourds », dans : Erfurt, J./Budach, G. (éds.), Standardisation et déstandardisation. Estandarización y desestandarización. Le français et l'espagnol au XXe siècle. El francés y el español en el siglo XX. Frankfurt am Main, Peter Lang, 99–112.

Poplack, S. (1987) : « Contrasting patterns of code-switching in two communities », dans : Wande, E./Anward, J./Nordberg, B./Steensland, L./Thelander, M. (éds.), Aspects of Multilingualism : Proceedings of the Fourth Nordic Symposium on Bilingualism. Uppsala, Acta Universitatis Upsaliensis, 51–77.

Poplack, S./Sankoff, D./Miller, C. (1988) : « The social correlates and linguistics process in lexical borrowings and assimilation », dans : Linguistics 26(1), 47–104.

Preisler, B. (1999) : « Functions and forms of English in a European FL country », dans : Bex, A.R./Watts, R.J. (éds.), Standard Englishes : The widening debate. London, UK, Routledge, 239–267.

Preston, M.S. (1963): Evaluational reactions to English, Canadian, French and European French voices. Thèse de doctorat inédite, McGill University.

Radio-Canada (2015) : « Les propos de Pierre Karl Péladeau : de la 'dérive identitaire', selon le SITO », 19 mars. Repéré à http://ici.radio-canada.ca/regions/ottawa/2015/03/19/005-pierre-karl-peladeau-immigrants-parti-quebecois-outaouais.shtml, consulté le 1er avril 2015.

Reinke, K. (2000) : « La norme phonétique du français québécois : les attitudes des Québécois par rapport à leur français », dans : Actes des XIIIe journées de linguistique. Québec, Faculté des lettres, Université Laval et Centre universitaire de Recherche en Aménagement Linguistique, 185–195.

Reinke, K. (2004) : Sprachnorm und Sprachqualität im frankophonen Fernsehen von Québec. Untersuchung anhand phonologischer und morphologischer Variablen. Tübingen, Max Niemeyer Verlag.

Reinke, K. (2005) : La langue à la télévision québécoise : aspects socio-phonétiques. Montréal, Office québécois de la langue française.

Reinke, K. (2006) : « Der Sprachkontakt Französisch-Englisch in Québec und Frankreich aus der Perspektive der Sprecher », dans : Schmidt-Radefeldt, J. (éd.), Portugiesisch kontrastiv gesehen und Anglizismen weltweit. Frankfurt am Main, Peter Lang, 453–479.

Reinke, K./Ostiguy, L. (2012) : « Doublage et sociolinguistique : Une étude comparative du doublage québécois et français », dans : Zeitschrift für Kanada-Studien 32(1), 26–48.

Reinke, K./Émond, C./Ostiguy, L. (à paraître) : « Le français du doublage cinématographique québécois, en équilibre entre les impératifs commerciaux et sociaux », dans : Wienen, U./Sergo, L./Reichmann, T./Gutiérrez Aristizábal, I. (éds.), Translation und Ökonomie. Berlin, Frank & Timme, 22p.

Remysen, W. (2004) : « La variation linguistique et l'insécurité linguistique : le cas du FQ », dans : Bouchard, P. (éd.), La variation dans la langue standard. Actes du colloque tenu les 13 et 14 mai 2002 à l'Université Laval dans le cadre du 70e Congrès de l'ACFAS. Québec, Office québécois de la langue française, 23–36.

Remysen, W. (2012a) : « La variable /ɑ̃/ en français de Montréal, un marqueur d'âge et de style? », Communication présentée au colloque bisannuel de l'American Council for Québec Studies, Sarasota (Floride).

Remysen, W. (2012b) : « Les représentations identitaires dans le discours normatif des chroniqueurs de langage canadiens-français depuis le milieu du XIXe siècle », dans : French Language Studies 22, 419–444.

Remysen, W. (2014) : « Les québécois perçoivent-ils le français montréalais comme une variété topolectale distincte? Résultat d'une analyse perceptuelle exploratoire », dans : La Revue canadienne de linguistique 59(1), 109–135.

Ressources naturelles Canada (2016) : Cartes de référence. Repéré à http://atlas.nrcan.gc.ca/site/francais/maps/reference/index.html#national, consulté le 27 juin 2016.

Rézeau, P. (1984) : Dictionnaire des régionalismes de l'Ouest entre Loire et Girondes. Les Sables-d'Olonne, Le Cercle d'or.

Rézeau, P. (2000) : « L'influence sur le français de France du français venu d'ailleurs », dans : Latin, D./Poirier, C. (éds.), Contact des langues et identités culturelles. Perspectives lexicographiques. Actes des 4e journées scientifiques du réseau Étude du français en francophonie. St-Nicholas, AUPELF-UREF et Les Presses de l'Université Laval, 127–142.

Rinfret, R. (1896) : Dictionnaire de nos fautes contre la langue française. Montréal, Cadieux & Derome.

Rivard, A. (1898) : L'Art de dire : Traité de lecture et de récitations. Québec, Typographie de H. Chassé.

Rivard, A. (1901) : Manuel de la parole. Première partie : Traité de prononciation. Québec, J.-P. Garneau Libraire-Éditeur.

Rivard, A. (1914) : Études sur les parlers de France au Canada. Québec, J.-P. Garneau Libraire-Éditeur.

Robillard, D. de/Beniamino, M. (éds.) (1996) : Le français dans l'espace francophone. Description linguistique et sociolinguistique de la francophonie. Paris, Champion Éditeur.

Rocher, G. (2000) : « La Charte de la langue française ou Loi 101 (1977) », dans : Plourde, M. (éd.), Le français au Québec. 400 ans d'histoire et de vie. Québec, Fidès et Les Publications du Québec, Conseil de la langue française, 273–284.

Rochet, B. (1994) : « Le français à l'ouest de l'Ontario. Tendances phonétiques du français parlé en Alberta », dans : Poirier, C. (éd.), Langue, espace, société. Les variétés du français en Amérique du Nord. Sainte-Foy, Les Presses de l'Université Laval, 433–456.

Rochette, C/Bédard, É. (1984) : La langue des animateurs de la radio et de la télévision francophone au Québec. Une analyse phonétique. Québec, Conseil de la langue française.

Rousseau, J.-P. (2001) : « Évolution de la conception de la norme à l'Office de la langue française : petite histoire des idéologies par les textes (1961-2000) », dans : Cormier, M.C./Guilloton, N. (éds.), Terminogramme 101–102, 66–79.

Ryan, E.B. (1979) : « Why do low-prestige language varieties persist? », dans : Giles, H./St. Clair, R.N. (éds.) : Language and Social Psychology. Oxford, Blackwell, 145–157.

Sankoff, D./Laberge, S. (1978) : « The linguistic market and the statistical explanation of variability », dans : Sankoff, D. (éd.), Linguistic variation. Models and methods. New York, Academic Press, 239–250.

Sankoff, G./Thibeault, P. (2011) : « Sur les traces de *m'as* en français québécois de 1071 à 2001 », dans : Martineau, F./Nadasdi, T. (éds.), Le français en contact. Hommages à Raymond Mougeon. Sainte-Foy, Les Presses de l'Université Laval, 331–350.

Santerre, L. (1971) : « Les diphtongues dans le français québécois », dans : Boudreault, M/Möhren, F. (éds.), Actes du XIIIe congrès international de linguistique et philologie romanes. Sainte-Foy, Les Presses de l'Université Laval, 1183–1199.

Santerre, L. (1974) : « Deux E et deux A phonologiques en français québécois », dans : Cahier de linguistique 4. Montréal, Université du Québec à Montréal, 117–139.

Santerre, L. (1976) : « Voyelles et consonnes du français québécois populaire », dans : Snyder, E./Valdman, A. (éds.), Identité culturelle et francophonie dans les Amériques. Sainte-Foy, Les Presses de l'Université Laval, 21–34.

Santerre, L. (1979) : « Les [r] montréalais en régression rapide », dans : Protée 7(2), 117–132.

Santerre, L. (1982) : « Des [r] montréalais imprévisibles et inouïs », dans : Revue québécoise de linguistique 12(1), 77–96.

Santerre, L. (1990) : « Essai de définition du joual : aspect du français parlé au Québec », dans : Corbett, N. (éd.), Langue et identité. Le français et les francophones d'Amérique du Nord. Sainte-Foy, Les Presses de l'Université Laval, 263–270.

Schafroth, E. (1992) : « Feminin Berufsbezeichnungen in Kanada und Frankreich », dans : Geschlechterrollen in Kanada. Zeitschrift für Kanada-Studien 12(2), 109–125.

Schafroth, E. (2009) : « Die französische Standardsprache in Quebec », dans : Reutner, U. (éd.), 400 Jahre Quebec. Kulturkontakte zwischen Konfrontation und Kooperation. Heidelberb, Universitätsverlag Winter, 45–72.

Société du parler français au Canada (1930) : Glossaire du parler français au Canada, réédition en 1968. Sainte-Foy, Les Presses de l'Université Laval.

SRC (2000) : La politique linguistique de la radio française de Radio-Canada. Montréal, Direction générale des communications de la radio française.

SRC (2004) : La qualité du français à Radio-Canada. Principes directeurs. Repéré à http://ici.radio-canada.ca/television/politique_linguistique/politique-linguistique.pdf, consulté le 28 juin 2016.
Statistique Canada (s.d.) : Tableau 051-0005. Estimations de la population, Canada, provinces et territoires. Trimestriel (personnes). Base de données CANSIM. Repéré à http://www5.statcan.gc.ca/cansim/a26?id=510005&retrLang=fra&lang=fra, consulté le 9 février 2015.
Statistique Canada (2012) : Québec (Code 24) et Canada (Code 01) (tableau). Profil du recensement, Recensement de 2011, produit n° 98-316-XWF au catalogue de Statistique Canada. Repéré à http://www12.statcan.gc.ca/census-recensement/2011/dp-pd/prof/index.cfm?Lang=F, consulté le 16 février 2015.
Statistique Canada (2015) : Le français et la francophonie au Canada (Recensements de la population 2006 et 2011). Repéré à http://www12.statcan.gc.ca/census-recensement/2011/as-sa/98-314-x/98-314-x2011003_1-fra.cfm, consulté le 16 février 2015.
Termote, M. (2014) : « L'utilisation du français et de l'anglais dans l'espace privé et dans l'espace publique montréalais : Une tentative de synthèse », dans : Revue canadienne de linguistique 59(1), 25–52.
Théoret, M. (1993) : « L'emprunt en France et au Québec : à causes différentes, effets différents. Le cas particulier des verbes », dans : Niederehe, H.-J./Wolf, L. (éds.), Français du Canada - Français de France, Actes du 4e Colloque international d'Augsbourg (1991), Niemeyer Verlag, Tübingen, 217–226.
Tremblay, L. (1990) : « Attitudes linguistiques et perception sociale de variables phonétiques », dans : Revue québécoise de linguistique théorique et appliquée 9(3), 197–221.
Tremblay, L. (1996) : « Qualité de langue et discours journalistique », dans : Fournier, R. (éd.), Mélanges linguistique, Revue québécoise de linguistique théorique et appliquée. Trois-Rivières, Presses universitaires de Trois-Rivières, 145–158.
Tremblay, L. (2001) : « Qualité de langue et les médias écrits », dans : Terminogramme 97-98, 13–20.
Trudeau, P.-E. (1969) : Why are they forcing French down our throats. Ottawa, Queen's Printer.
Turcotte, D. (2014) : « La place du français en usage au Québec dans *Le grand dictionnaire terminologique (GDT)* », dans : Remysen, W. (éd.), Les français d'ici : Du discours d'autorité à la description des normes et des usages. Sainte-Foy, Les Presses de l'Université Laval, 129–139.
Vaugelas, C.F. de (1647) : Remarques sur la langue française. Utiles à ceux qui veulent bien parler et bien écrire. Paris, Éditions Champ Libre, réédition 1981.
Verreault, C./Mercier, L./Lavoie, T. (éds.) (2006) : 1902-2002 La Société du parler français au Canada cent ans après sa fondation : mise en valeur d'un patrimoine culturel. Sainte-Foy, Les Presses de l'Université Laval.
Villa, D. (1977) : Fusion des voyelles en frontière de mots en français montréalais. Mémoire de maîtrise, Université de Montréal.
Violette, I. (2009) : « Les représentations sociolinguistiques de locuteurs français à l'égard du 'FQ' : étude de cas à partir du concept de risibilité », dans : Martineau, F./Mougeon, M./Nadasdi, T./Tremblay, M. (éds.) : Le français d'ici : études linguistiques et sociolinguistiques sur la variation du français au Québec et en Ontario. Toronto, Éditions du GREF, 185–206.
Violette, I. (2010) : « Discours, représentations et nominations : le rapport au chiac chez les immigrants francophones à Moncton (Acadie) », dans : LeBlanc, C./Martineau, F./Frenette, Y. (éds.) : Vues sur le français d'ici. Sainte-Foy, Presses de l'Université Laval, 267–284.
Vinay, J.-P. (1950) : « Bout de la langue ou fond de la gorge », dans : The French Review 6, 489–498.
Vincent, D. (1982) : Pressions et impressions sur les sacres québécois. Québec, Office de la langue française.

Vincent, D. (1993) : Les ponctuants et autres mots du discours. Québec, Nuit Blanche Éditeur.

Vincent, D. (1995) : « Une analyse fonctionnelle et sociolinguistique du changement : le cas de 'par exemple' en français québécois », dans : Présence francophone 46, 85.

Vincent, D. (2005) : « The journey of non-standard discourse markers in Quebec French : networks based on exemplification », Journal of Historical Pragmatics 6(2), Special Issue : The Evolution of Pragmatic Markers, 188–210.

Vincent, D./Lambert, S. (2010) : « Variation linguistique et changement social : les mots désignant les membres du couple en français québécois », dans : Remysen, W/Vincent, D. (éds.), Hétérogénéité et homogénéité dans les pratiques langagières, Mélanges offerts à Denise Deshaies. Sainte-Foy, Les Presses de l'Université Laval, 151–166.

Warnant, L. (1987) : Dictionnaire de la prononciation française dans sa forme actuelle. Paris, Duculot.

Woehrling, J. (2000) : « La Charte de la langue française : les ajustements juridiques », dans : Plourde, M. (éd.) Le français au Québec. 400 ans d'histoire et de vie. Québec, Fidès et Les Publications du Québec, Conseil de la langue française, 285–291.

Woehrling, J. (2005) : L'évolution du cadre juridique et conceptuel de la législation du Québec », dans : Stefanescu, A./Georgeault, P. (éds.), Le français au Québec : Les nouveaux défis. Québec, Les Publications du Québec, Conseil supérieur de la langue française, 253–356.

Woehrling, J. (2010) : « Les concepts juridiques mis en œuvre en matière de politique linguistique », dans : Téléscope 16(3), 22–31.

Wolf, L. (1987) : Die Französische Sprache in Kanada. München, Ernst Vögel Verlag.

Wolf, L. (2000) : « Les colons de la Nouvelle-France », dans : Plourde, M. (éd.), Le français au Québec. 400 ans d'histoire et de vie. Québec, Fidès et Les Publications du Québec, Conseil de la langue française, 25–30.